POR UMA HISTÓRIA DOS PROFESSORES

Raimundo Amilson de Sousa Pinheiro

POR UMA HISTÓRIA DOS PROFESSORES

Experiências de lutas na democratização
brasileira em Belém (1979-1986)

alameda

Grafia atualizada segundo o Acordo Ortográfico da Língua Portuguesa de 1990, que entrou em vigor no Brasil em 2009.

Edição: Haroldo Ceravolo Sereza
Editora assistente: Danielly de Jesus Teles
Editora de livros digitais: Clarissa Bongiovanni
Projeto gráfico, diagramação: Danielly de Jesus Teles
Capa: Jean Freitas
Assistente acadêmica: Bruna Marques
Revisão: Alexandra Colontini
Imagens da capa: Desenho de Paulo Cézar Simão

CIP-BRASIL. CATALOGAÇÃO-NA-FONTE
SINDICATO NACIONAL DOS EDITORES DE LIVROS, RJ

P721P

PINHEIRO, RAIMUNDO AMILSON DE SOUSA
POR UMA HISTÓRIA DOS PROFESSORES: EXPERIÊNCIAS
DE LUTAS NA DEMOCRATIZAÇÃO BRASILEIRA EM BELÉM
(1979- 1986) / RAIMUNDO AMILSON DE SOUSA PINHEIRO.
-- 1. ED. -- SÃO PAULO : ALAMEDA, 2017.

Inclui bibliografia e índice
ISBN 978-85-7939-456-0

1. Democratização da educação - Brasil. I. Título.

17-40735
CDD: 379.81
CDU: 37.014.5(81)

ALAMEDA CASA EDITORIAL
Rua 13 de Maio, 353 – Bela Vista
CEP 01327-000 – São Paulo, SP
Tel. (11) 3012-2403
www.alamedaeditorial.com.br

Ao meu pai, Antenor Pinheiro.
Agradeço pela convivência, exemplos, carinho e amor. Saudade que não acaba!
In memorian

Vem da Amazônia este grande poema
esta grande e imensa poesia
que inunda a minha alma…
Vem da terra verde
onde as mãos das crianças acenando ao longe
parecem asas de pássaros
cansados…
Vem da planície verde este grito estranho
este grito bárbaro
que já rompeu todas as florestas
e reboou em todos os igapós
Vem da Amazônia este grito forte
que tem a voz nova das crianças
e a poesia antiga da voz dos meus avós…
A Amazônia traz a poesia pacífica dos lagos
a harmonia bucólica dos campos
e o mistério lendário das águas e das matas
Traz a voz do caboclo acompanhando o rio
em tristes serenatas
Traz a voz do machado rouco
roncando dentro das selvas agressivas
Traz o baque da árvore caindo em terra
gritando e rangendo
na música sublime das melodias vivas
Traz o poema das terras caídas
que levam vidas
e desfazem lares
Traz a tristeza das matas
e a beleza do céu nas tardes crepusculares
Tudo isto vem da Amazônia
o meu pensamento
e até mesmo a conversa milenária
e caótica do vento
vagabundando por todos os recantos
desta terra moça
que o homem conquista e não domina
Tudo isto vem da alma semelhante
para mostrar a poesia maior e mais vibrante
que esta terra verde é"
(Benedicto Monteiro – **Vem da Amazônia**)

Não há fronteiras para os que exploram.
Não deve haver para os que lutam.

É que tem mais chão nos meus olhos
Do que cansaço nas minhas pernas
Mais esperanças nos meus passos
Do que tristeza nos meus ombros
Mais estrada no meu no coração
Do que medo na minha cabeça
(Cora Coralina)

Se muito vale o já feito, mas vale o que
será!"

A vida, esta vida que inapelavelmente,
pétala a pétala,
vai desfolhando o tempo, parece, nestes
meus dias,
ter parado no bem-me-quer…
(José Saramago)

SUMÁRIO

PREFÁCIO

Nas páginas deste livro, o historiador Raimundo Amilson de Sousa Pinheiro nos apresenta os resultados da sua dissertação de mestrado defendida no Programa de Pós-Graduação em História Social da Amazônia da Universidade Federal, pesquisa que teve como objetivo principal analisar as experiências de mobilização e organização dos professores da rede pública estadual do Estado do Pará durante os mandatos dos governadores Alacid Nunes e Jáder Barbalho: 1979-1986. Situa, assim, a sua análise no cenário político, econômico e social nacional, estadual e local de finais dos anos 1970 até o fim da ditadura militar (1985); isto é, durante o lento, gradual e, também, contraditório, processo de transição da ditadura militar à democracia, momento que favoreceu a emergência de novos movimentos sociais e sindicais, partidos e organizações políticas que lutaram pelo fim do regime autoritário-militar e melhora das condições de vida, trabalho e salário do povo brasileiro. Destaque especial foi destinado às greves dos professores da rede pública estadual no Pará realizadas nos anos de 1980, 1983, 1985 e 1986. Mobilizações que tiveram um extraordinário impacto social e político, sobretudo em Belém, e favoreceram a fundação de diferentes entidades associativo/sindicais. Em maio de 1979, foi criada a Associação dos Professores do Estado do Pará (APEPA). A APEPA, após algumas mudanças de nome ocorridas em 1983 e 1985, em 1988 se transformaria no Sindicato dos Trabalhadores em Educação Pública do Pará (SINTEPP).

Partes importantes desta obra são dirigidas a examinar o crescente protagonismo que muitas lideranças dos professores da rede estadual de ensino exerceram nos partidos de esquerda no Pará, sobretudo no Partido dos Trabalhadores, com a suas pertinentes e "inevitáveis" disputas entre as diversas correntes internas do partido pela hegemonia nas associações de professores. Por exemplo, em outubro de

1979, na que seria considera a primeira reunião para discutir a organização do PT em Belém, das quinze pessoas que participaram cinco eram membros da APEPA. Interessante relato nos oferece o autor a respeito dos "combates pela história" entre militantes do Sintepp a respeito do "marco iniciático" do Sintepp. Entretanto, a maioria da direção do sindicato celebrava, em 2013, o *Trinta Aniversário*, outro setor do sindicato reivindicava que o marco fundador não era 1983, mas sim 1979, ano de criação da APEPA.

Os historiadores não somos, em geral, muito "dados" a contribuir aos debates filosóficos-teóricos, contudo, o autor – como vocês perceberão em diferentes páginas do livro – pretendeu seguir o conselho do sociólogo Pierre Bourdieu quando afirmava que *sem teoria* não existe qualquer possibilidade de realizar pesquisa científica, mas *sem pesquisa* tampouco existe a possibilidade de construir novas teorias, novos conceitos, novas hipóteses e reflexões.

A História Social inglesa, especialmente as obras de E. P. Thompson, foi a principal corrente historiográfica e referência teórico-conceitual que orientou o desenvolvimento do trabalho de Raimundo Amilson. Por exemplo, quando ele nos indica que as experiências de luta e organização compartilhadas pelos professores de Belém nos anos setenta e oitenta foram essências para se constituírem como grupo, como "classe", ou melhor, atuaram, em defesa dos seus interesses "de modo classista" (Thompson). Pois o que interessava ao autor deste livro, tentando evitar qualquer análise reducionista ou determinista dos fenômenos sociais, sejam culturais, econômicos ou políticos, era apresentar trajetórias individuais e a influência que as dinâmicas coletivas exercem nos indivíduos e o papel dos mesmos nas mudanças e continuidades dos processos políticos e sindicais da "classe dos professores". Sem esquecer que a narrativa histórica – como escreve o filósofo e sociólogo Zygmunt Bauman –, extrai os "eventos" da corrente da vida e então os remodela, desordena, numa série significativa, pronta a ser interpretada, absorvida e novamente memorizada, pois homens e mulheres fazem a sua história, nos seus respectivos tempos de vida, influenciados por infinidade de fatores que eles não criaram nos quais eles e elas fizeram a suas escolhas.

Entre os diversos recursos metodológicos e fontes de pesquisa que nos permitem os estudos inseridos na História do Tempo Presente que foram utilizados destacamos as fontes documentais, hemerográficas (*Jornal Resistência*, *O Estado do Pará*, *A Província do Pará* e *O Liberal*), fotografias, fontes orais e a produção historiográfica, nacional e local pertinente às temáticas e recorte do tempo histórico escolhido. Afirma Raimundo Amilson Pinheiro que um dos problemas para o desenvolvimento do seu trabalho foi a inexistência por parte das associações de professores de uma política de preservação de sua documentação, ainda que parte importante da mesma (atas de assembleias e congressos e recortes de jornais e informativos) logrou ser consultada em arquivos pessoais de algumas das lideranças sindicais.

Um dos principais recursos de pesquisa foram as entrevistas (história oral) realizadas por Raimundo Amilsoncom lideranças do movimento de professores de finais dos anos 1970 e primeira metade da década de 1980, que permitiram, não apenas, cobrir a ausência de informações relevantes para os objetivos do seu estudo, mas também a análise crítica das informações e opiniões publicadas nos jornais de Belém e dos discursos oficial dos representantes do governo estadual. O uso das fontes orais como uma das principais ferramentas do seu trabalho é mais uma constatação que hoje já vencemos muitas das "antigas resistências" teórico-metodológicas dos que questionavam a *subjetividade* e, portanto, a falta de "cientificidade" da história oral como fonte de pesquisa comparativamente à pretendia *objetividade* dos documentos escritos.

Os historiadores somos cada vez mais conscientes dos riscos que existem ao estudar assuntos muito vinculados às nossas visões de mundo. Pois, certamente, a reflexão científica, coletiva ou individual de *coisas* ou *fatos* que aconteceram no passado, está influenciada pelas nossas experiências de vida, especialmente se pretendemos analisar temáticas inseridas no período que denominamos História do Tempo Presente ou História Imediata.

A escolha do tema e nos recortes do tempo histórico da dissertação de mestrado esteve muito influenciada pela sua participação no Sintepp e na greve dos professores da rede estadual de ensino de 2013. Nesse sentido, o compromisso político-social de Raimundo Amilson Pinheiro, que não representa um menor rigor teórico-conceitual e metodológico, se espelha na trajetória de vida e trabalho científico de muitos notáveis historiadores – os "nossos autores clássicos –, por exemplo, em E. P. Thompson, cujas contribuições teóricas, conceituais, metodológicas e historiográficas às Ciências Humanas e Sociais são inseparáveis da sua experiência como militante político e seus vínculos com o movimento operário inglês.

Com a esperança que a leitura de *Por uma história dos professores: experiências de lutas na democratização brasileira em Belém* incentive a realização de novas pesquisas cujos resultados nos ajudem a construir uma sociedade mais humana, menos desigual e, portanto, mais feliz. Essa é a *razão* que *ilumina* os nossos atos e a nossa caminhada no campo científico-acadêmico.

Boa leitura!

Pere Petit
Belém, fevereiro de 2016

INTRODUÇÃO

"E lembrai-vos, camaradas, jamais deixai fraquejar vossa decisão. Nenhum argumento poderá deter-vos. Fechai os ouvidos quando vos disserem que o Homem e os animais têm interesses comuns, que a prosperidade de um é a prosperidade dos outros. É tudo mentira. O Homem não busca interesses que não os dele próprio. Que haja entre nós, animais, uma perfeita unidade, uma perfeita camaradagem na luta. Todos os homens são inimigos, todos os animais são camaradas"[1]

"Homem livre e escravo, patrício e plebeu, senhor feudal e servo, mestre de corporação e aprendiz; em resumo, opressores e oprimidos, estiveram em constante antagonismo entre si, travando uma luta ininterrupta, ora aberta, ora oculta – uma guerra que terminou sempre ou com uma transformação revolucionária de toda a sociedade ou com a destruição das classes em luta".[2]

Em 2011, o blogueiro Ariel Castro, com o exposto acima, também revestido de um espírito revolucionário, denunciava sob o título: "SEDUC[3] vai demitir professores", as medidas repressoras e autoritárias expedidas pelo Governador do Estado do Pará, Simão Jatene, estas, respaldada pela decisão do juiz Elder Lisboa, da 1ª Vara

---

1   ORWELL, George. *A revolução dos bichos*. São Paulo. Circulo do livro. 1945, p. 11.

2   MARX, Karl; ENGELS, Friedrich. *Manifesto do partido comunista*. São Paulo, Editora Anita Garibaldi, 2006, p. 28.

3   Secretaria de Educação do Estado do Pará

da Fazenda Pública da capital, que determinava o fim da greve dos trabalhadores da educação do Estado. Discorre Castro:

> O governo do Estado anunciou ontem o afastamento de profes-
> sores temporários, corte no ponto e ainda abertura de processo
> administrativo disciplinar contra os servidores efetivos, caso o
> Sindicato dos Trabalhadores em Educação Pública (Sintepp)
> continue com o movimento grevista, que já dura 43 dias na ca-
> pital e no interior do Estado.[4]

Passado pouco mais de dois anos do ocorrido acima, em 2013 os professo-res da rede estadual de ensino do Pará entraram novamente em greve, que durou cinqüenta e três dias, com ocupações de prédios públicos, como da Assembleia Legislativa do Estado, interdições de ruas e atos públicos em várias cidades do Estado, que tiveram como reação do Governo Estadual, medidas que pudessem con-ter a sanha do movimento grevista, através do corte do ponto e a chamada de outros professores para suprir a falta dos que estavam em greve.[5]

Diante de tal cenário, cristalizou a ideia para pensar a relação das medidas do Governo Estadual, amparadas pela justiça, com os discursos do Sindicato dos Professores, nesse contexto em que o Estado é democrático e de direito, mas que mesmo assim, estavam em curso tais medidas consideradas "duras" demais, e o sentimento da sociedade, pois era ela que ficava no meio do cabo de guerra entre Governo e professores, e que uma determinada tomada de posição favorável ou con-trária influenciaria diretamente nas negociações. Assim, a partir desse momento, foi se amadurecendo a ideia de investigar a história e as experiências de lutas dos professores públicos estaduais e de suas organizações, sejam sindicais ou político--partidárias, além dos discursos[6] dos trabalhadores e dos Governos, que estavam

---

4   Disponível em: http://arielmcastro.blogspot.com.br/>. Acesso em: 28 jan. 2013.

5   Disponível em: http://g1.globo.com/pa/para/noticia/2013/11/professores-mantem-gre-ve-mas-desocupam-predio-da-alepa-no-pa.html. Acesso em 17 de fevereiro de 2015.

6   Conforme Michael Foucault afirma, "[...] suponho que em toda sociedade a produção do discurso é ao mesmo tempo controlada, selecionada, organizada e redistribuída por certo número de procedimentos que têm por função conjurar seus poderes e perigos, dominar

à frente do Estado Paraense, em relação principalmente aos movimentos grevistas dos professores, mas numa outra temporalidade, dita pela historiografia de ditadura civil-militar, no Pará. Nessa perspectiva, observa-se que a produção do conhecimento acerca do passado obedece também às inquietações do presente, ou seja: "O historiador parte do presente para remontar o fio do tempo até as sociedades do passado".[7] Desse modo, mais do que pensar somente nas medidas repressivas ou autoritárias dos Governos Paraenses a partir da transição democrática vivenciada pelo Brasil a partir da década de 1970, era interessante investigar o significado dos movimentos de professores públicos nesse contexto, daí o problema central do livro: as experiências de resistência e negociações dos professores, nos governos estaduais de Alacid Nunes e Jáder Barbalho, durante o período final da presidência de Geisel e ao longo do governo de João Baptista Figueiredo, através de suas organizações e greves, continham também a difusão de projetos de democratização da sociedade e do Estado paraense e brasileiro? Então, objetivo durante o livro compreender os discursos e as experiências educativas e de vida dos professores das escolas públicas de Belém, a participação deles no fortalecimento das associações e sindicatos e suas lutas e greves no período de abertura política que concluiria em 1985, mas que teria atos importantes ainda em 1986. Assim, estudar o movimento social[8] dos professores para compreender esses sujeitos históricos, suas experiências,[9] contradi-

---

seu acontecimento aleatório, esquivar sua pesada e temível materialidade". FOUCAULT, Michael. *A ordem do discurso*: aula inaugural no Collège de France, pronunciada em 2 de dezembro de 1970. São Paulo. Edições Loyola, 1996. p. 8-9.

7   DOSSE, François. O tempo de Marc Bloch e Lucien Febvre. In:*A História em migalhas*: dos Annales à Nova História. Bauru, SP: EDUSC, 2003. p. 101.

8   Peter Burke a respeito dos movimentos sociais escreve: "Ocasionalmente, é claro, a resistência diária transforma-se em revolta declarada ou em alguma outra forma de 'movimento social' (...). Mais usual, entretanto, é o tipo 'reativo' de movimento social, sobretudo os movimentos populares de protesto contra mudanças econômicas ou sociais que ameaçam destruir um modo tradicional de vida". BURKE, Peter. Conceitos centrais. *História e teoria social*. São Paulo: Editora UNESP, 2002, p. 125-127.

9   O termo experiência utilizado no texto tem como referência o pensamento de Edward P. Thompson, de acordo com o autor, homens e mulheres "(...) experimentam suas situações

ções e tensões entre o conformismo e as mudanças em suas vidas. Nessa perspectiva, pretendo responder às seguintes questões: qual o impacto e/ou importância do movimento de professores no processo de democratização? Quais os significados do movimento docente no contexto final da ditadura civil-militar? Quais as relações entre a perseguição política e criminalização as lideranças de movimentos sociais e a repressão com as políticas oficiais do governo estadual no contexto de distensão da ditadura civil-militar? Qual a influência do pensamento e de organizações de esquerdas no movimento de professores de Belém? Qual o significado das greves para os professores, para a sociedade e para o poder público? Por fim, qual a memória e a representação do passado que os professores construíram, discutindo a relação entre história e memória a luz da experiência de vida de cada sujeito e da construção de uma memória social sobre a entidade representativa deles? Quer dizer: através dos discursos produzidos pelos documentos oficiais e veiculados pela imprensa, bem como pelos depoimentos orais dos sujeitos protagonistas naquele momento, objetiva-se revelar os mecanismos do Estado e dos professores que buscavam legitimar uma determinada ação nesse tempo histórico.

O tempo histórico escolhido para discorrer nesse livro deu-se, em primeiro lugar, pelo abrandamento da legislação de exceção do regime militar brasileiro a partir da segunda metade da década de 1970, o que na mesma direção possibilitou significativas transformações no conjunto da sociedade civil e do Estado brasileiro a partir de 1977, 1978 e 1979, momentos em que vão recomeçar a emergir novos agentes da história social brasileira, principalmente em relação aos movimentos grevistas, que se iniciam em São Paulo e passam a se estendem a vários lugares do Brasil. Sujeitos sociais que irrompiam nas ruas gritando e reivindicando seus direitos, começando pelo primeiro: pelo direito de reivindicar direitos.[10] A partir de então, a representação e atuação dos movimentos sociais passou a ganhar um novo fôlego, para

---

e relações produtivas determinadas como necessidades e interesses e como antagonismos, e em seguida tratam essa experiência em sua consciência e sua cultura". THOMPSON, Edward P. *Miséria da Teoria ou um planetário de erros* – uma critica ao pensamento de Althusser. Rio de Janeiro: Zahar Editores, 1981, p. 182.

10   SADER, Eder. *Quando novos personagens entraram em cena*: experiências e lutas dos trabalhadores da grande São Paulo, 1970-80. Rio de Janeiro: Paz e Terra, 1988. p. 25-26

aqueles que estavam "sufocados" até então por uma ditadura civil-militar, mas que passava apresentar uma distensão.[11] Esses ares de democratização e reorganização dos movimentos sociais pairaram também sobre o Estado do Pará, e especialmente Belém. Movimentos sociais como os de professores do ensino público, rodoviários, estivadores, bancários, movimento estudantil, movimentos ligados à Igreja católica, reivindicações nos bairros de Belém, entre outros, retomaram a luta por melhores salários e condições de trabalho e vida, e com isso começaram aparecer algumas entidades de representação desses movimentos populares e classistas.[12] Em segundo lugar, nesse mesmo momento de mais abertura política e transição à democracia, dois Governos Estaduais se sucedem no Pará, de início representante de projetos políticos e de sociedade diferentes, mas que vão se aproximar, em determinado momento: os Governos Estaduais de Alacid Nunes, eleito ainda pela ARENA de forma indireta, com votos dos parlamentares da Assembleia Legislativa do Estado do Pará, em 1979, e que vai governar o Pará até março de 1983, e de Jáder Barbalho, eleito nas eleições diretas de 1982, por sufrágio universal, para iniciar seu mandato a partir de 1983 até o início de 1987. Eram governos que a principio se distanciavam ideologicamente, sobretudo pela trajetória de vida de cada um desses dois governadores. Daí a importância de estudar o movimento de professores tanto no governo de Alacid Nunes, em tese representante do regime militar, e de Jáder Barbalho, também em tese, representante daquele Estado em mudança e de transição democrática. Então, havia diferenças ou similaridades, permanências ou continuidades, nas formas de organizações e lutas dos professores durante esses dois Governos Estaduais?

Desse modo, as condições concretas e objetivas em relação às questões educacionais vivenciadas pelos sujeitos sociais ligados a docência em Belém e por laços de solidariedade que foram forjados, surgiu uma associação chamada APEPA

---

11   Conforme Maria Helena Moreira Alves a partir da segunda metade do governo Geisel, ele promoveu um programa de medidas liberalizantes que ficou conhecido, então, como "política de distensão, uma tentativa de desmontar os mecanismos de coerção legal. MOREIRA ALVES, Maria Helena. *Estado e Oposição no Brasil* (1964-1985). Petrópolis, RJ: Editora Vozes, 1984. p. 186.

12   Revista Espaço Educacional. SINTEPP 10 Anos. 1983-1993. Construindo o sindicalismo classista em defesa da escola Pública. Vol. 03, p. 5.

(Associação dos Professores do Estado do Pará), fundada em 13 de maio de 1979, experiência chave para a história do movimento de professores no Estado do Pará a partir de então. Essa Associação, que foi a primeira de professores públicos de 1º e 2º graus do Pará, que extrapolava os muros das associações de cada escola, surgiu com o objetivo de centralizar e organizar a luta dos educadores, que se dava de forma dispensa e fragmentada dentro das escolas. A APEPA, em 1979, teve como primeira presidente a Professora Ermelinda Melo Garcia, além de outros diretores, como: Regina Maria Mendes Silva, Hamilton Ramos Corrêa, Orlando Melchiades e Venize Nazaré Rodrigues, entre outros.

No final de 1983, é fundada a Federação dos Professores Públicos do Estado do Pará (FEPPEP),[13] que passa para a memória oficial do Sindicato atual a ser o marco fundador da entidade, e com o envolvimento cada vez maior com os debates dos movimentos sociais e as discussões partidárias, a partir de 1985 essa Federação passou a se denominar de Federação Paraense dos Profissionais da Educação Pública.

Do final da década de 1970, até meados da década de 1980 (1986), compreenderam anos extremamente significativos para a história do movimento de professores no Pará, com mobilizações, resistência, tensões e negociações desses atores sociais com o Governo do Estado, emblematizados através da deflagração de várias greves na educação pública estadual (1980, 1983, 1985, 1986), de onde emergiram discursos, tanto do Governo, como dos professores, que disputavam uma representação do real naquele momento histórico, colocando os dois em oposição diante da sociedade paraense e de Belém, numa conjuntura política em transição e transformação: processo de "abertura" política, a transição democrática, eleições diretas para

---

13   Em 1983, no Ginásio do Colégio Nazaré foi realizado o 1º Congresso Estadual dos Professores Públicos do Estado do Pará. Neste congresso foi decidido um plano de lutas para 1984 e aprovadas propostas para a reformulação do Estatuto do Magistério, além da participação de várias entidades e convidados. Outro fato importante foi a eleição da 1º diretoria da Federação Paraense de Professores do Estado do Pará (FEPPEP), tendo como presidente o professor Edmilson Rodrigues. O caráter classista da FEPPEP se reafirma com a filiação à Central Única dos Trabalhadores (CUT). Cf: Ata do I Congresso dos Professores Públicos do Estado do Pará. Ginásio de Esporte do Colégio Nazaré, Belém. Lavrada em 19 de dezembro de 1983. p. 1-3

governador do Estado, campanha das "Diretas Já", fim do regime militar e também a "democratização da estrutura sindical, liberdade e autonomia dos sindicatos e o fim da legislação restritiva ao direito de greve.[14]

Diante do exposto, ocupou-se da análise da produção historiográfica que se deteve ao estudo dos movimentos sociais,[15] os quais direcionaram para a necessidade de se compreender a construção de um novo sujeito histórico, ou seja, o sujeito coletivo, este, ativo e questionador, o qual acentua a crítica sobre a experiência social e as suas contradições na constante tensão pela transformação, a qual a história busca dar visibilidade a esses sujeitos, ao interpretar também suas subjetividades. Portanto, cabe destacar que a "procura de novas perspectivas para a história abriu também um campo mais amplo para a interdisciplinaridade".[16] Este livro se insere nesse caminho, pois ele gravita na atmosfera das ciências humanas, em especial a antropologia, a sociologia, o direito, a psicologia, a filosofia, o jornalismo a educação e etc., expandindo as áreas de investigação. No entanto, confiro papel central à História, pois entendo que compete a história social, uma vez que, se entende que a "a história-problema como uma dimensão específica da vida em sociedade",[17] historicizar e interpretar as versões do passado como bem ensina François Dosse. Portanto, o livro foi construído a luz de uma abordagem teórica e metodológica da história social, possibilidade que se tornou concreta por que a história se diversificou e mudou ao longo do último século, com outros objetos, novos problemas, abordagens e, sobretudo,

---

14 BOITO JR., Armando (Org.). *O sindicalismo brasileiro nos anos 80*. Rio de Janeiro, Editora Paz e Terra. 1991, p. 17.

15 Sobre Movimentos sociais, Peter Burke escreve que, "Ocasionalmente, é claro, a resistência diária transforma-se em revolta declarada ou em alguma outra forma de "movimento social"." E, continua, "Mais usual, entretanto, é o tipo "reativo" de movimento social, sobretudo os movimentos populares de protesto contra mudanças econômicas ou sociais que ameaçam destruir um modo tradicional de vida". BURKE, Peter. Conceitos centrais. *In*: *História e teoria social*. São Paulo: Editora UNESP, 2002. p. 125-127.

16 MATOS, Maria Izilda Santos de. Cotidiano e cidade. In: *Cotidiano e cultura*: história, cidade e trabalho. Bauru, SP: EDUSC, 2002, p. 23.

17 CASTRO, Hebe. História Social. In: *Domínios da História*. CARDOSO, Ciro Flamarion & VAIFAS, Ronaldo (orgs.). Rio de Janeiro: Elsevier, 1997, p. 46.

outros olhares.[18] Apesar da vanguarda desta abertura pertencer à chamada Escola dos *Annales*, em suas quatro gerações, é na renovação do marxismo e da História Social que iremos encontrar as mais variadas possibilidades de abordagens com os movimentos sociais, principalmente a partir das obras de E. P. Thompson, que deixou importantes contribuições e suas reflexões acerca dos conceitos de classe social e experiência, termos referenciais para a compreensão deste novo olhar da História Social para os sujeitos.

Deste modo, o movimento social dos professores na conjuntura da transição democrática em Belém do Pará, revelou ser um tema potencialmente rico, no primeiro momento pelas interseções com outros campos do conhecimento, por outro, por permitir recuperar as experiências, as tensões, as resistências e as negociações de sujeitos encobertos por um olhar de certa forma homogêneo do regime militar brasileiro. Assim, ao devassar o mundo dos movimentos sociais, o historiador encontra-se numa encruzilhada de mudanças e permanências, que permitem descontextualizar certos modelos explicativos e lançar luz para o debate acerca dos movimentos sociais. Contudo, para ver as coisas devemos, "primeiramente, olhá-las como se não tivessem nenhum sentido: como se fossem uma advinha".[19]

Os movimentos sociais estão numa fronteira tênue do ponto de vista epistemológico, sendo objeto de estudo para várias áreas de conhecimento. Foi bastante cristalizada a ideia que esse campo de estudo cabia às ciências sociais, visão que se reforça ao acúmulo de estudo e abordagens teóricas que foram das mais diversas ao longo das últimas décadas sobre o tema dos movimentos, sejam urbanos e rurais, ou populares e sindicais. Desde abordagens do modelo clássico dos movimentos sociais, que tiveram como principais expoentes a literatura marxista, até as novas concepções ancoradas principalmente nas teorias de pensadores como Alan Touraine, Manuel Castells e Alberto Melucci,[20] há certa hegemonia da sociologia em quantida-

---

18   LE GOFF, Jacques (org.) *A História Nova*. São Paulo: Martins Fontes, 1990.

19   GINZBURG, Carlo. Estranhamento: pré-história de um procedimento literário. In: *Olhos de madeira*: nove reflexões sobre a distância. São Paulo: Companhia das Letras, 2001. p. 22.

20   PICOLOTTO, Everton Lazzaretti. Movimentos sociais: abordagens clássicas e contemporâneas. p. 156 Disponível em http://www.editoraufjf.com.br/revista/index.php/csonline/

de de trabalhos nessas análises. Mesmo diante desse cenário, entendo que a história também tem importante contribuição a dar nesse campo de estudo.

Obviamente o mérito da renovação teórico-metodológica operada dentro da historiografia a respeito dos movimentos sociais não cabe exclusivamente a E. P. Thompson e seus colegas marxistas britânicos, mas sim é fruto do dialogo teórico com várias áreas de conhecimento e muitos trabalhos que vem desvelando experiências sociais nesta área sob as mais diversas abordagens e com respaldos teóricos oriundos de autores como Antônio Gramsci,[21] Pierre Bourdieu,[22] Roger Chartier,[23] Stuart Hall,[24] Maurice Halbwachs,[25] Jurgen Habermas,[26] Alain Touraine,[27] Alberto Melucci,[28] Michel Foucault,[29] Cornelius Castoriadis,[30] entre outros. O livro tem como objetivo contribuir não só a respeito do que grande parte das pesquisas das ciências sociais já traz em suas produções sobre os movimentos sociais, principalmente os de professores durante as décadas de 1960, 1970 e 1980, que aparecem como sujeitos e classe em luta, mas também ter acesso às particularidades subjetivas

article/viewFile/358/332 Acesso em 22/02/2013

21   GRAMSCI, Antonio. *Maquiavel, a Política e o Estado Moderno*. Rio de Janeiro: Editora Civilização Brasileira, 1984.

22   PINTO, Louis. *Pierre Bourdieu e a teoria do mundo social*. Rio de Janeiro: *Editora FGV*, 2000.

23   CHARTIER, Roger. *A História Cultural entre práticas e representações*. Col. Memória e sociedade. Trad. Maria Manuela Galhardo. Rio de Janeiro: Bertrand Brasil, 1990.

24   HALL, Stuart. *Dá diáspora*: identidades e mediações culturais. Belo Horizonte: Editora da UFMG, 2009.

25   HALBWACHS, Maurice. *A memória coletiva*. São Paulo: Vértice/Revista dos tribunais, 1990.

26   HABERMAS, J. *A crise de legitimação do capitalismo tardio*. Rio de Janeiro: Tempo Brasileiro, 1980.

27   TOURAINE, Alain. Os movimentos sociais. *In*: FORACCHI, M. M.; MARTINS, J. de S. *Sociologia e sociedade*. Rio de Janeiro: Livros Técnicos e Científicos Editora, 1977.

28   MELUCCI, Alberto. Ainda movimentos sociais: uma entrevista com Alberto Melucci. *Novos estudos CEBRAP*, n. 40, 1994.

29   FOUCAULT, Michel. "O Corpo dos Condenados". In:*Vigiar e Punir*. Petrópolis: Vozes, 1989.

30   CASTORIADIS, Cornelius. *A experiência do movimento operário*. São Paulo: Editora Brasiliense, 1985.

destas lutas e experiências, as ambigüidades e expectativas pessoais desses homens e mulheres, que são espectros daquela realidade que só a história social pode nos revelar. Eram movimentos docentes emergentes no regime militar amparados em lutas que se ramificavam entre a questão material, salário e condições estruturais de trabalho, mas também numa luta "pedagógico-política".[31] Esses movimentos docentes que resistiam frente ao regime militar nos possibilitam análises da ideia de unidade de classe, de lutas dirigidas e objetivadas dentro de circunstâncias materiais e políticas dadas naquele tempo histórico.

Desse modo, aliado a uma questão de perspectiva teórica para a escrita do presente livro, andou junto o caminho e as escolhas metodológicas em relação à pesquisa, que podem ser os mais variados, pois segundo Peter Burke, a Nova História expandiu os horizontes de investigação do historiador, tornando a História Social independente da História Econômica.[32] Nessa perspectiva, novas abordagens e metodologias emergem nos domínios de Clio, redefinindo a partir da interdisciplinaridade os enfoques e a forma de fazer história, como também, sua relação com as fontes documentais. Nesse sentido, uma questão foi logo muito bem definida em relação às fontes: o texto seria construída a luz das fontes documentais, como também das fontes orais, principalmente por se tratar de um trabalho de História do Tempo Presente, não poderia abrir não dessa possibilidade metodológica, pois "interpretar memórias e combiná-las com outras fontes históricas é sempre útil a fim de descobrir o que ocorreu no passado".[33] Sendo preciso reconhecer que os instrumentos de análise histórica não são objetivos, muito menos neutros.[34] De acordo com Le Goff,

---

31   PERALVA, Angelina Teixeira. E os movimentos de professores da rede pública? *In Cadernos de Pesquisa*. São Paulo, n. 64, p. 64-66, fev. 1988, p. 66

32   BURKE, Peter. Abertura: a nova história, seu passado e seu futuro. In: *A escrita da história*: novas perspectivas. São Paulo: Editora UNESP, 1992, p. 7-8.

33   THOMPSON, Alistair. Os debates sobre memória e história: alguns aspectos internacionais. In: AMADO, Janaina & FERREIRA, Marieta de Moraes. *Usos & Abusos da história oral*. Rio de Janeiro: Editora FGV, 2006, p. 67.

34   Segundo Carlo Ginzburg, os documentos "devem ser lidos como produtos de uma relação específica, profundamente desigual. Para decifrá-los, devemos aprender a captar por trás da superfície lisa do texto um sutil jogo de ameaças e medos, de ataques e retiradas. Devemos

o documento não é apenas um vestígio do passado, ele é um produto da sociedade que detinha o poder, quer dizer: "É, antes de mais nada, o resultado de uma montagem, consciente ou inconsciente, da história, da época, da sociedade que o produziram, mas também das épocas sucessivas durante as quais continuou a viver, talvez esquecido, durante as quais continuou a ser manipulado, ainda que pelo silêncio".[35]

A discussão em torno dos documentos históricos apontadas por Le Goff possibilita novas leituras e interpretações acerca das fontes relacionadas ao Movimento Social dos Professores Públicos do Estado do Pará, ampliando desta forma, os horizontes historiográficos, tornando-os plurais. Estreitando, assim, a fronteira entre passado/presente, ou seja, vivencia-se uma sucessão de ágoras, reconfigurando os perfis dos historiadores e seu ofício. Logo, "Interpretar o passado e torná-lo compreensível tem sido desde sempre o grande desafio ao ofício do historiador que, imerso em seu tempo, força essas barreiras para adentrar nas sombras dispersas de outros lugares, culturas e tensões sociais."[36] Nesse caleidoscópio da história, Walter Benjamin acrescenta que o passado se revela por meio de relampejos, ficando clara a limitação dos historiadores para a compreensão do passado.[37] Ainda com relação à crítica documental face multiplicidade de fontes e os discursos produzidos por elas, Durval Muniz lembra que,

> O historiador conta uma história, narra; apenas não inventando os dados de suas histórias. Consultando arquivos, compila uma série de textos, leituras e imagens deixadas pelas gerações

aprender a desembaraçar os fios multicores que constituíam o emaranhado desses diálogos." GINZBURG, Carlo. O inquisidor como antropólogo. In: *O fio e os rastros*: verdadeiro, falso, fictício. São Paulo: Companhia das Letras, 2007, p. 287.

35 LE GOFF, Jacques. Documento/Monumento. In: *História e memória*. 5ª Ed. Campinas, SP: Editora da UNICAMP, 2003. p. 537-538.

36 ANTONACCI, Maria Antonieta; MALUF, Marina. Apresentação. In: *Artes da história e outras linguagens*. Projeto História. São Paulo: EDUC, n.24, jun, 2002.

37 BENJAMIN, Walter. Sobre o conceito de História. In: *Magia e técnica, arte e política*: ensaios sobre literatura e história da cultura. 7. Ed. – São Paulo: Brasiliense, 1994. (Obras escolhidas), p. 224.

passadas, que, no entanto, são reescritos e revistos a partir dos problemas do presente e de novos pressupostos, o que termina transformando tais documentos em monumentos esculpidos pelo próprio historiador, ou seja, o dado não é dado, mas recriado pelo especialista em História.[38]

Então, fiz levantamento de todos os jornais que circulavam em Belém do Pará no período do recorte temporal proposto pela dissertação de mestrado, que deu origem ao livro (1979-1986), que estavam disponíveis no setor de microfilmes e jornais da Biblioteca Arthur Vianna (antigo CENTUR, Belém). Assim obtive os seguintes resultados: *Diário do Pará, O Estado do Pará, O Flash, Jornal do Círculo, O Jornalista, O Liberal, A Província do Pará* e o periódico *Jornal Resistência,* da Sociedade Paraense de Defesa dos Direitos Humanos (SDDH). Escolhi para a pesquisa e escrita da dissertação o *Jornal Resistência* e os três jornais de Belém que, na época, tinham uma maior divulgação no Pará: *O Estado do Pará, A Província do Pará* e *O Liberal.* Esses jornais escolhidos, nos períodos que circularam em Belém, eram os que tinham maiores tiragens, e, portanto, possivelmente os mais lidos pela população da cidade, e que hoje possuem no setor de documentação da Fundação Tancredo Neves séries mais completas e disponíveis à pesquisa, com exceções de alguns números que estão faltando ou foram mutilados. Assim, foi levantando um grande volume de documentação de matérias jornalísticas, que está entre os aspectos positivo de se estudar a história do tempo presente, pois apresenta uma possibilidade do historiador ter uma quantidade maior de fontes, que tratam de aspectos específicos da dissertação, como muitas matérias relacionadas às greves dos professores em Belém nos anos de 1980, 1983, 1985 e 1986; matérias sobre a organização dos professores, desde a APEPA até a FEPPEP; notas do governo na imprensa se referindo aos movimentos dos professores; sobre os partidos e as esquerdas; sobre o governo e o processo de abertura política; entrevistas realizadas com destacados atores políticos, como

---

38   JÚNIOR, Durval Muniz de Albuquerque. História: A arte de inventar o passado. In: *História*: A arte de inventar o passado – ensaios de teoria da história. Bauru, SP: Edusc, 2007. p. 62-83.

Alacid Nunes,[39] Raimundo Jinkings[40] e Hélio Gueiros,[41] notícias da repressão e denuncias de torturas; matérias do governo com relação à educação; e muitos outros temas relacionados de forma indireta à pesquisa.

Desta forma, como indicam Heloisa de Faria Cruz e Maria do Rosário, a utilização da imprensa enquanto fonte histórica ocorre a partir da escolha e seleção realizada pelos historiadores "[...] e que supõe seu tratamento teórico e metodológico no decorrer de toda pesquisa desde a definição do tema à redação do texto final".[42] No entanto, as autoras advertem que os meios de comunicação agem "[...] como força ativa na constituição dos processos de hegemonia social, os jornais e revistas atuam: [...]. Na articulação, divulgação e disseminação de projetos, idéias, valores e comportamentos, etc.".[43] Nessa perspectiva, Laura Antunes Maciel, escreve que,

> Entre nós, historiadores, há algum tempo superamos a rejeição à imprensa ou sua incorporação a-crítica como um documento histórico cuja validade estaria exatamente no caráter objetivo e isento reivindicado pelo texto jornalístico, desde o inicio do século XX. No entanto, ainda é preciso refletir sobre nossos procedimentos e os modos como lidamos com a imprensa em nossa prática de pesquisa para não tomá-la como um espelho ou expressão de realidades passadas e presentes, mas como uma prática social constituinte da realidade social, que modela formas de pensar e agir, define papéis sociais, generaliza posições e interpretações que se pretendem compartilhadas e universais. Como expressão de relações sociais, a imprensa assimila interesses e projetos de diferentes forças sociais que se opõem em uma

---

39   Jornal *A Província do Pará*: 30 de agosto de 1985.

40   Jornal *O Estado do Pará*: 16 de janeiro de 1979.

41   Jornal *A Província do Pará*: 1º de novembro de 1983.

42   CRUZ, Heloisa de Faria; PEIXOTO, Maria do Rosário da Cunha. Na oficina do historiador: conversas sobre história e imprensa. In: *História e Imprensa. Projeto História*: revista do Programa de Estudos Pós-Graduados do Departamento de História da Pontifícia Universidade Católica de São Paulo. São Paulo: EDUC, n. 35, dez. 2007, p. 262.

43   *Idem, ibidem* p. 261.

dada sociedade e conjuntura, mas os articulam segundo a ótica
e a lógica dos interesses de seus proprietários, financiadores, lei-
tores e grupos sociais que representa.[44]

Paralelo ao uso dos jornais como fonte histórica, outro documento importante para esse momento histórico são as "Mensagens dos Governadores à Assembleia
Legislativa", pesquisadas no Arquivo da Assembleia Legislativa do Estado do Pará.
Essa é uma documentação que se mostrou rica em potencialidades, pois através dela
podemos examinar o discurso oficial do governo por meio de suas realizações anuais nas várias áreas do governo, inclusive da educação, possibilitando a comparação
destes discursos com os dos professores públicos estaduais. Essas mensagens eram
publicadas sempre no mês de março de cada ano, sendo utilizadas para a dissertação
as Mensagens anuais de Alacid Nunes (1980, 1981 e 1982) e as do governo Jáder
Barbalho (1984, 1985 e 1986).

Na Sede do Sindicato dos Trabalhadores em Educação Pública do Pará
(SINTEPP), foi feito levantamento sobre seus arquivos, e com grande pesar que
constatei que o sindicato não estabelece uma política de organização e arquivamen-
to de sua documentação, principalmente dos finais da década de 1970 e década de
1980. A documentação desse período, de forma mais drástica, não se encontra na
sede do sindicato. Fontes extremamente importantes para pesquisa, como atas de
assembleias e congressos, e recortes de jornais e informativos produzidos pelos professores, os que ainda existem, estão dispersos, com alguns professores, e também
como cópias em anexos de monografias que foram produzidas no início dos anos
de 1990 e princípios dos anos 2000 que abordavam esse tema. Portanto, há muitas
lacunas nessa documentação produzida pelo movimento de professores, mas o que
estava disponível foi consultado. É pertinente ressaltar que, essa documentação não
está isenta de disputas e tensões em torno da produção e da construção da memória, sendo necessário refletir sobre suas articulações e seus sentidos, já que, "[...] os

---

44   MACIEL, Laura Antunes. Produzindo notícias e histórias: algumas questões em torno da
     relação telégrafo e imprensa – 1880/1920. In: FENELON, Déa Ribeiro et al. (Org.) *Muitas
     memórias, outras histórias*. São Paulo: Editora Olho d'Água, 2005, p. 15.

textos ou documentos arqueológicos, mesmo os aparentemente mais claros e mais complacentes, não falam senão quando sabemos interrogá-los".[45]

Por fim, dentro desse caminho metodológico, recorri à abordagem[46] da História Oral, por acreditar que os depoimentos orais são um instrumento privilegiado para recuperar as experiências dos sujeitos envolvidos, assim como, dilatarem as fontes de informação acerca do tema proposto. Para tanto, propôs realizar entrevistas com agentes sociais que vivenciaram aquele tempo histórico na medida em que, acredita-se que a oralidade, enquanto fonte de conhecimento para o historiador oferece um leque de possibilidades e sugere um trajeto sem fronteiras. A escolha da lista de entrevistados esteve diretamente relacionada ao contato mais direto com as fontes documentais, que ora reafirmaram opções anteriores, e por ora também afastaram. Nesse sentido então, cheguei a um grupo de doze pessoas, entre elas dez professores e duas pessoas que participaram da gestão dos dois governos estaduais abordados. E mais as entrevistas do repositório multimídia da Universidade Federação do Pará, sobretudo as referentes às esquerdas no Pará e ao período da transição democrática. Como dito, a pesquisa nos jornais foi o primeiro norte para escolher os entrevistados: algumas das principais lideranças e vanguardas do movimento de professores, da APEPA, quanto da posterior FEPPEP, que estavam sempre atuantes nas matérias jornalistas desse período e também dentro dos fóruns de discussões destas entidades. Então nomes como de Ermelinda Garcia, Venize Rodrigues, Hamilton Corrêa e Haroldo Soares eram de suma importância. Outros que vivenciaram o processo somente como professores, sem terem cargos de direção, que dentro do movimento são chamados de base da categoria. Os que estavam na base e ascenderam a condição de dirigentes, e por fim representantes dos governos de então: Alacid Nunes e Wilton Moreira, secretário de educação de Jáder Barbalho. São testemunhas que na maior parte das vezes seguiram caminhos diferentes na vida, tanto profissionais como políticas, que passaram a ter memórias que possuem representações do passado, mas que nunca são somente individuais, mas

---

45   BLOCH, Marc. A observação histórica. In: *Apologia da história ou o ofício de historiador*. Rio de Janeiro: Jorge Zahar Ed., 2001, p. 79.

46   BARROS, José D'Assunção. *Teoria da História*. Petrópolis, RJ: Vozes, 2011, p.197.

de pessoas inseridas num contexto familiar, social, nacional.[47] As entrevistas foram direcionadas, no sentido de abordarem principalmente os problemas investigados pela dissertação, mas valorizando também as histórias de vida dos testemunhos. Foi construído um roteiro para as entrevistas, que teve quatro blocos temáticos, em que cada bloco temático desse teve seus subitens, que estavam relacionados, sobretudo, a dinâmica de cada entrevista e aos questionamentos que surgiam diante do contato com as evidências. Nesse sentido, o uso da metodologia da história oral não teve a intenção de fazer uma análise quantitativa, mas sim perceber discursos, experiências e memórias que ajudem a compreender os problemas levantados.

Então, para o exposto acima, adotei também as abordagens de Alessandro Portelli,[48] o qual entende a história oral como um gênero de discurso. Nesse sentido,

> Ao trabalhar as narrativas como textos e, portanto, com um enredo, com interpretações construídas pelos sujeitos; [...] com características próprias que tornam evidente o trabalho da palavra como trabalho da consciência, construindo interpretações na dinâmica social.[49]

Para Portelli o depoimento oral possui o significado como "um evento em si mesmo", portanto, o direciona "a uma análise que permita recuperar não apenas os aspectos materiais do sucedido, mas, a atitude do narrador em relação a eventos, à subjetividade, à imaginação e ao desejo".[50] Logo, a subjetividade no processo de narração do depoente, a imaginação durante as falas é um fator que tendem a ser

---

47   ROUSSO, Henry. A memória não é mais o que era. In: AMADO, Janaina & FERREIRA, Marieta de Moraes. *Usos & Abusos da história oral*. Rio de Janeiro: Editora FGV, 2006, p. 94.

48   PORTELLI, Alessandro. *Sonhos ucrônicos*: memórias e possíveis mundos dos trabalhadores. Projeto História. Revista do Programa de Estudos Pós-Graduados em História e do Departamento de História da PUC/SP. São Paulo: EDUC, n.10, dez. 1993, p. 41-58.

49   KHOURY, Yara Aun. *Narrativas orais na investigação da história social*. Projeto História. Revista do Programa de Estudos Pós-Graduados em História e do Departamento de História da PUC/SP. São Paulo: EDUC, n. 22, jun. 2001, p. 79-103, p. 83.

50   PORTELLI, 1993. *Op. cit.*, p, 41-58.

considerados inexatos dos fatos históricos pelos narradores, pois podem significar sonhos, desejos, anseios, esperanças e expectativas.

Sendo assim, Portelli escreve que a inexatidão dos fatos torna-se importante na medida em que "a auto-estima do narrador e o sentido por ele dado a seu próprio passado".[51] Pode-se entender que o depoente ao se colocar no centro da construção da narrativa, trabalha a imaginação e a subjetividade como forma de manifestação de possibilidades no desenrolar da história, segundo ele. No entanto, fica evidente e cabe advertir as dificuldades para os historiadores em interpretar as tensões, contra-dições e a produção de memória dos indivíduos de outrora e a tentativa de recuperar os fatos históricos. Diante dessas reflexões, se aceita que:

> O desafio da história oral nesse sentido é mostrar, diferentemen-
> te do que costuma ser consagrado, que a memória não é apenas
> ideológico, mitológico e não confiável, mas sim um instrumento
> de luta para conquistar a igualdade social e garantir o direito às
> identidades.[52]

É também necessário considerar a importância da fotografia/imagem para o desenvolvimento deste livro sobre o movimento de professores. A análise das fotografias/imagens usadas ao longo dos quatro capítulos ocorrem não como um símbolo que ficou circunscrito ao passado, pois, entende-se e se aceita a fotografia como uma testemunha visual de um determinado momento histórico, não por si só, mas por revelar aspectos íntimos da sociedade pela lente da máquina e o olhar do fotógrafo.[53] A fotografia presentifica o passado e coloca os atores de hoje, em contato com o passado. Media o processo de articulação da memória individual e coletiva. Conforme postula Ana Maria Mauad:

---

51 *Idibid.*

52 FERREIRA, Marieta de Moraes (Org.). *História oral:* desafios para o século XXI. Organizado por Marieta de Moraes Ferreira, Tania Maria Fernandes e Verena Alberti. Rio de Janeiro: Editora Fiocruz/Casa de Oswaldo Cruz / CPDOC - Fundação Getulio Vargas, 2000, p. 13.

53 CARDOSO & MAUAD. História e imagem: os exemplos da fotografia e do cinema. In: CARDOSO, Ciro Flamarion; VAINFAS, Ronaldo (Org.). *Domínios da história*: ensaio de teoria e metodologia. Rio de Janeiro: Elsevier, 1997. 19. reimpressão, p. 406.

> Toda a imagem é histórica. O marco de sua produção e o momento da sua execução está indefectivelmente decalcados nas superfícies da foto, do quadro, da escultura da fachada do edifício. A história embrenha as imagens, nas opções realizadas por quem escolhe uma expressão e um conteúdo, compondo através de signos, de natureza não verbal, objetos de civilização, significados de cultura.[54]

Miriam Moreira Leite, optando por um viés mais propriamente metodológico, mostra que a fotografia, na condição de documento, possibilita reflexões históricas que exige uma crítica interna e externa com relação a sua produção e conteúdo.[55]

A partir do exposto acima, entre objetivos, problemas e os aportes teóricos e metodológicos, a estrutura do livro ficou definida em quatro capítulos, que buscam dialogar entre si sobre os objetivos e problemas levantados.

No primeiro capítulo, "História em movimento: quando professores tomaram as ruas de Belém (1979-1986)", dialogo com o debate historiográfico nacional que tem como pano de fundo o processo de abertura política ou democratização, vivenciado pelo Brasil a partir da segunda metade da década de 1970, completado ao longo da década de 1980, pautado principalmente a partir do viés e importância dos movimentos sociais urbanos, com o objetivo de discutir a luta social e política do movimento de professores do ensino de 1º e 2º graus[56] na capital paraense: Belém. Tentando compreender a lógica associativista desses sujeitos em uma organização

---

54   MAUAD, Ana Maria. *Através da Imagem*: fotografia e história interfaces. Rio de Janeiro: Tempo, v. 1, n. 10, 1996, p. 15.

55   LEITE, Miriam Moreira. Apresentação. In: *Retratos de famílias*: leitura da fotografia histórica. São Paulo: EDUSP, 1993, p. 15.

56   A relação entre Estado e a educação foram intensas ao longo do regime militar no Brasil, e essa política se estendeu também para o ensino de primeiro e segundo graus, que teve como marco principal a Lei 5.692/71, que fixou as diretrizes básicas para esse ensino. A respeito disso ver: GERMANO, José Wellington. *Estado Militar e Educação no Brasil* (1964-1985). São Paulo: Cortez, 1993.

"econômico-corporativa"[57] de uma categoria social, existe também nos momentos de relação de força, conflito e/ou conciliação com o governo paraense, no limite dessa abordagem o governo Alacid Nunes (1979-1983) e Jáder Barbalho (1983-1987), um projeto que vai além dessas questões econômicas materiais mais imediatas, que não deixam de ser importantes, e em alguns instantes prioritárias, principalmente para os sujeitos que não estão entre as lideranças do movimento, mas que contém também nesse movimento de professores a representação e difusão de projetos democráticos e político-partidários, que ultrapassam os limites de uma reforma para a educação e assumem uma dimensão mais ampla para uma transformação da sociedade paraense e brasileira em geral. Processo que está relacionado ao fazer-se do movimento em classe, com uma "consciência" mais abertamente política. No bojo dessa discussão, igualmente relevante são analisar quais foram os significados históricos do movimento docente nesse processo final da ditadura civil-militar e suas relações com as estruturas sócio-políticas do país.

O segundo capítulo, "Organizações partidárias e/ou clandestinas de esquerdas em Belém: diálogos com o movimento de professores", tem como objetivo compreender as relações que se estabeleceram entre professores de 1º e 2º graus de Belém com organizações políticas e partidárias, se norteando pelas seguintes questões a serem respondidas: será que a luta política desencadeada por esses professores de Belém, no sentido que trato aqui das vanguardas e lideranças que influenciavam direta ou indiretamente no corpo da categoria, que passaram a ocupar as ruas gritando pelo direito de ter direito de lutar por um país melhor e mais democrático, era somente resultado da revolta, das injustiças sociais, do espontaneísmo de pessoas que pela sua condição de intelectuais[58] da sociedade se viram na obrigação de mudar essa

---

57   Termo utilizado por Gramsci, e citado por Hobsbawm in: HOBSBAWM, Eric J. *Como mudar o Mundo*: Marx e o Marxismo. São Paulo: Companhia das Letras, 2011, p. 294.

58   Entendo aqui intelectuais no sentido atribuído por Gramsci: "Cada grupo social, nascendo no terreno originário de uma função essencial no mundo da produção econômica, cria para si, ao mesmo tempo, de um modo orgânico, uma ou mais camadas de intelectuais que lhe dão homogeneidade e consciência da própria função, não apenas no campo econômico, mas também no social e no político (...) GRAMSCI, Antônio. *Os intelectuais e a organização da cultura*. Rio de Janeiro: Civilização Brasileira, 1982, p. 3.

realidade vivida? Ou aliado a esse sentimento, havia também relações políticas, militantes e partidárias que se estabeleceram entre as vanguardas dos movimentos de professores de 1º e 2º graus com as organizações de esquerdas, clandestinas ou não, a partir do final dos anos 70 até meados dos 80, do século XX? Ou seja, houve influências das tendências de esquerdas, das tradicionais as novas lideranças políticas, que sobreviveram, se recriaram ou nasceram após a dura repressão policial desencadeada pela ditadura civil-militar após a promulgação do Ato Institucional 5, em 1968, no movimento de professores em Belém? Qual a formação política e militante desses professores progressistas paraenses? A luta também pelo poder político institucional passa ser importante para esses sujeitos professores em meados dos anos 80? Nesse sentido, o capítulo buscou responder a essas questões através, principalmente, da historiografia produzida sobre o tema e das fontes orais dos entrevistados, percebendo que se estabeleceu uma forte relação dos movimentos de esquerdas como os movimentos dos professores em Belém, se constituindo, a partir de então, uma tradição das ideias de esquerda nas entidades de classe dos professores, que foi forjada a partir do final da década de 1970 e que é presente ainda atualmente.

No terceiro capítulo do livro, "Por trás dos discursos: história e experiências de lutas nas greves dos professores de 1º e 2º graus durante a democratização brasileira em Belém", expõe como os professores eram sujeitos históricos que vivenciavam intensamente esses anos de transição e mudança na vida dos brasileiros, sendo passivos e ao mesmo tempo agentes nesse processo, compreendido como um momento extremamente significativo de mobilizações, resistência, tensões e de negociações desses atores sociais com o governo do Estado do Pará, representado através da deflagração de quatro (1980, 1983, 1985, 1986) num intervalo de temo de sete anos, de onde vão emergir a construção de discursos que disputavam uma representação do real naquele momento histórico, tanto por parte dos Governos Estaduais paraense, como da própria categoria dos professores. O capítulo mostra que a década de 1980 foi intensa em mobilizações e greves para os professores, resultado de profundas mudanças em relação à educação que começaram a se processar anos antes, e que as greves dos professores em Belém e no Pará como um todo, dialogam com um contexto mundial. Abordarei essas quatro greves propriamente ditas ocorridas durante a proposta de recorte temporal da pesquisa: os discursos, as reivindicações, as formas de organização e condução das greves, e como os Governos Estaduais pensavam, tratavam e agiam diante de uma greve.

Por fim, no quarto capítulo, intitulado "Repressão e Memória em tempos de democratização nos Governos de Alacid Nunes e Jáder Barbalho", também dialogando a partir do lugar das greves nesse contexto histórico em Belém, trabalho os discursos e o mundo social construído em relação a repressão e as medidas autoritárias praticadas pelos governos de Alacid Nunes e Jáder Barbalho em relação ao movimento de professores, e como esses governos na luta por uma dada representação social argumentavam que se tratava apenas de medidas que respeitavam o espírito democrático de então. A questão da memória aparece desse capítulo como um campo de luta, tensões e disputas, sobretudo em relação ao marco de fundação do Sindicato da categoria dos trabalhadores da educação pública do Estado do Pará.

LISTA DE QUADROS

LISTA DE IMAGENS

Imagem 01: Reunião dos professores pouco antes da fundação da APEPA

Imagem 02: Reunião dos professores públicos de Belém, discutindo as pautas de reivindicações e estratégias de mobilização

Imagem 03: Mancha promovida pelos bancários em Belém, setembro de 1979

Imagem 04: Manifestação pela meia passagem em Belém, outubro de 1979

Imagem 05: Primeira diretoria da FEPPEP, em 1983

Imagem 06: Edmilson Rodrigues, já como deputado estadual em 1988

Imagem 07: Dionísio Hage, Secretário de Educação durante grande parte do governo de Alacid Nunes

Imagem 08: "Greve branca" nas escolas estaduais. Professores e alunos nos corredores do IEP conversando sobre as condições do ensino e da luta dos professores

Imagem 09: Concentração de professores em frente ao Palácio Lauro Sodré, na Praça D. Pedro II, em referencia a greve de advertência (paralisação)

Imagem 10: Professores lutando por suas reivindicações ao longo da greve de 1983

Imagem 11: Tancredo Neves, Ulysses Guimarães, Fernando Henrique Cardoso, Leonel Brizola, entre outros, no Comício das Diretas na Candelária, Centro do Rio

Imagem 12: Manifestação dos professores em frente ao Palácio Lauro Sodré, tradicional lugar que centralizava muito dos protestos sociais em Belém até meados da década de 1990

Imagem 13: Nas escadarias da Assembleia Legislativa do Estado do Pará, professores e servidores que ocuparam o prédio como estratégia para reabrir as negociações com o governador Jáder Barbalho

I

HISTÓRIA EM MOVIMENTO: QUANDO PROFESSORES TOMARAM AS RUAS DE BELÉM (1979-1986)

"Não senhores
É em vão que espreitem os que esperam
Que eu me ponha na esquina a vender minhas armas, minha razão,
Minhas esperanças. Escutei cada dia a
Ameaça, a sedução, a fúria, a mentira,
"E não retrocedi de minha estrela"
(Pablo Neruda)

"Um galo sozinho não tece uma manhã: ele precisará sempre de
outros galos..."
(João Cabral de Melo Neto)

Neste primeiro capítulo discutirei a participação e organização do movimento de professores públicos estaduais de Belém, num contexto significativo de mudanças políticas para a história do Brasil e da Amazônia, a luz da atual historiografia sobre o tema, que denomina esse momento de "processo de abertura política", ou simplesmente de transição democrática,[1] que para Daniel Aarão Reis é o "período que se inicia com revogação das leis de exceção, os Atos Institucionais, em 1979, e

---

1   Sobre essa discussão historiográfica ver: O'DONNEL, Guillhermo & REIS, Fábio Wanderley (Orgs.) *A democracia no Brasil:* dilemas e perspectivas. São Paulo: Vértice, 1988. &FERREIRA, Jorge & DELGADO, Lucília de Almeida Neves (Org.) *O Tempo da ditadura:* regime militar e movimentos sociais em fins do século XX. Rio de Janeiro: Civilização Brasileira. 2013

termina com a aprovação de uma nova constituição, em 1988",[2] pautando-me nesse contexto a partir do viés e importância dos movimentos sociais urbanos, tendo em tela a luta econômica, social e política, além da organização do movimento de professores do ensino de 1º e 2º graus[3] da capital paraense. Objetivo principalmente compreender que na lógica associativista desses sujeitos em suas organizações "econômico-corporativas"[4] de uma categoria social,[5] existia também nos momentos de relação de força, conflito e/ou conciliação com o governo paraense, no limite dessa abordagem o governo de Alacid Nunes (1979-1983) e Jáder Barbalho (1983-1987), um projeto que vai além dessas questões econômicas materiais mais imediatas, como melhores salários, que não deixam de ser importantes, e em alguns instantes prioritárias, principalmente para os sujeitos que não estão entre as lideranças do mo-

---

2   REIS FILHO, Daniel Aarão. *Ditadura e democracia no Brasil*: do golpe de 1964 à Constituição de 1988. Rio de Janeiro: Zahar, 2014, p. 125.

3   A relação entre Estado e a educação foram intensas ao longo do regime militar no Brasil, e essa política se estendeu também para o ensino primário e médio, que teve como marco principal a Lei 5.692/71, que fixa as diretrizes básicas para o ensino de 1º e 2º graus. A respeito disso ver: GERMANO, José Wellington. *Estado Militar e Educação no Brasil (1964-1985)*. São Paulo: Cortez. 1993

4   Termo utilizado por Gramsci, e citado por HOBSBAWM, Eric. *Como mudar o Mundo*: Marx e o Marxismo. São Paulo: Companhia das Letras, 2011, p. 294.

5   O conceito de categoria social tem em Poulantzasa seguinte definição: "Chama-se, com efeito, de categorias sociais conjuntos de agentes, cujo papel social principal consiste no funcionamento dos aparatos de Estados e da ideologia. Tal é o caso, por exemplo, da 'burocracia' administrativa, de que fazem parte grupos de funcionários do Estado. Tal é igualmente ocaso do grupo que se designa comumente com o termo 'intelectuais', e que tem como papel social principal o funcionamento da ideologia. De fato, as categorias sociais não têm uma adscrição de classe única, mas seus membros pertencem em geral a classes sociais diversas (...). Estas categorias sociais têm, pois, uma adscrição de classe e não constituem, em si mesmas, classes; não desempenham um papel próprio e específico na produção (...), as categorias sociais, por causa de sua relação com os aparatos de Estados e com a ideologia, podem apresentar amiúde uma unidade própria, em que pese pertencerem a classes diversas. E, além do mais, podem apresentar, em seu funcionamento político, uma autonomia relativa com respeito às classes a que seus membros pertencem" (POULANTZAS, N., As Classes Sociais, *Estudos CEBRAP*. São Paulo, Ano 3. 1973, p. 25 e 26).

vimento, mas que contém também nesses movimentos de professores a representação e difusão de projetos de democratização do Estado e da sociedade, e que tinham
também projetos político-partidários, que ultrapassavam os limites de uma reforma
para a educação e assumiam uma dimensão mais ampla de um discurso de transformação da sociedade paraense e brasileira em geral. Processo que está relacionado ao
fazer-se do movimento em classe, com uma "consciência" mais abertamente política.
No bojo dessa discussão, igualmente relevante, são analisar quais foram os significados históricos do movimento docente nesse processo final da ditadura civil-militar e
suas relações com as estruturas sócio-políticas do país.

    Um aspecto relevante deste trabalho é pensar sua análise a partir da história
enquanto campo de produção do conhecimento nas Ciências Humanas. Pode parecer uma obviedade, mas não é tão simples assim. Sociólogos e Cientistas Políticos,
principalmente, durante algum tempo, dominaram, de certo modo, esse tema de
investigação, e que somente a partir da consolidação de uma História do Tempo
Presente[6] é que os historiadores também começaram a fazer parte e construir essa
história que pertence a uma temporalidade antes rejeitada. Portanto, o objetivo é
pensar e refletir os problemas levantados anteriormente à luz do arcabouço historiográfico, mas é claro, sem perder de vista a importância do diálogo e da transdiscipli-
naridade, ou seja, trazer conteúdo de uma disciplina para outra, segundo as lógicas
desta outra que os recebe. De forma mais clara, estudar a organização e os movimentos dos professores paraenses à luz da história social, mas sem perder de vista a
importância do dialogo, principalmente com a sociologia, que há muito tempo vem
pensando aspectos teóricos e metodológicos sobre o assunto.

---

6   Essa denominação está relacionada a criação do Instituto de História do Tempo Presente,
entre 1978 e 1980, na França. Segundo Henry Rousso, a História do Tempo Presente é "uma
história na qual o historiador investiga um tempo que é seu próprio tempo, com testemunhas vivas e com uma memória que pode ser a sua. A partir de uma compreensão sobre uma
época que não é simplesmente a compreensão de um passado distante, mas uma compreensão que vem de uma experiência da qual ele participa como todos os outros indivíduos". In:
ROUSSO, Henry. Entrevista com o historiador Henry Rousso. Sobre a História do Tempo
Presente. *Revista Tempo e Argumento*. Florianópolis, v. 1, n. 1. 2009, p. 202.

Do ponto de vista metodológico, serão utilizados, além de trabalhos de conclusão de curso, dissertações e teses, quatro jornais que circulavam, de forma simultânea ou não, em Belém, em fins da década de 1970 e meados da de 1980 do século XX: *O Liberal*, *A Província do Pará* e o *O Estado do Pará*, que tinham por trás da iniciativa jornalística interesses também políticos, que ora se transformavam de acordo com os jogos de interesses, embora em posições distintas entre um e outro momento. Portanto, trazia em suas matérias posições e visões diferentes com relação a uma determinada questão ou processo, principalmente político, daí a importância do cruzamento de informações em suas utilizações. E, fora dessa linha de imprensa, digamos mais empresarial, analisarei também alguns números do *Jornal Resistência*,[7] que tinham uma abordagem mais militante e ideológica em relação às questões políticas e sociais, e que funcionou de forma regular entre 1978 e até 1983, e depois com números mais espaçados. Documentos produzidos pelo movimento de professores, como atas de Congressos e reuniões, assim como jornais de circulação interna entre os professores, como o *Quadro Verde* e informativo gerais. Ainda com relação às fontes, essencial para o corpo do texto foram as fontes orais[8], pois suas importâncias não são só simplesmente como fontes que posso dentro do *"métier"* do historiador utilizá-las e cruzá-las com outras fontes de natureza diferente, mas também as utilizá-las como objeto, pois cada vez mais a memória social ganha uma grande relevância nos estudos históricos. E por fim, discutir dentro narrativa do texto a produção bibliográfica concerente a esse debate, tanto historiográfica, como teórica e metodológica.

---

7   O *Jornal Resistência* foi, e ainda é o principal veiculo de comunicação da Sociedade Paraense de Defesa dos Direitos Humanos, fundada em agosto de 1977. Teve seu primeiro número circulando a partir de 1978, se caracterizando por forte crítica social aos governos, denunciando as desigualdades sociais, as violações aos direitos humanos e a divulgação das lutas dos principais movimentos sociais no Estado do Pará.

8   Sobre as fontes orais, trabalhos essenciais são: AMADO, Janaína & FERREIRA, Marieta de Morais. *Usos & Abusos da História Oral*. Rio de Janeiro: Fundação Getúlio Vargas, 2006. & PORTELLI, Alessandro. *Ensaios de história oral*. São Paulo: Letra e Voz, 2010.

Questões a respeito da historiografia Paraense em relação à História do Tempo Presente

> Pode o presente ser objeto de história? Como de fato inscrever um presente fugaz na construção, ou reconstrução, necessariamente temporal ou retroativa, que elabora o historiador confrontando suas hipóteses de trabalho com a dura realidade da documentação e do arquivo recebidos?[9]

Entrelaçamento importante para seguir com as discussões deste livro, é pensar sobre o tempo e o recorte histórico que ele se insere, pois se ambienta numa querela ainda aberta no próprio campo epistemológico e metodológico dentro da história, e entre os historiadores, e em relação aos saberes fronteiriços. E mais do que isso: refletir sobre nossa própria concepção de história.

Estudar o contemporâneo, mais precisamente os anos finais da década de setenta e iniciais da década de oitenta do século XX, é se colocar diante da questão da proximidade com o acontecido, o que trás inúmeras discussões sobre os problemas metodológicos e epistemológicos a essa tarefa encampada pelo historiador do presente, fazendo que muitas armas continuem empunhadas ainda hoje, argumentando que o tempo presente não é passível de estudo, pois é "um todo confuso, indescritível, emaranhado de coisas, revelando a dificuldade de visão perante o momento histórico",[10] além de argumentos do tipo que se correria sério risco de ideologizar a sua analise e narrativa em virtude do compartilhamento de experiências e memórias com os sujeitos que são também seu objeto de estudo, entrelaçamento que poderia confundir-se com o próprio fato histórico. Mas, de fato, os detratores da história do presente não estão de todo errados, é necessário redobrar a atenção na análise do

---

9   RIOUX, Jean-Pierre. Pode-se fazer uma história do presente? In: CHAUVEAU, Agnés & TÉTART, Philippe. *Questões para a história do presente*. São Paulo: Edusc, 1999, p. 40.

10   TAVARES SANTOS, Jean Mac Cole. Atualidade da história do tempo presente. *Revista Historiar*, ano I, nº 1, 2009, p. 7

presente na busca da objetividade histórica[11] e do afastamento o máximo possível dos juízos de valores.[12] No entanto, essa é uma tarefa árdua de policiamento que todos os historiadores, não só os do presente, como também os "clássicos" devem se colocar. Portanto, penso que qualquer construção histórica, independente do tempo histórico ou duração, está sujeita a desvios em sua produção, e que não é o afastamento no tempo que vai lhe isentar de contaminações ideológicas ou de juízos morais de seu tempo, mas sim cabe ao historiador, dependendo dos usos que faz de seus instrumentos metodológicos e teóricos, escolherem esse caminho ou não.

Mas quando houve o cisma entre passado e presente[13] para os historiadores? Durante muito tempo, por mais paradoxal que possa parecer em relação à postura conservadora de alguns em recusar o presente, os historiadores clássicos gregos Tucídides e Heródoto pensavam a história enquanto a 'vividez' (a enargeia), em que a história estava ligada a uma cultura baseada na oralidade e na gestualidade, na qual a 'vividez' do relato comunicaria a presença do passado,[14] e que, portanto, o trabalho do historiador era expor os fatos recentes atestados por testemunhas diretas. Então, passado e presente na história não estavam apartados. No entanto, esse quadro muda a partir do século XIX, com o chamado "século da história", pois é:

> O ponto de partida para entender esse processo é a constatação do triunfo de uma determinada definição de história a partir da institucionalização da própria história como disciplina universitária. Essa definição, fundada sobre uma ruptura entre o pas-

11   Sobre o debate a respeito da objetividade e verdade histórica é interessante consultar BLOCH, Marc. Apologia da história ou o ofício de historiador. Rio de Janeiro: Jorge Zahar, 2001. &SCHAFF, Adam. *História e Verdade*. São Paulo: Martins Fontes, 1987.

12   Importante discussão sobre os juízos de valores na historiografia pode ser visto em HELLER, Agnes. *Uma teoria da história*. Rio de Janeiro: Civilização Brasileira, 1993.

13   O conceito de presente no sentido atribuído por Marc Bloch, "presente quer dizer passado recente. Aceitemos, de agora em diante, sem hesitação, esse emprego um pouco frouxo da palavra"(BLOCH, Marc. Apologia da história ou o ofício de historiador. Rio de Janeiro: Jorge Zahar, 2001, p. 59.

14   GINZBURG, Carlo. *O fio e os rastros*. Verdadeiro, falso e fictício. São Paulo: Companhia das Letras, 2007, p. 37.

sado e presente, atribuía à história a interpretação do passado e
sustentava que só os indivíduos possuidores de uma formação
especializada poderiam executar corretamente essa tarefa.[15]

Essa ruptura entre passado e presente ocorre de várias formas nos diferentes
lugares, mas o caso mais estudado e emblemático é o francês. A segunda metade
do século XIX na França foi o cenário para um debate sobre se disciplinar e profis-
sionalizar a história e os historiadores, criando-se os *cânones* do documento escrito,
autêntico, da crítica e de visão de distância em relação aos problemas do presente.
A institucionalização da história e a sua profissionalização, por parte de eruditos,
retiravam, em parte, das mãos de leigos e curiosos de outras áreas e tornavam os seus
estudiosos especialistas do campo histórico, se separando daqueles que a partir de
então não dominariam seus instrumentos técnicos. E o estudo do passado, do re-
moto, do antigo, era mais uma forma de dificultar o acesso a esse *métier*. Não menos
importante também, era a justificativa do uso político da história, por aqueles que
se dedicariam ao presente, a sua instrumentalização, como se não fosse possível que
qualquer história estivesse sujeita a esse uso. Portanto, no século XIX há um rompimento radical da história com o presente, no entanto, isso não é uma via de mão
única. Ao longo do século XX esse é um debate constante no fazer histórico, e em
função de outros aspectos.

Mesmo diante das idas e vindas das gerações dos *Annales* com relação ao presente, uma vez que a historiografia não é linear, os seus "pais" já tinham atribuído um
lugar de importância ao contemporâneo, como escreveu Marc Bloch: "a incompre-
ensão do passado nasce afinal da ignorância do presente", ou Lucien Febvre: "a análise do presente podia dá a régua e o compasso à pesquisa histórica".[16] Mas mesmo
assim, é evidente que a geração dos *Annales* dos anos setenta, não de forma geral,
colocou o presente para segundo plano, o tornando quase inexistente, muito em função de considerar "as estruturas duráveis como mais reais e mais determinantes que

---

15   FERREIRA, Marieta de Morais. História do tempo presente: desafios. *Cultura Vozes*:
     Petrópolis, v. 94, nº 03, mai/jun., 2000, p. 111.

16   *Apud*: CHAUVEAU, Agnés & TÉTART, Philippe. *Questões para a história do presente*. São
     Paulo: Edusc, 1999, p. 10.

os acidentes de conjuntura, os fenômenos de longa duração como mais decisivos do que os movimentos de curto alcance".[17] No entanto, essa mesma escola histórica que em muitos momentos afastou o presente como status da história, possibilitou uma renovação da história, principalmente dos seus métodos, técnicas, abordagens e problemas, que vai descortinar mais tarde o caminho para a história do tempo presente, ou como alguns querem: do próximo, do imediato, mas não da instantaneidade.[18] Diante dessa renovação e principalmente do abalo sobre as certezas dos historiadores com relação aos seus modelos explicativos (estruturalistas, marxistas, mentalidades, etc.), conceituais e questionamentos sobre certas categorias de análise, como o de classe social, e o aparecimento de novas, como o de memória social, fizeram com que o leque da tradição historiográfica se ampliasse, possibilitando o surgimento de outras formas de se fazer história.

O presente passa a conversar mais com os historiadores e Clio a partir do século XX, sobretudo em fins dos anos de 1970, com o nascimento do Institutd´ Histoire Du Temps Présent, num retorno a Heródoto e Tucídides. Mesmo que no início se navegasse por tormentas e ainda diante de questões como que denominação utilizar ou que recortes selecionar, hoje é inegável o crescimento, consolidação e legitimação da HTP[19] entre os historiadores. E, mais importante, a história do tempo presente não é mais uma nova área de investigação da disciplina história, ela é a própria história. Portanto, ainda que haja percalços a essa história, há aspectos extremamente positivos na HTP, como diz Chartier:

> o pesquisador é contemporâneo de seu objeto e divide com os que fazem a história, seus atores, as mesmas categorias e referências. Assim, a falta de distância, ao invés de um inconveniente, pode ser um instrumento de auxílio importante para um maior entendimento da realidade estudada, de maneira a superar a

17   *Idem, ibidem*, p. 9.

18   RÉMOND, René. Algumas questões de alcance geral a guisa de introdução. In: AMADO, Janaína & FERREIRA, Marieta de Morais, *Usos & Abusos da História Oral*. Rio de Janeiro: Editora FGV, 2006, p. 207.

19   Abreviatura de História do Tempo Presente.

descontinuidade fundamental, que ordinariamente separa o ins-
trumental intelectual, afetivo e psíquico do historiador e aqueles
que fazem a história.[20]

Refletir sobre a importância da história do presente, levando em consideração suas vantagens e dificuldades, só nos faz reafirmá-la enquanto domínio em essência da própria história. Agora, com relação à historiografia da História do Tempo
Presente no Brasil e no Pará, por tudo antes analisado, e tendo como baliza, o que interessa mais de perto a este estudo, o pós 1964, por se constituírem a partir de então
estruturas políticas, sociais e culturais que vão marcar os sujeitos sociais ao longo da
década de 1970 e de 1980, percebe-se um processo ainda novo para os historiadores
em muitos aspectos e marcado por interesses e disputas sobre a memória e a identidade social,[21] principalmente com relação há um dos seus momentos mais polêmi-
cos e difíceis para os sujeitos envolvidos: os vinte e um anos da ditadura civil-militar
(1964-1985).[22] Feridas que ainda, em muitos casos, continuam abertas e que pesam
cotidianamente no processo de amadurecimento democrático do país, seja através
da impunidade daqueles acusados de terem sido o braço mais repressor do regime,
acusados de "torturadores", dos "terroristas" de esquerda, da falta de transparência

---

20   CHARTIER, Roger. *A História Cultural*: Entre Práticas e Representações. Lisboa, Bertrand
     Brasil, 1993, p. 8.

21   Sobre a ligação entre memória e identidade social ver: POLLAK, Michael. Memória e iden-
     tidade social. *Estudos Históricos*, Rio de Janeiro, v. 5, nº 10, 1992.

22   Essas são balizas temporais construídas a partir da análise de processos políticos institu-
     cionais, tendo como ponto de partida a destituição de João Goulart do cargo de presidente
     constitucionalmente eleito, em 1964, e a retomada da eleição de um civil para presidente,
     mesmo que de forma indireta, em 1985. Num intervalo de tempo em que o Brasil teve ape-
     nas presidentes militares, todos eleitos de forma indireta. Esta é a periodização mais con-
     sagrada, clássica e aceita para o período, no entanto, existem outros estudos, como o mais
     recente trabalho do historiador Marco Antonio Villa, Ditadura à brasileira, em que o autor
     defende como tese que no Brasil se teve uma ditadura apenas durante os anos de 1968,
     quando da promulgação do Ato Institucional Nº 5, a 1978, quando foram revogados os Atos
     Institucionais e Complementares (Cf. VILLA, Marco Antonio. *Ditadura à brasileira (1964-
     1985)*. A democracia golpeada à direita e à esquerda. São Paulo. Ed. LeYa. 2014).

e acesso aos documentos por aqueles que buscam a "verdade" dos acontecimentos, ou simplesmente por elementos desse passado político que insistem em permanecer vivos no imaginário social e na cultura política do presente.

No entanto, em que pese à importância desse período da história brasileira para compreensão de nossa sociedade e de suas relações políticas, sociais e culturais no presente, durante muito tempo houve certo distanciamento, tanto das pessoas em geral, como dos acadêmicos em particular, principalmente dos historiadores em funções de questões teóricas, metodológicas e epistemológicas discutidas acima, em estudar a ditadura civil-militar, como se tivesse um "pacto" para não mexer em um vespeiro, que pudesse dividir opiniões. Pensamento que se alinhava, sobretudo, ao pensamento dos militares ditos "golpistas" de 1964, que preferiam pensar a sociedade de forma homogênea.[23] E esse imaginário sobreviveu por algum tempo, principalmente até por volta do início dos anos dois mil, quando, a partir de então, começou haver uma mudança nesse quadro geral de olhar a "malfadada" ditadura civil-militar no Brasil, uma vez que:

> velhos mitos e estereótipos estão sendo superados, graças tanto à pesquisa histórica factual de perfil profissional quanto ao que poderíamos caracterizar como um "desprendimento político" que o distanciamento histórico possibilita: tabus e ícones da esquerda vão sendo contestados sem que tais críticas possam ser classificadas de "reacionárias". Processa-se uma mudança ge-

---

23   Devendo ser lembrado que a havia uma grande diversidade entre os militares, que "(...) compunha-se de uma variada gama de cores políticas que se estendia desde aqueles que eram comprometidos com as formalidades da legislação democráticas (especialmente os militares oriundos da ESG) até os despóticos que as desprezavam vis-à-vis suas utopias autoritárias (extremistas de direita que tinham posições anticomunistas); ou desde os que se batiam por um nacionalismo ufanista baseados nas grandezas brasileiras e os que admitiam as insuficiências do país tendo em vista um projeto global de desenvolvimento" (FICO, Carlos. *Como eles agiam*. Os subterrâneos da ditadura militar: espionagem e polícia política Rio de Janeiro: Record, 2001, p. 41).

racional, sendo cada vez mais frequente que pesquisadores do tema não tenham *parti pris*.[24]

Esse giro a partir de então, com a incorporação da produção historiográfica, aliada à jornalística, sociológica e memorialística sobre o tema, é perceptível no interesse do grande público, seja por livros, filmes, peças teatrais ou eventos como um todo sobre esse período da história brasileira, e também por um maior volume de publicações na academia. O tema da ditadura civil-militar no Brasil se tornou muito mais atraente de se conhecer e discutir, além do fenômeno das mobilizações nas redes sociais sobre vários aspectos, entre eles o da ditadura, que atraem multidões ávidas por informações desse período, que antes estavam obscuras ou pouco se tinha a coragem de debatê-las. E essa maré vem acompanhada, ou como ponta de lança ou a reboque, prefiro a primeira, por uma mudança dentro da produção acadêmica sobre o tema das ditaduras. Não só pela superação de traumas ou constrangimentos do passado, mas principalmente pelo enraizamento de uma mudança na concepção de história mesmo entre nós historiadores: se estuda a história não só de um passado distante, mas também a história do presente, a história próxima de nós também é uma tarefa do historiador. A quebra desse paradigma, aliado a pressão de parte da sociedade para abertura de muitos arquivos da ditadura com documentos confidenciais que eram sigilosos,[25] provocou uma enxurrada de trabalhos nos últimos anos que abordam os mais diferentes temas e aspectos dessa história recente do Brasil, que, mesmo assim, ainda tem muito a ser produzido.

No entanto, nesse cenário positivo nos últimos anos para uma mudança de paradigma em relação à pesquisa histórica da história do tempo presente, ainda existem alguns nós que devem ser pensados, ou talvez desatados, pela produção historiográfica no Brasil. Farei referência a dois, que acabam estando relacionados:

---

24 FICO, Carlos. Versões e controvérsias sobre 1964 e a ditadura militar. *Revista Brasileira de História*. São Paulo, v. 24, nº 47, 2004, p. 30.

25 Sobre a questão da discussão relacionada ao acesso aos documentos sigilosos produzidos durante o regime militar no Brasil, ver: FICO, Carlos. A ditadura documentada: acervos desclassificados do regime militar brasileiro. *Revista Acervo*. Rio de Janeiro, v. 21, nº 2, p. 67-78, jul/dez de 2008.

a) primeiro a questão da grande disparidade que existe em termos regionais com relação ao volume dessa produção. Grande parte dela concentra-se principalmente na região sudeste do Brasil, mais precisamente no Rio de Janeiro, São Paulo e Minas Gerais, abordando aspectos e problemas históricos a partir desses espaços. No caminho inverso, algumas regiões, principalmente a região Amazônica, que teve grande importância estratégica e política para a ditadura civil-militar e também um de seus principais articulares, Jarbas Passarinho,[26] ainda passa um tanto despercebida quanto as questões sociais e políticas de fundo do Estado de Segurança Nacional, no período de 1964 a 1985. Na história, são escassas ainda as produções historiográficas sobre a ditadura civil-militar no Pará, e sobre isso, PETIT diz:

> São escassos, porém, os trabalhos que destinaram sua atenção a análise das práticas políticas das elites locais, partidos políticos, movimentos sociais e sindicais. Menos numerosos ainda são aqueles que se preocuparam em indagar sobre a maior ou menor participação, nesse processo de mudanças socioeconômicas, dos governos estaduais e municipais da Região Norte e, portanto, sobre as práticas dos diferentes atores políticos que assumiram os cargos de prefeito e governador.[27]

Portanto, ainda estamos descobrindo a história do tempo presente no Pará, mesmo sendo perceptível a cada ano o aumento dos interessados em trilhar esses caminhos. b) Outra questão, que estar diretamente relacionada com a primeira, podendo ser uma das possibilidades da sua própria explicação, refere-se a uma noção balizada por quase que uma relação de centro e periferia na produção do conhecimento histórico sobre a ditadura civil-militar. Muita das vezes se tem a impressão, que teve lugares com mais e outros com menos presença do regime militar no Brasil, nesse período. Cria-se uma imagem superficial e geral que os principais processos

---

26   Sobre a participação de Passarinho nesse contexto, ver os seus livros de memória: PASSARINHO, Jarbas. Um Híbrido fértil. Rio de Janeiro: Expressão Cultural, 1996. & PASSARINHO, Jarbas. Na Planície. Belém: Cejup: 2ª edição, 1991.

27   PETIT, Pere. *Chão de promessas*: elites políticas e transformações econômicas no Estado do Pará pós 1964. Belém: Paka-Tatu, 2003, p. 24.

de repressão e autoritarismo do Estado foram localizados mais em certas regiões, principalmente devido sua publicidade e posterior investigação do que em outras, como se não houvesse uma rede ligando os mecanismos do Estado, relações de poder e cultural que acabam se expressando no próprio fazer historiográfico. Fala-se dos presidentes-generais, dos atos institucionais, da repressão aos movimentos estudantis e sindicais nos primeiros anos do golpe e a partir de fins da década de 1970, da luta armada ou sobre a tortura e os assassinatos cometidos pelo regime, entretanto, se silencia, ou pelo menos se fala ainda pouco, no que também ocorreu em outras regiões, como em Belém e no Pará como um todo, que teve governador e políticos cassados, prisões e repressões aos movimentos sociais[28] urbanos nas ruas, assim como assassinatos no campo,mas também resistência destes. Construiu-se uma representação como se fosse possível uma hierarquia entre os fatos históricos, e a esse respeito VEYNE escreve:

> No interior da clareira que as concepções ou as convenções de cada época recortam no campo da historicidade, não existe hierarquia constante entre as províncias; nenhuma zona domina outra e, em todo caso, não a absorve. Quando muito, pode-se pensar que certos fatos são mais importantes que outros, mas mesmo essa importância depende, totalmente, dos critérios escolhidos por cada historiador e não tem uma grandeza absoluta.[29]

Vale à pena salientar a discussão que vem sendo traçada acima: que diz respeito, mesmos diante das dificuldades e das questões colocadas anteriormente, especialmente no Pará, da inegável expansão da produção historiográfica nos últimos anos sobre a ditadura civil-militar, especialmente na Amazônia, mas há muito que se fazer, pois diante da renovação da história, fica claro que só a história, no caso a história social, pode responder certas questões e que não só os historiadores, como

---

28 O Estado do Pará, Belém, 03 de Janeiro de 1979, p. 05. Ver também: PETIT, Pere& CUÉLLAR, Jaime. O golpe de 1964 e a instauração da ditadura civil-militar no Pará: apoios e resistências. *Estudos Históricos*, Rio de Janeiro, V. 25, nº 49, jan/jul de 2012.

29 VEYNE, Paul Marie. *Como se escreve a história*: Foucault revolucionou a história. Brasília: Editora Universidade de Brasília, 1982, p. 20.

também os cientistas sociais, passaram a perceber que certas respostas vêm essencialmente dos problemas de transformações históricas, num processo de fortalecimento da concepção histórica e de historicização das próprias ciências sociais.[30]

A sociedade e a política em fins dos anos de 1970 e início dos 1980: os professores rompem o aparente silêncio

Greves e ameaças de greves continuaram provocando tensões em várias partes do país (...). Em São Paulo, os representantes dos metalúrgicos do ABC aprovaram contraproposta que apresentarão aos empresários do grupo 14 da FISP. Em Brasília (...) três mil professores fizeram reunião na rampa em frente ao Congresso Nacional e decidiram prosseguir no movimento. Nova greve dos professores estaduais e municipais do Rio começará na quarta-feira (...). O Sindicato dos Médicos de Minas manifestou apoio e solidariedade a greve dos residentes do Hospital Santa Mônica (...). Em Londrina, no Paraná, a greve dos residentes e estudantes do Hospital Universitário completou seu vigésimo quarto dia (...). Em Salvador, os professores da rede privada de ensino voltaram as aulas após oito dias em greve (...). O reitor da Universidade Federal de Pernambuco, Paulo Maciel, prometeu ontem atender o PCT das reivindicações. Mas os alunos do curso de Química decidiram em assembleia, permanecer em greve até que as promessas se tornem efetivas.

O Secretário de Imprensa do Palácio do Planalto, Marco Antônio Kraemer, afirmou ontem que as greves de funcionários públicos serão resolvidas dentro do espírito da legislação vigente, "quer gostemos ou não da lei". No seu entender, o governo, com apenas 40 dias, ainda não teve tempo para adotar as mudanças na

---

30   HOBSBAWM, Eric. *Sobre História*. São Paulo: Companhia das Letras, 1998, p. 86.

legislação trabalhista com o objetivo especifico de adaptá-la as novas realidades surgidas no país com a abertura política.[31]

Os anos da década de 1970 e primeira metade de 1980 são marcados por inúmeras transformações na correlação de forças na sociedade brasileira, entrelaçados por elementos internos e externos, que tiveram como conseqüência o desmonte da estrutura política estabelecida a partir de 1964. Esse processo foi capitaneado por um projeto de "distensão política", posteriormente conhecida como "abertura", iniciado por Ernesto Geisel,[32] numa proposta de redemocratização "lenta, gradual e segura".

Para o historiador Francisco Carlos Teixeira da Silva,[33] essa é uma questão bem complexa, onde os atores principais do processo de abertura, bem como seus condicionantes políticos, econômicos e institucionais foram principalmente três: a) a eleição nos Estados Unidos do presidente Jimmy Carter em 1976, posição esta defendida principalmente por *brasilianistas,* que com o objetivo de recuperar a hegemonia americana no mundo provocou uma mudança na política externa, associando-se a políticas de defesa e valorização dos direitos humanos, éticos e morais; b) o projeto Geisel-Golbery, herdeiros de uma linha mais moderada dentre os militares brasileiros, chamada *castelista,* interessavam-se numa reconstitucionalização do regi-

---

31   Jornal *O Estado do Pará*, 28 de abril de 1979.

32   Sobre esse debate, ver GASPARI, Elio. *A ditadura derrotada*. São Paulo: Companhia das Letras, 2003. &FICO, Carlos. *Como eles agiam*. Os subterrâneos da ditadura militar: espionagem e polícia política. Rio de Janeiro: Record, 2001, p. 211.

33   Professor titular de História Moderna e Contemporânea. Laboratório de Estudos do Tempo Presente (UFRJ).

me miltar, postura que teve momentos de avanços e retrocessos ao longo do regime; e c) as forças políticas de oposição,[34] organizadas em torno MDB.[35]

Mas para os objetivos e limites deste capítulo, interessa pensar, de forma breve, esse último ator no processo de abertura: a oposição, mas a partir dos movimentos sociais urbanos de modo geral que tomaram as ruas a partir de 1978, gritando e reivindicando seus direitos, começando pelo primeiro: pelo direito de reivindicar direitos,[36] depois de pelo menos dez anos de silêncio, e nesse sentido, em particular analisar o movimento docente, que desempenhou papel extremamente relevante nesse processo de "transformação" da sociedade e da política, especialmente em Belém.

A entrada desses novos atores a partir dos anos de 1970 provocou uma desestabilização no bloco de forças sociais vigente no regime civil-militar brasileiro, no que marca a transição democrática como um momento de conflitos e tensões contraditórias nas relações entre a sociedade civil e a sociedade política, dicotomia clara do Estado[37] brasileiro então. Nesse sentido, a manutenção dos interesses das forças políticas que controlavam o Estado estava ameaçada por certos setores da sociedade civil que começavam a questioná-lo, uma vez que, o que garante a permanência dos interesses do Estado e sua estabilidade é exatamente conseguir manter um equilíbrio

---

34   Essa oposição era formada por um mosaico heterogêneo, que nas palavras de IANNI tinha a seguinte constituição: "proletariado urbano e rural; e camadas sociais das classes médias (intelectualidade científica e cultural, microempresários urbanos, assalariados de serviços públicos e privados, profissionais liberais e estudantes universitários". In: IANNI, Octávio. O ciclo da revolução burguesa. In: O'DONNEL, Guilhermo& SCHMITER, Philipe. *Transições do regime autoritário: primeiras conclusões.* São Paulo: Vértice, 1988, p. 94-99.

35   TEIXEIRA DA SILVA, Francisco Carlos. Crise da ditadura militar e o processo de abertura política no Brasil, 1974-1985. In: FERREIRA, Jorge & NEVES DELGADO, Lucília de Almeida. *O Brasil Republicano.* O Tempo da ditadura: regime militar e movimentos sociais em fins do século XX. Rio de Janeiro: Civilização Brasileira, 2013.

36   SADER, Eder. *Quando novos personagens entraram em cena:* experiências e lutas dos trabalhadores da grande São Paulo (1970-1980). Rio de Janeiro: Paz e Terra, 1988, p. 26.

37   Gramsci define o Estado como "todo o conjunto de atividades teóricas e práticas com as quais a classe dirigente justifica e mantém não somente a sua dominação, mas também consegue obter o consenso ativo dos governados". GRAMSCI, Antonio. *Os intelectuais e a organização da cultura.* Rio de Janeiro: Civilização Brasileira, 6ª edição 1988, p. 87.

das forças em jogo, seja através da coerção, ou através de uma estratégia de ação política e ideológica que configure um consenso. Mas o paiol de pólvora que se tornaram inúmeras capitais brasileiras, entre elas Belém, acabou explodindo, mostrando que a oposição entre a sociedade civil e o Estado dominante se configurava cada vez mais num espaço de contradição, visto que:

> A luta contra a superexploração do trabalho (estampada na ação contra o arrocho salarial), contra a legislação repressiva que regulava a ação sindical, contra o sindicalismo atrelado, configurou ao movimento desencadeado no ABC paulista uma ação econômica de clara significação política.[38]

É importante destacar que essas forças sociais, tanto militares como civis que os apoiaram, que deram o "golpe" militar em 1964, estabeleceram-se enquanto grupos que vão articular estratégias de dominação e hegemonia, ao longo dos vinte e um anos de regime militar, entendendo "hegemonia como um consenso ativo e a dominação coerção". Na dominação utiliza-se a força, não apenas física como também a pressão psicológica. Na hegemonia prevalece à direção, o convencimento, é quando se consegue fazer com que uma determinada concepção de mundo seja aceita pela sociedade".[39] Agora é exatamente nesse contexto em que os movimentos sociais reaparecem no palco de disputa, não só econômica como também política, é que começam a criar fissuras e provocar uma crise de hegemonia na linha política dado pelos governos federais brasileiros e na própria maneira dos brasileiros enxergarem essas relações de forças socais e políticas.

Nesse sentido, as lutas sociais no contexto do processo de "abertura" em vários lugares do Brasil, e no Pará não eram diferentes, ganham uma amplitude em seus participantes e um novo significado histórico, acomodando novos personagens que passam a se ver historicamente e perceber sua posição numa sociedade de classes, marcada por tensões e interesses. Além do que a historiografia chamou de "Novo Sindicalismo", são os movimentos contra a carestia, os movimentos de bairro, das

---

38   ANTUNES, Ricardo. *O novo sindicalismo*. São Paulo: Editora Brasil Urgente, 1991, p. 15.

39   CHAVES, Vera Lúcia Jacob. *Poder do Estado e poder dos Docentes*: um olhar sobre o movimento docente da UFPA. Belém: SPER/GRAPHITTE, 1997, p. 30.

comunidades eclesiais de base, movimentos estudantis e o movimento de professores expressos nos diferentes níveis de ensino, entre outros movimentos populares e sindicais, que vão questionar a legitimação de uma "ordem social" estabelecida. Homens e mulheres, cada um com seus ideais, sonhos e visão de mundo que vão rompendo um longo silêncio, silêncio principalmente público, pois no intimo, mesmos nos anos mais repressivos, à "consciência" acusava a mordaça.

Numa posição mais ligada a tradição marxista de analise, que a economia ganhava força na explicação do social, Antunes argumenta que as condições objetivas dadas de superexploração do trabalho e o arrocho salarial levaram os assalariados médios a vivenciarem as mesmas tormentas vividas pelos operários industriais e isso os levou a aderirem às greves, mesmos sem ter pouco ou nenhuma tradição de luta.[40] Mesmo discutindo seu texto a luz de uma visão de certa forma reducionista, ele apresenta um dado, extraído de Maria Hermínia Tavares de Almeida[41], importante para começar a pensar a inserção do movimento docente.

Quadro 1: Setores atingidos pelos movimentos grevistas no Brasil (1978 – 1981)

1978-1981 Setores atingidos pelos movimentos grevistas						
Anos	TI	TCC	TBS	ACM	Outros	Total
1978	104	08	13	08	4	137
1979	61	15	52	66	30	224
1980	19	4	11	20	04	58
1981	28	05	08	42	11	94

TI: Trabalhadores industriais

TCC: Trabalhadores da construção civil

TBS: Trabalhadores de base em serviços

ACM: Assalariados de classe média (professores, médicos e bancários)

Outros: não assalariados (feirantes, motoristas de táxi, motoristas de caminhão).

Fonte: ANTUNES, Ricardo. *O novo sindicalismo*. São Paulo: Editora Brasil Urgente, 1991, p. 136

---

40   ANTUNES, Ricardo, *op. cit.*, p. 135.

41   TAVARES DE ALMEIDA, Maria Hermínia. Crise Econômica e Interesses Organizados: O Sindicalismo no Brasil dos Anos 80. São Paulo: Editora da Universidade de São Paulo, 1996.

Em meio a grande agitação dos movimentos que passam a ocupar as ruas a partir dos últimos anos de 1970 e inicio dos anos de 1980, os movimentos dos que Antunes chama de "assalariados de classe média", entre eles os professores, passam a ganhar uma grande dimensão, especialmente no ano de 1979, segundo a tabela acima, sendo as categorias profissionais que mais greves realizaram ao longo desses anos, deixando para trás inclusive os trabalhadores industriais, os primeiros, segundo a historiografia, que impulsionaram esses movimentos a partir de 1978. Nesse sentido, esses poucos anos de intervalo são ricos em um processo em que vários setores da sociedade vão se organizar, e em alguns casos se reorganizar, em associações, sindicatos e centrais de luta que vão encampar um novo momento da história, são novos sujeitos que vão redefinir suas identidades coletivas para a luta e o conflito social, surgindo novos sujeitos coletivos.[42] Entre eles, é marcante a presença, nesse contexto, de uma forte presença dos professores, que passam também a protagonizar em muitos estados movimentos que serão importantes para discutir questões não simplesmente da educação, mas da sociedade. Sobre essa questão, diz VALE:

> Os professores de 1º e 2º graus, por sua vez, também se rearticulam em seus estados. Assim é que, com relativa velocidade, no período compreendido entre 1977 e 1979, foram criadas entidades de docentes, como o Centro Estadual de Professores – CEP, no Rio de Janeiro, a Associação de Professores do Estado de São Paulo – APEOESP, e a União dos Trabalhadores do Ensino – UTI, em Minas Gerais, entre outras.[43]

Dentro dessa perspectiva, é de se destacar Belém como um palco de luta, confronto, negociação e disputa pelo poder, o que levou o Jornal Resistência, em sua pri-

---

42   A respeito do conceito de *sujeito coletivo,* Sader diz: "Quando uso a noção de sujeito coletivo é no sentido de uma coletividade onde se elabora uma identidade e se organizam práticas através das quais seus membros pretendem defender seus interesses e expressar suas vontades, constituindo-se nessas lutas". In: SADER, Eder. , *op. cit.,* p. 55.

43   VALE, Maria do Vale. *Diálogo e conflito:* a presença do pensamento de Paulo Freire na formação do sindicalismo docente. São Paulo: Cortez, 2002, p. 145.

meira matéria de 1981, ter como título de capa "80: o ano do protesto".[44] Mais mesmo diante da efervescência dos movimentos populares e sindicais urbanos que tomaram as ruas da capital paraense, a partir dos finais dos anos de 1970 e início dos de 1980, ainda paira um silencio grande dos historiadores sobre esses movimentos. São poucos os trabalhos, principalmente levando em consideração a relevância desses movimentos sociais, em geral, e do movimento docente em Belém,[45] em particular. Portanto, esse livro tenta exatamente pagar essa dívida, dando visibilidade para agentes sociais tão importantes nesse processo de mudanças na vida política e social brasileira.

Alguns aspectos da organização do movimento de professores públicos de 1º e 2º graus em Belém: entre o "imediato" e o "histórico"

> A APEPA surge nessa onda grevista de finais do ano de 70. A partir daí acontece à necessidade de uma organização maior, para combater o arrocho salarial e o autoritarismo nas escolas. Nessas reuniões e mobilizações fomos amadurecendo a necessidade de criar a APEPA (...). O movimento dos professores aqui foi o primeiro movimento de massas que teve uma presença nas ruas. O movimento não tinha presença de partidos

---

44   *Jornal Resistência*. Belém, Pará: janeiro de 1981. Ano III, nº 20.

45   Ainda são poucos os trabalhos acadêmicos sobre o movimento docente em Belém e no Pará, mesmo que isso não seja a realidade no resto do país e na América Latina como um todo, onde há uma destacada produção acadêmica sobre o tema. Mas vale destacar os seguintes no Pará: PALHANO, Eleanor Gomes da Silva. *O Movimento Sindical dos Professores do Ensino Público no Estado do Pará suas Lutas e Conquistas*. Tese de Doutorado em Ciências Sociais. São Paulo: Pontifícia Universidade Católica de São Paulo, 2000; PINHEIRO, Ivone Nonata Carvalho. *Trajetória de luta: construção e atuação do movimento sindical dos trabalhadores em educação Pública de Belém do Pará* (SINTEPP). Belém: Universidade Federal do Pará, 2007.

de esquerda, a igreja dava apoio nas reuniões, na infraestrutura, mas na tinha influência no movimento (Venize Rodrigues).[46]

Ao refletir sobre o movimento *luddista* no século XVIII na Inglaterra, E. P. Thompson faz uma pergunta logo no início da sua narrativa sobre o assunto: "Para explicar suas ações, precisaremos ir além das injustiças econômicas e industriais imediatamente dadas?"[47] Essa é uma questão importante para ser um ponto de partida na analise proposta que faço sobre o movimento dos professores da educação publica estadual em Belém. Pensar as trajetórias individuais e coletivas dos sujeitos, a partir de uma entidade que represente um grupo, e suas relações com a organização do estado, não deve ter uma abordagem reducionista desse processo, sob pena de perdemos uma dimensão importante para a história: a de totalidade, mesmo que essa seja uma tarefa hercúlea e dificilmente possível de ser alcançada, mas que não pode ser abandonada pelo trabalho histórico.

Parto dessa questão levantada por Thompson para pensar se somente as condições materiais e objetivas dadas, como arrocho salarial, aumento no custo de vida,[48] péssimos salários e as condições sofríveis das escolas e do ensino em Belém,[49] na virada da década de setenta para a de oitenta, são suficientes para explicar a emergência do movimento docente nesse momento de agitação de vários movimentos sociais em Belém. São questões essenciais, mas que devem ser pensadas juntamente com outros elementos não menos importantes, principalmente com relação às questões subjetivas da vanguarda do movimento, evitando uma leitura míope de uma trama complexa no cotidiano das pessoas, que em alguns casos se espraiaram rompendo uma lógica mais corporativa que uma categoria econômico-corporativista normalmente apresenta, interpretação esta última que domina uma grande parte

---

46   Entrevista de Venize Rodrigues, uma das principais lideranças do movimento docente em Belém, citado por PETIT, Pere. *A esperança equilibrista*: a trajetória do PT no Pará. São Paulo: Boitempo, 1996, p. 62.

47   THOMPSON. E. P. *A Formação da Classe Operária Inglesa* – A força dos trabalhadores III. Rio de Janeiro: Paz e Terra, 1987, p. 47.

48   Jornal O Liberal: 05 de maio de 1979, p. 9.

49   Jornal Resistência: Belém, 7 de março de 1980. nº 05.

dos trabalhos que se dedicam ao tema, sobretudo os de cunho sociológicos, que ainda concentram a maior parte da produção sobre os movimentos docentes no Brasil, esquecendo o lado político e cultural dos sujeitos nas manifestações e em suas organizações.

Parto a analise a partir de um ponto que considero nevrálgico para a história do movimento docente no Pará: a criação da Associação dos Professores do Estado do Pará (APEPA). Não pretendo cair naquilo que Bloch chamou de buscar "O ídolo das origens",[50] mesmo sabendo que as organizações dos professores no Brasil remontam a pelo menos as últimas décadas do século XIX,[51] mas entender nesse recorte temporal escolhido como um momento privilegiado de tensões, conflitos e conciliações extremamente importante para a história da cidade e do movimento dessa categoria de classe profissional. A insatisfação, o descontentamento, a falta de valorização, as angústias relacionadas à labuta do professor já se apresentavam antes de 1979, mas somente a partir de então que deixa a esfera do particular ou do interior da escola para caminhar em direção ao público e o social. É muito claro na documentação estudada, que o ano de 1979 foi um momento de ruptura das práticas anteriores na história do movimento dos professores públicos estaduais da capital paraense.

A partir de 1978 e primeiros meses de 1979, tornaram-se comuns matérias nos principais jornais da cidade sobre reivindicações e movimentações, com ameaças ou greves de professores, em vários Estados brasileiros, por exemplo, em Minas Gerais, Rio Grande do Sul, São Paulo e Rio de Janeiro.[52] No entanto, nas páginas desses jornais, o silêncio dominava sobre qualquer tipo de ação dos professores públicos estaduais de Belém em relação ao encabeçamento de luta ou agência por esses professores locais. Mas essa representação de um cenário de aparente passividade ou conformismo passa a ter um novo rumo a partir de maio de 1979, quando aparece

---

50   Bloch, Marc. *Apologia da História,* ou o ofício de historiador. Rio de Janeiro: Jorge Zahar Ed., 2001, p. 56.

51   Para VALE, "a história registra que as *Conferências de Educação* constituem o marco inicial da organização dos educadores, conferências que surgiram não por iniciativa dos educadores, mas por iniciativa do Estado" In: VALE, Ana Maria do. *Op.cit.* p. 139.

52   Jornal *O Estado do Pará:* 5 de maio de 1979.

uma reportagem num jornal de grande circulação da cidade, estampando a seguinte chamada em um de seus cadernos internos: "Professor paraense não vê na greve uma solução ideal",[53] matéria que disputava espaço também com reportagens sobre os movimentos dos docentes que ocorriam no resto Brasil. Era uma reportagem que colhia depoimentos de vários professores: Henrique Dias, Hamilton Ramos Corrêa, Joaquim Aracaty, Maria da Conceição Rayol, Luzia Rodrigues e Deusarina dos Santos, que aparecem fazendo uma leitura das condições objetivas e subjetivas vividas pelos professores estaduais de 1º e 2º graus da rede estadual. Esse é um documento que, de certa forma, põe a cabeça pra fora publicamente das primeiras movimentações e articulações dos professores do Estado em Belém, e tem um aspecto que chama a atenção na reportagem na fala dos professores entrevistados: a representação da categoria como classe, a "conscientização de alguns professores", aspecto esse que de fato é decisivo no equilíbrio das relações de força e poder com a sociedade política, que a frente tinha o governo do Estado do Pará. Dentre as muitas questões levantadas por esses professores, algumas se destacam:

> quando houver uma conscientização do professor e da classe em geral, pode ser que a coisa melhore"[54]; "esse salário absolutamente não dá nem para vivermos em sociedade classe 'B' como almejamos"[55]; "em greve não se pensa por que esses movimentos não levam a nada"[56]; "só pode haver uma reivindicação da classe se houver conscientização de alguns professores"[57]; "tem dias que a gente se sente até humilhada quando perguntam quanto eu ganho, porque nem um lixeiro recebe tão pouco.[58]

---

53   *Idem.*

54   Professor Henrique Dias. Cf.: Jornal *O Estado do Pará*: 5 de maio de 1979.

55   Professor Joaquim Aracaty. Cf.: Jornal *O Estado do Pará*, 5 de maio de 1979.

56   *Idem*

57   Professor Hamilton Correa. Cf.: Jornal O *Estado do Pará*, 5 de maio de 1979.

58   Professora Luzia Rodrigues. Cf.: Jornal O *Estado do Pará*, 5 de maio de 1979.

Nesses discursos dos professores, através da imprensa, são muitas questões que vem a luz de uma vez só, que mostram, por um lado, certo desabafo, mas por outro, que não são resultados de uma mera situação daquele momento unicamente, mas que já vinha tencionando as "consciências" desses sujeitos há muitos anos, mesmo diante de longo período de silêncio, proporcionados principalmente pelo contexto vivenciado por uma legislação tida como opressiva aos professores, principalmente aquela que estava diretamente relacionada com suas atividades profissionais, como o decreto 477, que para muitos foi um desdobramento AI-5 (Ato Institucional) para a educação, uma vez que estabelecia várias formas de mordaça aos professores e alunos, criminalizando e rotulando qualquer tipo de movimentação com a pecha de subversivo, como fica bem claro no corpo do texto desse decreto-lei:

> Art. 1º Comete infração disciplinar o professor, aluno, funcionário ou empregado de estabelecimento de ensino público ou particular que:
>
> I - Alicie ou incite a deflagração de movimento que tenha por finalidade a paralisação de atividade escolar ou participe nesse movimento;
>
> II - Atente contra pessoas ou bens, tanto em prédio ou instalações, de qualquer natureza, dentro de estabelecimentos de ensino, como fora dele;
>
> III - Pratique atos destinados à organização de movimentos subversivos, passeatas, desfiles ou comícios não autorizados, ou dele participe;
>
> IV - Conduza ou realiza, confeccione, imprima, tenha em depósito, distribua material subversivo de qualquer natureza;
>
> V - Sequestre ou mantenha em cárcere privado diretor, membro do corpo docente, funcionário ou empregado de estabelecimento de ensino, agente de autoridade ou aluno;
>
> VI - Use dependência ou recinto escolar para fins de subversão ou para praticar ato contrário à moral ou à ordem pública.[59]

---

59   Decreto-Lei nº 477, de 26 de fevereiro de 1969.

Uma legislação que transparência em suas linhas como era importante para os governos, especialmente o Federal, estabelecer normas que pudessem inibir a atuação política dos professores e alunos, tidos como agentes que poderiam questionar facilmente a ordem social brasileira. Desse modo, era um cenário em que o medo passou a tomar conta no interior das escolas, o que dificultava enormemente as movimentações e mobilizações, aspectos abordado no terceiro capítulo deste livro. No entanto, esse contexto começou a mudar no final da década de 70 no Brasil, e por tabela no Pará. As experiências vividas pelos agentes sociais do magistério contribuíram para que eles desenvolvessem novas maneiras de compreenderem as noções de justiça e de direito, e, sobretudo, o que eles consideravam sobre política, aspectos de analise essencial que vão muito além apenas do reducionismo econômico,[60] que tem sido a forma privilegiada de abordagem desses movimentos.

Além do decreto-lei 477, ao longo de várias décadas, inclusive durante maior parte da década de 70 e de 80 do século XX, os professores públicos de 1º e 2º graus tinham uma barreira legal para transpor e iniciar qualquer tipo de organização sindical. A constituição brasileira, de 1937, vetou qualquer direito de greve por parte dos servidores públicos[61] e como o direito sindical estava correlacionado com o de greve, a proibição de um, acabou ensejando sobre o outro.

No início de 1979, em Belém, já havia o sindicato dos professores do Estado Pará (SINPRO),[62] que organizava a luta dos professores da rede particular de ensino de forma direta, e "indireta" dos professores da Fundação Educacional do Pará (FEP). Fundação que estava vinculada a Secretaria de Educação do Pará (SEDUC) e se responsabilizava pelo ensino de 2º grau. A FEP era uma instituição criada em 1968 e que nunca se estruturou administrativamente como tal, que contratava professores através de portarias, sem assinar suas carteiras de trabalho, o que não carac-

---

60 THOMPSON, E. P. *As peculiaridades dos ingleses e outros artigos*. Campinas, São Paulo: Editora da Unicamp, 2012, p. 207.

61 Esse direito só foi assegurado na Constituição brasileira de 1988, no artigo 37, VI e VII, devendo ser, contudo, matéria de lei complementar específica. Sendo que até agora não foi regulamentada nenhuma lei nesse sentido.

62 O SINPRO durante a década de 1970 era constantemente acusado pela oposição de ser um sindicato "pelego" e cheio de irregularidades. Jornal *O Estado do Pará*, 29 de março de 1979, p. 8.

terizava, portanto, o regime da CLT (Consolidação das Leis do Trabalho)[63] e nem na forma estatutária, através de concurso. Ficavam os professores, ligados a FEP, entre a cruz e a espada, entre serem da iniciativa particular ou estadual, ou mesmo nem uma e nem outra coisa. Nesse cenário, o SINPRO em meio a disputas, acusações e conflitos entre seus associados diretos[64] claramente não representava os anseios e interesses dos professores da FEP, e muito menos da SEDUC, professores de 1° grau. Tanto é que no documento "Professor paraense não vê na greve uma solução ideal", as falas são ainda de sujeitos sem representação coletiva, mas que trazem uma confusão com relação a essa representação. O próprio SINPRO, que era acusado por muitos professores, como um sindicato comandado por "pelegos", que tinha no seu próprio caráter não uma entidade classista, que deveria organizar a luta salarial ou política dos professores da rede particular, mas sim uma concepção que estava principalmente relacionada a atividades recreativas, festivas, culturais e assistenciais, como ficava claro em seu estatuto,[65] não representava ou contribuía para a construção de luta desses professores, uma vez que fica claro, na documentação, a ausência de qualquer tipo de ação. Então, essas atividades realizadas e a concepção do não enfrentamento se chocavam com os interesses verdadeiramente entendidos pelos professores da educação pública como o "autêntico" sindicalismo,[66] que era entendido como aquele que colocava as questões trabalhistas a frente das assistenciais. O SINPRO tinha como principal fonte de recursos, não só as contribuições dos professores associados da rede particular, mas principalmente o imposto sindical que era descontado dos professores da rede pública, como os da FEP: "eu contribuía para um sindicato que não existia, um sindicato que nunca se manifestou em nada, mas que anualmente a gente pagava o imposto sindical".[67]

Até então, a principal forma de organização dos professores públicos de Belém, tanto da SEDUC como da FEP, se levamos em consideração a não represen-

---

63   Jornal *Resistência*, dezembro de 1980.

64   Jornal *O Liberal*, 31 de dezembro de 1978, p. 13.

65   Estatuto do SINPRO, Artigo 16, item VIII e artigo 2 e 3.

66   Jornal: *Quadro Verde*, da APEPA. Agosto de 1979, p. 2

67   Entrevista: Ermelinda Garcia, em 12 de março de 2014.

tatividade destes pelo SINPRO, eram através de associações locais que cada escola possuía, como dizia a professora Venize:

> Eu dirigi por muito tempo a associação de professores da minha escola, onde trabalhei desde 68, nessa escola, Pedro Amazonas Pedroso, durante muito tempo fui presidente da associação e a gente tinha uma atividade muito intensa: fazíamos festas, atividades do dia do professor, atividades natalinas e fora isso a gente assumia uma postura reivindicatória em nível dos professores.[68]

A associação dos professores da Escola Pedro Amazonas Pedroso, como foi descrita acima pela professora Venize, não era uma exceção, pelo contrário, quase todas as principais escolas de Belém tinham essas associações de professores, que mesmo que desempenhassem papeis festivos e recreativos, acabaram tendo grande importância no processo do "fazer-se classe" entre os professores paraenses naquele momento. As pessoas, no caso os professores, ao participarem dessas associações, se encontravam e se viam com certa identidade, pertencimento, mesmo que profissional, apesar dessas associações não terem um caráter classista, mais somente de mutualismo, marcadas fortemente pelo assistencialismo, recreação e apoio cultural. Em que pese à postura "reivindicatória" dita pela professora, que pelo sentido restrito à sua escola, não ecoava de uma maneira mais ampla para o resto dos professores, até porque muito das vezes eram problemas triviais ao próprio cotidiano específico da instituição escolar, que não expressava uma intervenção coletiva e extramuros da escola para a categoria como um todo. Essas associações assumiam características particulares em cada escola, tinham seus estatutos independentes e suas diretorias escolhidas pela própria comunidade docente do interior da escola. Dificilmente mantinham contato através de discussões ou encontros com outras escolas, a exceção, das atividades esportivas.[69] Eram associações presentes nas escolas de segundo grau, ligadas a FEP, mas também nas de primeiro grau, como a APROJUC (Associação

---

68   Venize Rodrigues. *Apud* Waldilene Maia, 17 de janeiro de 1997, p. 5.

69   PINHEIRO, Ivone Nonata Carvalho, *Op. cit.,* p. 31

dos Professores da Escola Estadual de 1º grau "Dr. Justo Chermont),[70] associação esta que acabou, no pós 1978, assumindo um perfil organizador da categoria mais para fora e participando ativamente do processo das primeiras mobilizações que passaram a ser articuladas em Belém.

Essas primeiras experiências através das associações por escolas, mesmo que de forma isoladas, unidas a outras, expressavam solidariedade entre os professores, elementos que eram experenciados no dia-a-dia que davam uma coerência nas ações e no mundo social e cultural que aqueles sujeitos viviam, em torno dos quais representou um germe importante para o sentido de classe que Thompson chamou de um processo do "fazer-se, porque é um estudo sobre um processo ativo, que se deve tanto a ação humana como aos condicionamentos"[71] Portanto, um processo não de início, meio e fim, mas no sentido de sempre inacabado, mas que têm momentos mais importantes do que outros, sem hierarquizá-los, no caminhar do fazer- se classe. Para os professores de Belém, com todas as discussões e divergências possíveis, e considerando essa experiência anterior das associações das escolas, a partir do ano de 1979 até meados da década de oitenta, vão ser anos marcantes para delinearem a emergência e consolidação desse processo constante e mutável do sentido classista a esse grupo social, sobretudo por experiências que vão sendo essências para a história do movimento docente no Pará a partir de então, como: a fundação da Associação dos Professores do Estado do Pará (APEPA), a luta pelo reconhecimento e legitimidade da representatividade, um dos primeiros grandes atos de rua dos movimentos sociais de Belém no pós AI-5, que foi a Marcha da Educação, a repressão e violência, principalmente ao longo das greves da categoria nesses momentos, e o desmantelamento da primeira associação de caráter de classe dos professores, recomposta com outro caráter a partir de 1983.

A fundação da APEPA (Associação dos Professores do Estado do Pará), em 13 de maio de 1979,[72] é um desdobramento desse acumulo histórico e de situações

---

70   Jornal *O Liberal*: 6 de maio de 1979.

71   THOMPSON, E. P. *A Formação da Classe Operária Inglesa:* A árvore da liberdade. Rio de Janeiro: Paz e Terra, 1987, p. 9.

72   Jornal *O Liberal*: 13 de maio de 1979, p. 2.

imediatas das experiências desses sujeitos docentes, que não expressam somente os aspectos estruturais da sociedade belemense, mas também aspectos ligados ao político, ideológico e cultural daquela sociedade, que foram importantes na relação entre a estrutura e o processo em si, mas que acabaram sendo negligenciados em partes por algumas abordagens, que privilegiaram o universo das condições econômicas e materiais..

No final da década de 1970 e meados da década de 1980, o Governo do Estado no Pará investia muito no discurso, através da imprensa, que a educação era uma prioridade e que a SEDUC (Secretaria Estadual de Educação) daria atenção especial ao ensino público em todo o Estado do Pará.[73] Paralelamente, admitia-se a situação muito difícil, tanto das escolas como também funcional e salarial dos professores, mas não assumindo que isso era um reflexo de uma política nacional que ao longo dos anos do regime militar, mesmo diante de várias reformas do ensino,[74] foi reduzindo a passos largos os investimentos e verbas para a educação pública, em detrimento de outras áreas, como a de segurança, que só aumentava,[75] aspecto que acabou sendo sentido lá na ponta do ensino com o passar dos anos.

Por tudo isso, havia uma pressão muito grande sobre os professores, aliado a uma política de Estado que construía um processo de "distensão" rumo à democracia, mas ainda guardava em seu interior avanços e recuos democráticos. O pensamento de parte das pessoas que gerenciavam a sociedade política do Estado, embrenhadas por uma cultura política autoritária na maior parte das vezes, tinham uma temporalidade que não era a mesma temporalidade do ritmo das mudanças que vinham sofrendo as instituições políticas e econômicas daquele momento, daí os avanços e recuos ditos acima em relação a volta da democracia. A repressão,[76] a violência, a intervenção em sindicatos de professores,[77] o medo, a possibilidade de intervenção

---

73   Jornal *O Estado do Pará*: 29 de abril de 1979, p. 7.

74   Estudo importante sobre as reformas de ensino, tanto de 1º e 2º graus, como universitária, ao longo da ditadura civil-militar no Brasil, é o de: GERMANO, José Wellington. *Estado Militar e Educação no Brasil (1964-1985)*. São Paulo: Cortez, 1993.

75   Jornal *Resistência*: 7 de março de 1980.

76   Jornal *O Estado do Pará*: 4 de maio de 1979, p. 6.

77   Jornal *O Estado do Pará*: 3 de maio de 1979, p. 6.

e participação ativa no movimento que provocava mudanças no Pará e no Brasil, e a perda de um "status" ou prestígio dos professores diante de outros profissionais, impulsionaram a agência aos professores de Belém a um mundo de práticas até então tipicamente do universo social e cultural dos operários. Para aqueles homens e mulheres operários e educadores se identificavam[78] no mundo do trabalho.[79]

Imagem 01. Reunião dos professores pouco antes da fundação da APEPA. (Da esquerda para a direita: Venize Rodrigues, professor não identificado, Hamilton Ramos, Orlando Melquiades e Ermelinda Garcia. Os demais sem identificação)

Fonte: Jornal *O Estado do Pará*, 13 e 14 de maio de 1979, p. 12.

---

78   Sobre essa questão, ver: ARROYO, Miguel G. Operários e educadores se identificam: que rumos tomará a educação brasileira? *Revista Educação e Sociedade*. Rio de Janeiro: Cortez: 1980.

79   Ver BOITO JR. Armando. *Classe média e sindicalismo*. Politeia: História e sociologia. Vitória da Conquista. V. 4, nº 1, 2004.

Agora, para o governo do Estado, interessava manter sobre controle esses "agrupamentos" sociais, especialmente em relação aos professores, que como um grupo social considerados de intelectuais,[80] era considerado "perigoso" e tinha um papel importante para um possível desequilíbrio das forças hegemônicas, ou pelo menos dominantes, na sociedade e do Estado. No entanto, é preciso entender que esses sujeitos não tinham um comportamento monolítico, que o fato de serem "intelectuais", não era por tabela suficiente para desempenharem na sociedade essa função.[81] Justamente por representar uma categoria que tinha um expressivo número, e que por sua vez acabava tendo em seu interior uma diversidade de formas de pensamentos e leituras diferentes do mundo social e político , os dirigentes da SEDUC se utilizava desse aspecto, estruturando os professores em níveis de ensino que pudessem propiciar um fracionamento ainda maior da categoria docente no mundo do trabalho e, portanto, os dividindo, e assim era maior a chance de se dividirem também os interesses. Distribuíam-se os professores entre a SEDUC e FEP, respectivamente no 1º e 2º graus, com estatutos, vínculos e direitos diferentes em relação ao Estado, e mais ainda, pagava-se uma remuneração que se dava de forma diferenciada para os professores. Os professores dos primeiros quatro anos do 1º grau recebiam o valor da hora-aula de Cr$ 13,80 (treze cruzeiros e oitenta centavos), os dos quatro últimos anos do ensino de 1º grau, já com licenciatura plena, recebiam Cr$ 31,80 (trinta e um cruzeiros e oitenta centavos), enquanto os do 2º grau tinham uma hora-aula no valor de Cr$ 38,50 (trinta e oito cruzeiros e cinquenta centavos), salários estes que eram considerados pelos professores uma "miséria".[82] Desníveis salariais que os professores argumentavam serem além de injustos, ilegais, pois não eram previstos diferenciações salariais na legislação vigente.[83]

---

80   Entendo intelectuais no sentido que Gramsci atribuiu, como "uma ou mais camada que dão homogeneidade e consciência da própria função, não apenas no campo econômico, mas também no social e no político". GRAMSCI, Antônio. *Os intelectuais e a organização da cultura*. Rio de Janeiro: Civilização Brasileira, 1982, p. 3.

81   *Idem, ibidem*, p. 7.

82   Jornal *O Estado do Pará*: 9 de maio de 1979, p. 9.

83   Lei 5692/71, em que estabelecia: "Os sistemas de ensino devem fixar a remuneração do professor e dos especialistas de ensino de 1º e 2º graus, tendo em vista a maior qualificação em

Sendo assim, o aparecimento da APEPA, mesmo que ainda de forma embrionária, com muitos problemas estruturais e organizacionais, além de ser composta por sujeitos que tinham diferentes maneiras de compreender e encaminhar o processo de luta da categoria, passou a germinar uma cultura de luta, não só entre professores, mas também para várias outras organizações sindicais, movimentos populares e de direitos humanos em Belém. Essa associação começou representar outro fator importante, devido sua grande representação social em Belém naquele momento: desempenhou um papel de espelho, onde se refletia o caminhar de uma identidade de classe, representada por uma categoria com origem social bem heterogenia, mais que percebiam que a partir de então partilhavam experiências que eram comuns a quem exercia a função de professor. Os professores do centro da cidade, assim como os das áreas periféricas de Belém, além dos vários municípios paraenses, passaram a se enxergar e de certa forma se reconhecer, a partir daquele grupo de professores que passou a ir constantemente aos jornais denunciar suas aflições cotidianos. A esse respeito, diz Thompson:

> A classe acontece quando alguns homens, como resultados de experiências comuns (herdadas ou partilhadas) sentem e articulam a identidade de seus interesses entre si, e contra outros homens cujos interesses diferem (e geralmente se opõem) dos seus. A experiência de classe é determinada, em grande medida, pelas relações de produção em que os homens nasceram – ou entraram involuntariamente. A consciência de classe é a forma como essas experiências são tratadas em termos culturais: encarnadas em tradições, sistemas de valores, ideias e formas institucionais.[84]

Mesmo que nas atividades realizadas pelos professores, como assembleias, encontros e congressos, entre 1979 e 1986, reunissem um número que não representava nem de perto a totalidade do universo do número total de docentes, e isso não

---

cursos e estágios de formação, aperfeiçoamento ou especialização, sem distinção de graus escolares que atuem".

84 THOMPSON, E. P. *A Formação da Classe Operária Inglesa:* A árvore da liberdade. Rio de Janeiro: Paz e Terra, 1987, p. 10.

era um fenômeno exclusivo de Belém, mas de muitas organizações de professores nesse período no Brasil, aspecto esse que constantemente era levantado pelo governo e pela imprensa para estabelecer uma pecha de ilegitimidade ao movimento, não é um fator que coloque em dúvida o processo que acontecia naquele momento do fazer-se classe da categoria, uma vez que, novamente segundo Thompson, não se reduz a classe a uma mera e simples medida quantitativa, pois perdemos o que há de mais importante nela, que é a sua ideia de processo.[85] Nas reuniões de uma maneira geral, como assembleias, eram comuns um numero em torno de trezentos professores, margem aproximada que oscilava muito de atividade para atividade. Mas que não representavam o interesse ou não dos professores, uma vez que as dificuldades de mobilização da categoria e as estratégias utilizadas pelo governo do Estado em desmobilizá-las devem ser levadas em consideração. A busca das redações dos jornais da capital paraense era uma alternativa para romper o silêncio e conseguir alcançar outros professores que no dia-a-dia ficava quase impossível manter a comunicação. Foram frequentes as visitas dos professores nas páginas dos principais jornais do Estado, apresentando e pontuando uma série de problemas sociais vivenciados por eles. Pelos temas levantados e pelas relações políticas que passaram a estabelecer com diversos movimentos sociais em curso, era possível perceber que não tratavam somente de reivindicações econômico-corporativistas de uma categoria específica, mas que dialogavam com o contexto social e político da sociedade em geral. Resultado das discussões e debates realizados pelos professores nas assembleias do ano de 1979, eles elaboraram uma lista de reivindicações que expressavam um fragmento daquele universo de gestação de uma tradição e cultura de resistência:

- Piso salarial de seis mil cruzeiros, por cem horas mensais, para professores de 1ª a 4ª série com nível de 2º grau;

- Para os demais níveis, 200% sobre os atuais salários;

- Regime de trabalho optativo para o professor assim distribuído: 40 horas semanais, sendo 32 horas de regência de turmas e

---

85 THOMPSON, E. P. *As peculiaridades dos ingleses e outros artigos*. Campinas, São Paulo: Editora Unicamp, 2012, p. 271.

8 para a elaboração de planos de aula, com salário fixo baseado no percentual reivindicado; 20 horas semanais, sendo 16 horas de regência de turmas e 4 horas para planejamento de suas atividades, com salário fixo reivindicado;

- Regulamentação do quadro funcional do magistério através de concurso público;

- O cumprimento da equiparação salarial dos professores que atuam no ensino de 1º e 2º graus, de acordo com que preceitua o art. 39 da lei nº 5692/71;

- A distribuição de alunos por turmas, de acordo com os padrões didáticos e por faixa etária, assim estipulada para rendimento de aprendizagem;

- Extinção do pagamento de quaisquer taxa ou emolumentos cobrados aos estudantes, pois entendemos que o ensino deve ser público e gratuito;

- Ajuda de custo aos professores que lecionam em lugares distantes, para cobrir despesas de transporte, alimentação e hospedagem;

- Efetivação de convênios com unidades hospitalares localizadas no interior do Estado, para possibilitar a utilização desses serviços ao servidor interiorano;

- Extinção do pagamento compulsório pela utilização dos serviços do Hospital dos Servidores do Estado, a exemplo do INAMPS, que descontando a mesma percentagem de seu segurado, torna-o isento destas despesas;

- Criação de um centro de recursos audiovisuais que atenda as necessidades didático-pedagógicas do professor;

- A extinção dos turnos intermediários, criando mais escolas ou ampliando o número de salas de aula nas escolas já existentes com o objetivo da rentabilidade da aprendizagem;

- A democratização no processo de escolha da direção das escolas, através do voto direto da representação discentes e dos corpos docentes e de apoio;

- Escolha dos membros do Conselho Estadual de Educação pelo voto direto dos professores legalmente habilitados e que estejam no exercício de suas funções;

- Aumento salarial semestralmente a fim de que se possa acompanhar o custo de vida;

- Criação das bibliotecas e atualizações das já existentes nos estabelecimentos para atender a necessidade dos alunos, tendo em vista o baixo poder aquisitivo de seus pais;

- Criação do Núcleo profissionalizante para que os alunos possam ter aulas práticas; e

Pagamento do 13º salário aos professores, a partir dessa luta.[86]

Essa primeira lista pública oficial de cobranças do movimento docente estampada nos jornais da época expressava o esforço de reunir os diversos pensamentos e experiências desses novos sujeitos coletivos, mas que manifestava seu pertencimento não somente a um grupo econômico, profissional ou mesmo de status, mas a uma totalidade da sociedade, que de formas sinuosas e contraditórias, disputam internamente uma representação[87] de mundo. Ficava claro que os governos militares desenvolveram uma política econômica em que um dos mais atingidos foram os professores, sofrendo um processo de arrocho salarial que os levou a um patamar comparado a "proletarização".[88] A luz dessa perspectiva, em

---

86 Lista de reivindicações do movimento dos professores públicos de Belém que vão nortear a luta da categoria pelo menos nos próximos dois anos, até 1981: O Estado do Pará: 10 e 11 de junho de 1979, p. 11.

87 Sobre o conceito de representação, ver: CHARTIER, Roger. O mundo como representação. Estudos Avançados 11(5), 1991.

88 Para uma análise dos movimentos dos professores a partir dessa perspectiva, ver: FERREIRA JUNIOR, Amarílio& BITTAR, Marisa. *Proletarização e sindicalismo de professores na ditadu-*

Belém ficava bem evidente como se dava esse processo, principalmente nos últimos anos da década de 70 e primeiros da década de 80, momentos em que os salários e seus aumentos, ou como queriam dizer os professores, apenas reajustes, não acompanhavam no mesmo ritmo o índice de preços ao consumidor, popularmente chamado nesse momento de custo de vida, como pode-se ver na tabela abaixo. O aspecto econômico, mesmo não sendo o determinante para a ação desses sujeitos, era sem dúvida uma estratégia das lideranças do movimento, para dialogar, unificar e dar um certo sentido de coletivo aquele grupo.

Quadro 02: Taxa acumulada do custo de vida em Belém (1978 – 1980)

Taxa acumulada do custo de vida em Belém (1978-1980)		
Grupos funcionais	Nov de 1978 a Nov. de 1979	Dez. de 1979 a out. de 1980
Alimentação	85,93%	83,30%
Vestuário	53,57%	68,43%
Habitação	149,13%	27,67%
Artigos de residência	60,55%	63,26%
Assistência a saúde e higiene	53,10%	72,24%
Serviços pessoais	58,36%	62,08%
Serviços públicos	74,28%	79,46%
Geral	80,11	76,41%

Fonte: Coordenadoria de Estatística Estadual do Instituto de Desenvolvimento Econômico e Social do Pará (IDESP), publicado no Jornal *O Estado do Pará*, nos dias 12 de dezembro de 1979, p. 7 e 12 de dezembro de 1980.

No momento em que o custo de vida em Belém, entre 1979 e 1980, de acordo com o quadro acima, acumulava um percentual de aproximadamente 156,52%, os reajustes dados a categoria ficou bem abaixo desse índice. Em 1979 o reajuste concedido pelo governo Alacid Nunes foi de 55%[89] e em 1980 em média 50%.[90] Isso mostrava uma defasagem e corrosão bem acentuada para os professores em suas remunerações no Estado do Pará, o que levou a constatação e ao debate, num encontro nacional de professores em Belo Horizonte, que "o menor salário de professor no

---

ra militar (1964-1985). São Paulo: Edições Pulsar, 2006.

89   Jornal *O Estado do Pará*, 8 de maio de 1979, p. 8.

90   Jornal *O Estado do Pará*: 1 de março de 1980, p. 12.

Brasil é o do Pará", segundo Ermelinda Mello Garcia,[91] aspecto que levava o professor paraense a um acelerado processo de mobilidade social vertical descendente, como os sociólogos chamam. Como conseqüência imediata desse processo ocorreu o que podemos chamar de uma perda com o passar dos anos do status e prestígio social dos professore diante de outras profissões e atividades, principalmente em relação aqueles que em tese não gozavam de tanto prestígio na vida social de então e que poderiam ser um parâmetro negativo: "tem dias em que a gente se sente até humilhada quando perguntam quanto eu ganho, porque nem um lixeiro recebe tão pouco",[92] dizia a professora Luzia Rodrigues, comportamentos que a partir das relações sociais do mundo do trabalho passava a ser ressignificadas em termos culturais. Parte dos professores começaram a perceber que estavam submetidos às mesmas condições objetivas e materiais do universo de trabalho de outros trabalhadores assalariados, principalmente os manuais, e para um grupo de intelectuais com status historicamente diferenciado desses demais trabalhadores e operários, gerou um impacto enorme nas concepções de mundo e de organização dos professores. Fez que passassem por processos mentais que levaram a uma tomada de "consciência" e mudança no mundo das relações de trabalho, que geraram propostas para a sua classe e para sociedade, mas que não se deram de formas homogêneas. A esse respeito do processo e do movimento da história, fizeram GRAMSCI entender que essas propostas e mudanças se operam por momentos que vão mudando com o processo de luta e de tomada de "consciência" pelos sujeitos envolvidos, que são as seguintes:

> O primeiro e mais elementar é o econômico-corporativo: (...) sente-se a unidade homogênea do grupo profissional e o dever de organizá-la, mas não ainda a unidade do grupo social mais amplo. Um segundo momento é aquele em que se adquire a consciência da solidariedade de interesses entre todos os membros do grupo social, mas ainda no campo meramente econômico. Neste momento já se coloca a questão do Estado, mas apenas visando a alcançar uma igualdade político-jurídica com

---

91   Jornal *O Estado do Pará*: 02 de abril de 1980, p. 12.

92   Jornal *O Estado do Pará*: 05 de maio de 1979, p. 9.

os grupos dominantes: reivindica-se o direito de participar da legislação e da administração e, talvez, de modificá-las, reformá--las, mas nos quadros fundamentais já existentes. Um terceiro momento é aquele em que se adquire a consciência de que os próprios interesses corporativos, no seu desenvolvimento atual e futuro, superam o círculo corporativo, de grupo meramente econômico, e podem e devem tornar-se os interesses de outros grupos subordinados. Essa é a fase mais abertamente política, que assinala a passagem nítida da estrutura para a esfera das superestruturas complexas; é a fase em que as ideologias germinadas anteriormente se transformam em 'partido', entram em choque e lutam até que uma delas, ou pelo menos uma combinação delas, tende a prevalecer, a se impor, a ser irradiar em toda a área social, determinando, além da unidade dos fins econômicos e políticos, também a unidade intelectual e moral.[93]

Tomando como referências as considerações de Gramsci, em qual desses momentos encontrava-se então o comportamento social dos professores estaduais de 1º e 2º graus de Belém? Todos estavam em um mesmo momento destes propostos e descritos por Gramsci? O professor é mais corporativista ou um transformador da sociedade em fins da década de 1970 e início de 1980?

O número de professores estaduais em Belém em 1979 era de aproximadamente 12.054 (doze mil e cinquenta e quatro), chegando em 1982 a dezesseis mil trezentos e dezessete professores,[94] que tinham origens sociais e vínculos com o

---

93 GRAMSCI, Antonio. *Maquiavel, a política e o Estado moderno*. Rio de Janeiro: Civilização Brasileira, 1978, p. 49-50.

94 Jornal *O Liberal*: 10 de setembro de 1983, p. 4. Esses números foram muito questionados pelo novo governo do PMDB, que através do economista e secretário Aleksei Turenko dizia que o número de professores estaduais saltou de 17 mil para 35 mil entre 1981 e 1982, na administração da secretária Ruth Costa, que sucedeu o ex-secretario de educação Dionísio Hage (Jornal: *O Liberal*: 14 de setembro de 1983, p. 4). Nesse sentido, os dados sobre o número real de professores estaduais nesse período é muito difícil de precisar, uma vez que havia uma disputa política muito grande sobre eles, principalmente entre o PDS e o PMDB. Os números relacionados a quantidade de professores do censo do IBGE para esse período,

Estado de formas diferentes, como dito antes. Essa é uma informação importante para compreender a adesão ou não a um projeto de luta política e econômica. Para esse momento histórico da última década da ditadura civil-militar no Brasil, ABRAMO dizia que os professores tinham suas origens em duas estruturas de classe: a primeira vinda de setores ligados a burguesia ou a alta classe média, que a partir do exercício da função vão sofrer uma descendência na escala social, cultural e política; já a segunda advêm de camadas populares ou de camadas de classe média baixa, resultado do processo de ampliação da oferta de escolaridade, camada que assume um processo inverso a primeira: nesse caso de ascensão social.[95] Como resultado disso, ter-se-ia um determinado comportamento político, conservador ou progressista, diante à luta por modificações e transformações na sociedade. Essa interpretação, do ponto de vista mais teórico-estrutural, dominou uma série de estudos ao longo das décadas de 1980 e de 1990, principalmente na sociologia que tratava do tema dos movimentos docentes, mais que trazia um problema para a história: como fica a agência dos sujeitos, dos professores? Parece que na interpretação anterior seus comportamentos estão determinados por essa estrutura dada, acabada e moldurada. Sobre isso diz Thompson:

> Nesse sistema não há homens bons ou maus; ou melhor, todos os homens são dotados de vontade igualmente neutra, suas vontades estando submetidas à vontade inexoráveis do processo social. Eles são (ou deveriam ser) os Trager ou suportes daquele processo.[96]

Mas quando vamos confrontar a teoria com a realidade empírica, percebemos que os sujeitos não são simplesmente amarrados a uma camisa de força que moldam seus comportamentos, mas sim que são suas experiências enquanto ser so-

que são apresentados no terceiro capítulo dessa dissertação, divergem dos dados do governo estadual paraense.

95 ABRAMO, Perseu. O professor, a organização corporativa e a ação política, p. 78. In: CATANI, Denise Bárbara et al. *Universidade, escola e formação de professores*. São Paulo: Editora Brasiliense, 1986.

96 THOMPSON, E. P. *A miséria da teoria ou um planetário de erros*: uma crítica ao pensamento de Althusser. Rio de Janeiro: Zahar, 1981, p. 88.

cial que vão exercer pressões sobre sua consciência social. Encontramos sujeitos que assumiram uma posição de liderança ou de engajamento na participação das lutas dos professores das mais diversas posições sociais, como também posturas reacionárias, independente de suas origens sociais. Do final da década de 1970, até meados da de 1980, muitos professores paraenses mudaram suas posições e convicções políticas, independente de suas origens sociais. No terceiro capítulo, darei mais atenção a história de vida e memória de cada professor, abordando também esse aspecto.

A respeito da questão sobre o vínculo do professor com o Estado nesse momento, existiam algumas implicações dentro de um campo de tensões que poderiam levar a um recuou ou avanço na participação nos movimentos, sendo esse vínculo estabelecido da seguinte forma: primeiro o vínculo através de concurso público, que não era o mais comum, sendo realizado de forma bem esporádica. O mais praticado nesse contexto eram os contratos, que não davam nenhuma estabilidade aos professores e eram resultados de articulações e interesses políticos, em que o executivo estadual disponibilizava aos parlamentares mais votados e da base aliada do governo uma grande quantidade de cargos de professores, que eram distribuídos principalmente em troca de favores eleitoreiros, um loteamento dos cargos públicos, que entre os deputados e a imprensa na época se chamava de "feudos".[97]

Esses são aspectos presentes no cotidiano das pessoas que devem ser levados em consideração numa análise sobre os professores, mas que mesmo tendo algum determinante em ultima instância pode até pesar, e pesou muitas vezes, na adesão e participação direta nas lutas da categoria, mas não diretamente na "consciência" social. Ele recebia um favor, que era o seu cargo como professor, mas não necessariamente neutralizava, ou tomava posição contrária diante das questões econômicas, e até mesmo históricas. Mas essa era uma questão que ficava no confronto entre o âmbito particular e público desses professores.

---

97   Jornal *O Estado do Pará*: 3 de janeiro de 1979, p. 3.

Imagem 2. Reunião dos professores públicos de Belém, discutindo as pautas de reivindicações e estratégias de mobilização.

Fonte: Jornal *O Estado do Pará*, 23 e 24 de setembro de 1979, p. 11.

Na lista das reivindicações expostas anteriormente, ela trás uma contundente conotação corporativo-econômica, com elementos mais imediatos a categoria dos professores: são melhores salários, piso salarial, qualidade de vida no trabalho, saúde para o trabalhador, entre outras, mas essas reivindicações, mesmo que de forma ainda tímida, pois é o momento de início dessa organização classista, ela já expressava um projeto de reforma educacional que seja vinculado a um projeto maior de reforma política da sociedade. A palavra eleições diretas, de forma consciente no sentido de democracia, mostra também o inconformismo e a leitura de um processo de questionamento a um Estado que não tinha mais um poder hegemônico, apenas de dominação, como referenciado antes. No entanto, o comportamento social dos professores diante desse cenário não se dá de uma forma monolítica, como uma linha reta e linear: ele está sujeito as vicissitudes comuns ao comportamento humano diante de uma situação histórica qualquer. Mas de uma maneira geral, podemos perceber que pela movimentação, denúncias, encontros regionais e nacionais, com entidades da mesma classe ou com outras, e depoimentos, o comportamento dos professores de 1º e 2º graus de Belém na virada da década de 1970 a de 1980 já era possível perceber que, além de questionar as bases políticas e jurídicas do Estado, mesmo que ainda guiados pelo viés econômico, já tinham adquirido:

> a consciência da solidariedade de interesses entre todos os membros do grupo social, mas ainda no campo meramente econômico. Neste momento já se coloca a questão do Estado, mas apenas visando a alcançar uma igualdade político-jurídica com os grupos dominantes: reivindica-se o direito de participar da legislação e da administração e, talvez, de modificá-las, reformá-las, mas nos quadros fundamentais já existentes.[98]

Imagem 3: Mancha promovida pelos bancários em Belém, setembro de 1979. Em destaque, Raimundo Jinkings.

Fonte: Jornal *O Estado do Pará*, 13 de setembro de 1979, p. 10.

---

98   GRAMSCI, Antonio. Maquiavel, *A política e o Estado Moderno*. Rio de Janeiro: Civilização Brasileira, 1984, p. 49 e 50.

E teríamos tido em Belém, nesses momentos das lutas, o terceiro momento da tomada de "consciência" gramsciano? Pelo menos entre as vanguardas e lideranças, os intelectuais do movimento sim. Sobre essa questão, FERREIRA disse que essa fase mais abertamente política ocorreu apenas em alguns lugares do Brasil, como em: São Paulo, Rio de Janeiro, Minas Gerais, Rio Grande do Sul, Paraná e Pernambuco.[99] Porém, penso que além dos estados citados acima pelo historiador Ferreira, Belém também vivenciou e foi palco de vanguardas políticas em "que assinala a passagem nítida da estrutura para a esfera das superestruturas complexas". As transformações e movimentações em curso que o Estado brasileiro estava passando, dita como uma fase de "distensão" lenta, gradual e segura, como queriam os militares, entre eles Geisel, Figueiredo e o próprio Alacid Nunes, rumo a uma democracia negociada, a cultura de repressão e violência ainda eram marcas sentidas na sociedade, e os professores em Belém foram uma das maiores vítimas desse Estado ainda em alerta, que vigiava, dispersava, demitia e prendia muitos integrantes de movimentos sociais, entre eles professores.[100] A Marcha da Educação de 1979 e as primeiras greves da educação pública, pós 1964, vão ser importantes balizas para essa fase mais política que o movimento docente passa a imprimir em seus atos e atividade.

A Marcha da Educação de 15 de outubro de 1979, promovida pela APEPA (Associação dos Professores do Estado do Pará), foi um marco não só para a educação, mais para todos os movimentos sociais no Pará, que após anos nas sombras, sem movimentação ou ocupação das ruas da capital de forma mais intensa e representativa, a exceção foram o movimento dos bancários de Belém e alguns movimentos de bairros, que já vinham fazendo algumas atividades públicas, começaram a ver o sol novamente de forma mais intensa, o que provocou de certa forma uma grande movimentação nas lutas sociais na cidade, levando a primeira edição do jornal Resistência do ano de 1981 a chamar o ano de 1980 de *"80: o ano do protesto"*,[101] em Belém, aspecto representados também em outros jornais da época. A exceção antes dessa marcha da educação foi o movimento dos bancários (conforme imagem acima), que

---

99   FERREIRA JUNIOR, Amarílio& BITTAR, Marisa. *Op. cit.*, p. 72.

100 Jornal *O Liberal*: 16 de outubro de 1979.

101 Jornal *Resistência*: Janeiro de 1981.

um mês antes levou aproximadamente duzentas pessoas para as ruas do centro de Belém, com concentração na Avenida Presidente Vargas, reunindo não só bancários, mas também professores, comerciários e estudantes, ficando claro já a partir daquele momento a articulação das lideranças e importância também que os professores passam a ocupar nesse contexto.[102]

A marcha, convocada pelo movimento docente da educação de 1º e 2º graus, reuniu aproximadamente mil pessoas, mas extrapolou todas as fronteiras da educação, contando com a participação e apoio de várias entidades da sociedade civil, como: SDDH (Sociedade Paraense de defesa dos Direitos Humanos), DCE (Diretório Central dos Estudantes) da Universidade Federal do Pará, UNE (União Nacional dos Estudantes), UESP (União dos Estudantes Paraense), CEDEPES (Comissão de Educação das Escolas Comunitárias), Comitê pela Anistia, IPAR (Instituto de Pastoral Regional) e AOEPA,[103] entidades que estavam ligadas, de forma direta ou indireta, a organizações de esquerdas paraenses, sobretudo ao PCdoB, e alguns dos nomes que fundariam o PT (Partido dos Trabalhadores) em 1980. Essa amplitude e diálogo com outras entidades mostrava já não somente um espontaneísmo dessa organização de professores, mas uma articulação de vários movimentos e categorias. A manifestação reuniu professores, estudantes, bancários (oposição chapa 2), lavradores, políticos presentes no legislativo (Ademir Andrade e Nicias Ribeiro) e trabalhadores em geral, saindo da Praça Dom Pedro II e passando pelas Ruas João Alfredo, Santo Antônio e Avenida Presidente Vargas, até a altura do prédio da SEDUC (Secretaria Estadual de Educação), próximo ao Cine Olímpia (Avenida Presidente Vargas com Avenida Gama Abreu). Essa marcha da educação ocorreu em várias capitais brasileiras, em função do dia do professor, mas em Belém ela teve suas particularidades. Primeiro, por que teve não somente um caráter corporativista com bandeiras de reivindicações específicas para a categoria dos professores, mas reuniu vários setores da sociedade civil que questionavam jurídica e politicamente o Estado Militar. Faixas e palavras de ordem puxadas pelos professores foram entoadas pelos participantes, mexendo e incomodando as bases da estrutura vigente, ecoando falas

---

102   Jornal *O Estado do Pará*: 13 de setembro de 1979, p. 10.

103   Jornal *O Liberal*: 16 de outubro de 1979.

nas ruas de Belém como: *"Abaixo as autarquias das universidades"*, *"Pelo ensino público e gratuito"*, *"Com fome ninguém aprende"*, *"Abaixo a repressão"*, UESP, pela meia passagem", *"Abaixo o Figueiredo. O Povo não tem medo"*, *"Mais arroz e mais feijão. Abaixo a repressão"*, *"O povo é quem decide"* e *"Mestre unido. Salário garantido"*.[104] Claramente, pelo menos a vanguarda do movimento dos professores de Belém, organizadora e articuladora do evento, encontrava-se em uma posição que, como disse Gramsci, "a consciência de que os próprios interesses corporativos, no seu desenvolvimento atual e futuro, superam o círculo corporativo, de grupo meramente econômico, e podem e devem tornar-se os interesses de outros grupos subordinados". Portanto, a partir de então, ainda no decorrer do ano de 1979, e mais fortemente nos anos posteriores, esses professores vão romper uma lógica meramente econômica e corporativa para questionar aspectos da política, do direito, da superestrutura, mesmo que parta de bandeiras específicas de transformação da própria educação.

O desenrolar dessa primeira marcha da educação em Belém, que teve grande visibilidade para a sociedade, pois foi muito divulgada nos jornais, foi marcado por um aspecto que vai acompanhar a história do movimento docente nos seus próximos anos: a vigilância e a repressão dos aparelhos do Estado. A própria marcha foi organizada de forma que pudesse dribla a vigilância do Governo do Estado, uma vez que era colocada uma série de restrições à entrada de membros da APEPA nas escolas, e esses dirigentes tinham que buscar estratégias que burlassem essas normas dentro da escola ou buscar alternativas, como a mobilização nas feiras, nos ônibus do transporte público, nas igrejas ou burlando a vigilância dos diretores para ter contato direto com os professores.[105] E essas estratégias deram certo, pois todas as memórias em relação a marcha e as notícias nos jornais apontam para um grande número de participantes, não que aproximadamente mil pessoas possa ser considerado um grande número de pessoas, mas para a época em Belém esse era considerado um número substancial para uma manifestação pública de rua. A imprensa anunciou que a marcha tinha uma caráter pacífico, mas parece que a vigilância policial do Estado não aceitava e estava surpresa com tal ato, tanto é que os participantes foram

---

104 Jornal *O Estado do Pará*: 16 de outubro de 1979, p. 9

105 Ermelinda Garcia, entrevista em 12 de março de 2014.

fortemente escoltados por dezenas de policiais ao longo da caminhada. Mas quando tudo parecia terminar bem, mesmos que os ânimos se exaltassem vez ou outra pelos dois lados, de acordo com o tom das falas no microfone, é que uma ordem do coronel Mário Rocha, comandante do Batalhão de Guardas, colocou fim na diplomacia em relação ao movimento: ordenou a prisão da professora Ermelinda Garcia, presidente da APEPA e uma das líderes da marcha, levando-a ao DOPS (Delegacia de Ordem Política e Social).[106] A professora foi detida por algumas horas e em seguida liberada. Esse fato teve uma grande repercussão na sociedade, tanto nas ruas, como nas entidades de classe e também no próprio legislativo, sobretudo entre os deputados do MDB,[107] que tinha como principal liderança, que dialogava muito com os movimentos de esquerda, o deputado Ademir Andrade, e os da ARENA. Inclusive o deputado Ademir Andrade, então no MDB, solicitou a aprovação de uma monção de solidariedade a APEPA, pela prisão de sua presidente, pedido negado pelo legislativo, que argumentava infiltração política no movimento. Esse acontecimento em Belém teve uma repercussão nacional, pois nas palavras do presidente da Confederação dos Professores do Brasil (CPB), Hermes Zanetti, que veio rapidamente e exclusivamente a Belém por esse fato, disse: "único caso de detenção em todo o Brasil foi em Belém".[108]

Essa experiência, aliada a forte repressão na primeira greve dos professores estaduais do 2º grau em Belém, no pós 1964, com o Dops na porta das escolas,[109] desconto dos dias parados e demissões das principais lideranças, aspectos que tratarei no terceiro capítulo, levou a um posterior desmantelamento da APEPA, foram importantes para o processo de construção da "consciência" e identidade social dos professores como um elemento importante para a organização de sua entidade classista, percebendo que no processo de luta eram também necessários

---

106   Jornal *O Liberal*: 16 de outubro de 1979.

107   Até essa data, 15 de outubro de 1979, ainda era MDB, pois o congresso só aprovaria o projeto de lei que reformulava os partidos no Brasil, no mês de novembro desse ano. Cf: SKIDMORE, Thomas. *Brasil: de Castelo a Tancredo*. Rio de Janeiro: Paz e Terra, 1988, p. 428.

108   Jornal *O Estado do Pará*: 21 e 22 de outubro de 1979, p. 12.

109   Jornal *O Estado do Pará*: 13 de Novembro de 1980, p. 3.

incorporarem novos projetos, não somente restritos aos meandros da educação de forma isolada, mas questões mais amplas que dialogavam diretamente com suas aflições diárias, que na verdade eram resultados de estruturas maiores, relacionadas à sociedade como um todo.

Pensar a história estudando o presente pode, à primeira vista, ser dicotômico, pela força da tradição que sempre disse que a "história significa o estudo do passado", no entanto, esse presente tem se mostrado extremamente interessante aos historiadores, fazendo uma própria transformação na nossa concepção de história. Não um presente do instante, do instantâneo, mas um presente que se estende a um tempo histórico, e que o objeto da história e a memória social sobre ele passou a ser compartilhada, em muitos casos, pelo próprio historiador, uma história que ficou sem historiador e agora não mais. Nesse sentido, a história, independente do tempo histórico pesquisado, deve ser utilizada para compreender esse passado, que pode está próximo ou distante, mas não instrumentalizado para uma utilização político-ideológica. É isso que a legitima como um conhecimento verdadeiro, mesmo que esse conhecimento histórico seja por natureza provisório e incompleto, mas não inverídico.[110]

Assim, o ato de sujeitos de uma categoria profissional se associarem e partilharem de interesses comuns num determinado momento histórico da história presente, é um elemento de investigação interessante para a história. Principalmente por se tratar de uma categoria de professores, que em que pese encontrada atuando em todo o Brasil, mas que assumem em cada local suas particularidades em seus processos históricos. E o associativismo e o sindicalismo dos professores em Belém não são diferentes.

Esses professores de 1º e 2º graus de Belém constituíram-se num dos grandes protagonistas sociais na luta contra a ditadura civil-militar. Os professores desencadearam um processo de luta por melhores condições de vida e de trabalho que repercutiu não somente na educação, mas como também no processo de transição do regime militar a um Estado democrático de direito.

---

110 THOMPSON. E. P. A *miséria da teoria ou um planetário de erros:* uma crítica ao pensamento de Althusser. Rio de Janeiro, Zahar, 1981, p. 49.

Foram múltiplos os atores que participaram desse processo de "abertura" política no Brasil, passando desde os bastidores e corredores dos centros de poderes institucionais, até os movimentos de ruas, com as mais diferentes orientações e com objetivos múltiplos, que passaram a "perturbar" certo caminho dito "natural" que fora instituído por um senso comum de que as decisões, principalmente as políticas institucionais, devem vir de cima para baixo, ficando sempre a sociedade civil a espera das mudanças.

Mesmo tendo que se analisarem cada caso, até que ponto determinados movimentos sociais assumiram posições de luta política para tomarem as rédeas da mudança com suas pressões, assumindo posições de "motores da história", é inegável como certos movimentos, em geral o dos professores de escolas públicas, e em particular os de professores públicos de Belém, no contexto final da ditadura civil-militar, assumem essas tarefas que estavam além de seus preitos mais materiais imediatos, mesmo que esses fatores fossem elementos de atração para uma posterior conscientização. Esses movimentos de professores de Belém refletiam um caldeirão de misturas de diferentes concepções ideológico-políticas sobre o caminhar do processo histórico, mas assumiram uma posição importante no processo para o desequilíbrio nas forças sociais do Estado controlado pelos militares no Brasil, mesmo que a partir do Pará, lugar que não era o centro do poder político desse Estado brasileiro.

II

ORGANIZAÇÕES PARTIDÁRIAS E/OU CLANDESTINAS DE ESQUERDAS EM BELÉM: DIÁLOGOS COM O MOVIMENTO DE PROFESSORES

O pensamento e a prática de Marx e dos marxistas posteriores são um produto do seu tempo, por mais que possam ser permanentes seu valor intelectual ou suas conquistas práticas. Portanto, devem ser analisados inserindo-os nas condições históricas em que foram formulados, ou seja, levando-se em conta tanto a situação na qual os marxistas tinham de agir e os problemas que dela derivavam....(Eric Hobsbawm).[1]

Este capítulo tem como objetivo compreender as relações que se estabeleceram entre professores de 1º e 2º graus de Belém com organizações políticas e partidárias, se norteando pelas seguintes questões: será que a luta política desencadeada por esses professores de Belém, no sentido que trato aqui das vanguardas e lideranças que influenciavam direta ou indiretamente no corpo da categoria, que passaram a ocupar as ruas gritando pelo direito de ter direito de lutar por um país "melhor" e mais democrático, era somente resultado da revolta, das injustiças sociais, do espontaneísmo de pessoas que pela sua condição de intelectuais[2] da sociedade se viram na obrigação de mudar essa realidade vivida? Ou aliado a esse sentimento, havia tam-

---

1   HOBSBAWM, Eric. J. (Org.) *História do Marxismo I:* o marxismo no tempo de Marx. Rio de Janeiro: Paz e Terra, 1980, p.17.

2   Entendo aqui intelectuais no sentido atribuído por Gramsci: "Cada grupo social, nascendo no terreno originário de uma função essencial no mundo da produção econômica, cria para si, ao mesmo tempo, de um modo orgânico, uma ou mais camadas de intelectuais que lhe dão homogeneidade e consciência da própria função, não apenas no campo econômico, mas também no social e no político (...) GRAMSCI, Antonio. *Os intelectuais e a organização da cultura*. Rio de Janeiro: Civilização Brasileira, 1982, p. 3.

bém relações políticas, militantes e partidárias que se estabeleceram entre as vanguardas dos movimentos de professores de 1º e 2º graus com as organizações de
esquerdas, clandestinas ou não, a partir do final dos anos 70 até meados dos 80, do
século XX? Ou seja, houve influências das tendências de esquerdas, das tradicionais
as novas lideranças políticas, que sobreviveram, se recriaram ou nasceram após a
dura repressão policial desencadeada pela ditadura civil-militar após a promulgação
do Ato Institucional 5, em 1968, no movimento de professores em Belém? Qual a
formação política e militante desses professores progressistas paraenses? A luta também pelo poder político institucional passa ser importante para esses sujeitos professores em meados dos anos 80? Vamos às respostas destas questões.

A construção histórica das
esquerdas no século XX

Como ante-sala desse debate, não que seja menos importante ou esteja disso-
ciado do demais corpo do texto, é importante pensar de início sobre essa construção
histórica da ideia de esquerda, haja vista que, para muitos, essa dicotomia direita/
esquerda não interessa mais, seriam "duas caixas vazias", no entanto, assim como
para outros a distinção ainda é válida e não representa simplesmente ideologias, mas
projetos práticos de se resolver as questões do mundo concreto. Nesse sentido, é
importante perceber também como essa ideia de esquerda se construiu na prática
dos movimentos, tanto no Brasil como no Pará, pois estará imbricada diretamente a
história do movimento dos professores

A distinção entre direita e esquerda, que já foi e ainda tem sido contestada,
tem uma longa história, de mais de dois séculos, que vai muito além da simples contraposição entre capitalismo e comunismo. Do ponto de vista conceitual, para um
dos principais pensadores políticos contemporâneos, Bobbio, tem um significado
mais amplo, haja vista que:

> Direita e esquerda são termos antitéticos que há mais de dois sé-
> culos tem sido habitualmente empregados para designar o con-
> traste entre as ideologias e entre os movimentos em que se divide

> o universo, eminentemente conflitual, do pensamento e das ações políticas. Enquanto termos antitéticos, eles são, com respeito ao universo ao qual se referem reciprocamente excludentes e conjuntamente exaustivos. São excludentes no sentido de que nenhuma doutrina ou nenhum movimento pode ser simultaneamente de direita e de esquerda. E são exaustivos no sentido que, ao menos na acepção mais forte da dupla, uma doutrina ou um movimento podem ser apenas ou de direita ou de esquerda.[3]

Mesmo diante de posições críticas contrarias a essa ideia, ele defende uma díade entre direita-esquerda, não só na atualidade, como historicamente. Mas não um conceito de direita e esquerda que seja anacrônico e fechado em si, de certa forma dogmático, mais construído historicamente pelas condições objetivas e subjetivas dos homens em cada momento de suas histórias. Assim, em outros termos, "direita e esquerda não são palavras que designam conteúdos fixados de uma vez para sempre. Podem designar diversos conteúdos conforme os tempos e as situações"[4] Assim, mesmo diante de contestações, penso também ser legitima a distinção entre direita e esquerda, apesar de ter clareza que entre o preto e o branco também há o cinza, mas essa díade representa diferenças no pensar e agir políticos, que acabaram se tornando mais complexas do que a simples separação e ocupação de lugares no parlamento durante a Revolução Francesa. Agora, qual o critério de distinção entre as duas? Das muitas reflexões, para BOBBIO o critério mais frequentemente adotado seria:

> distinguir a direita da esquerda é a diversa postura que os homens organizados em sociedade assumem diante do ideal da igualdade, que é, com o ideal da liberdade e o ideal da paz, um dos fins últimos que os homens se propõem a alcançar e pelos quais estão dispostos a lutar.[5]

---

3   BOBBIO, Norberto. *Direita e esquerda: razões e significados de uma distinção política*. São Paulo: Editora da Universidade Estadual Paulista, 1995, p. 31.

4   *Idem, ibidem*, p. 92.

5   *Idem*, p. 95.

Ser de direita ou de esquerda, não está fechado num simples rótulo de neoliberal/capitalista ou de socialista/comunista, é uma longa história que vai bem mais além dessa simples contraposição, mas de posições assumidas diante de determinadas situações sócio-históricos que se apresentam. Por isso que nesse livro uso o termo "esquerdas", no plural, e não simplesmente esquerda, no singular. Portanto, "esquerda" é um termo que está relacionado, sobretudo, ao heterogêneo, aquilo que está dividido e não unificado, onde se têm várias ideologias, facções, tendências, estratégias, não existindo uma única esquerda, conceito que muda historicamente, como escrito anteriormente.[6] O termo socialdemocrata, por exemplo, até o inicio do século XX, tinha um significado que estava relacionado ao de fazer a revolução e abolir a propriedade privada, não é à toa que os partidos russos pré-revolucionários se denominaram de socialdemocrata. Mas com o desenrolar da Revolução Russa e com as disputas internas se tornando mais acirradas, o termo passou a rotular os conservadores e tradicionais, os reformistas do "puro" marxismo. A partir de 1919, para ingressar na Internacional Comunista, os partidos tinham que ter no nome a palavra comunista, para justamente se diferenciar dos socialdemocratas e socialistas, assim socialistas e comunistas passam a ter significados diferentes a partir de então.[7] Passa a ter assim, ao longo do século XX, uma disputa no interior das esquerdas pela apropriação do marxismo, pelas esquerdas marxistas, uma verdadeira disputa pela legitimidade através de ideias e discursos. Nesse sentido, no seio das esquerdas vão se formando, no desenrolar das décadas do século passado, o falso, o estrito, o amplo, o ortodoxo, o revolucionário, o dogmático, entre outros marxismos, o que tem como desdobro inúmeras dissidências e tendências dentro dos PC's (Partidos Comunistas), como, por exemplo, a Nova Esquerda britânica, resultante dos dissidentes do PCGB (Partido Comunista da Grã Bretanha), que após 1956, se constituiu num núcleo do movimento político de oposição ao PC britânico, onde

---

6   OZAÍ DA SILVA, Antônio. Esboço para a história da esquerda no Brasil. *Espaço Plural* n° 20, 2009, p. 155.

7   CARONE, Edgar. A Internacional Comunista e as 21 condições, In: *Gramsci e o Brasil.* Disponível em: http://www.acessa.com/gramsci/?page=visualizar&id=109. Último acesso: 22/2/2015.

"faziam parte grandes nomes da intelectualidade marxista inglesa, como Raymond Williams, Doris Lessing, Raphael Samuel, Ralph Miliband, Dorothy Thompson, E. P. Thompson, John Saville, entre outros".[8] Portanto, esquerda e marxismo se referem a significados plurais, sendo possível uma esquerda autoritária, liberal, democrática, anarquista e marxista.

E no Brasil, como esses pensamentos de esquerdas apareceram e se organizaram? O surgimento do Partido Comunista no Brasil aconteceu de forma um pouco diferente do que ocorreu na Europa, matriz de seu pensamento. O pensamento comunista de esquerda surgiu na Europa a partir do rompimento com a socialdemocracia, já em solo brasileiro, os primeiros comunistas nasceram dos ideais de líderes anarquistas, ideais que já se faziam presentes aqui desde o início do século passado. O Partido Comunista do Brasil foi fundado em 1922, mas logo na sua primeira década já começou apresentar dissidências internas, sobretudo a partir das ideias trotskistas que divergiam do comitê central. Mas nessas primeiras décadas no Brasil, essas tendências e dissidências não foram tão significativas no interior dessa esquerda brasileira que pudessem colocar em xeque o monolitismo político do PC brasileiro, mesmo a clandestinidade sendo uma das marcas dos primeiros tempos do partido. É somente a partir das décadas de 1950 e 1960 do século XX que de fato o partido sobre fissuras, que vão marcar decisivamente sua trajetória histórica a partir de então. Isso fez Hobsbawm dizer que os PC's sofreram um verdadeiro "abalo" em sua história,[9] os levando inclusive a ter novas interpretações da linha política do partido. O XX Congresso do Partido Comunista da União Soviética, em 1956, abalou o sonho, que muitos comunistas cultivavam de um mundo melhor. As denuncias e informes confidenciais de Khruchov nesse congresso, funcionaram como um "pesadelo". O informe que denunciavam muitos dos crimes e praticas do stalinismo na URSS "provocou perturbações em todo o movimento comunista mundial e o PCB

---

8   FORTES, Alexandre, NEGRO, Antonio Luigi & FONTES, Paulo. Peculiaridades de E. P. Thompson. In: THOMPSON, E. P. *As peculiaridades dos ingleses e outros artigos.* Campina, São Paulo: Editora da Unicamp, 2012, p. 40.

9   HOBSBAWM, Eric. *Tempos interessantes:* uma vida no século XX. São Paulo: Companhia das Letras, 2002, p. 226.

figurou entre os partidos mais abalados".[10] Devido essas críticas e questionamentos, e a falta de "autocrítica" do PC, surgiu uma nova esquerda, tanto marxista como não marxista. A partir de então, começou-se a questionar verdades que eram inquestionáveis, verdadeiros dogmas das esquerdas marxistas até então. Nesse processo, houve uma verdadeira caça as bruxas dentro do Partido Comunista Brasileiro (PCB), o que levou a várias expulsões, uma delas de um dos principais expoentes nacionais do partido: Agildo Barata[11], e a formação no interior do partido do grupo que seria responsável pela cisão que mais tarde daria origem ao PCdoB. Isso ficou mais cristalino a partir de 1961, quando:

> O Comitê Central eleito durante o V Congresso do PCB modificou os estatutos partidários para facilitar o registro no Tribunal Superior Eleitoral (TSE). O nome do partido passa a ser Partido Comunista Brasileiro, mantendo, porém, a mesma sigla (PCB); também foram retiradas do programa as referências ao marxismo-leninismo. Nesse momento, o grupo oposicionista organiza um protesto escrito que ficaria conhecido como a 'Carta dos Cem', na qual declara que o documento publicado no jornal Novos Rumos, quando o núcleo dirigente apresentou as mudanças implementadas, era a negação do partido revolucionário. Os dirigentes do PCB acusam os principais responsáveis pela carta de tentar dividir o partido e os expulsam.[12]

Isso gerou, a partir de então, uma verdadeira batalha pela herança e tradição do partido comunista no Brasil. Até o início dos anos 60 do século XX, o PCB e o PCdoB mantinham quase de forma exclusiva a concepção de esquerda vigente no

---

10   GORENDER, Jacob. *Combate nas Trevas:* a esquerda brasileira das ilusões perdidas a luta armada. São Paulo: Editora Ática, 1987, p. 25.

11   *Idem, ibidem,* p. 25.

12   SALES, Jean Rodrigues. Partido Comunista do Brasil: definições ideológicas e trajetória política. In: RIDENTI, Marcelo & AARÃO REIS, Daniel (ORG). *História do Marxismo no Brasil:* partidos e movimentos após os anos 1960. Campinas, São Paulo: Editora da Unicamp, 2007, p. 67.

país, mesmo na ilegalidade. Alimentavam uma ideia de crítica e autocrítica ao stalinismo, mas mantiveram conceitos e tradições de antes, como a exclusão política
num processo de luta e disputa de ideias, a frágil democracia interna, uma vez que
o centralismo democrático foi uma marca dos partidos comunistas, além do que as
mudanças internas não colocaram em questão a teoria etapista da revolução brasileira, uma vez que esses partidos comunistas buscavam:

> realizar a 'revolução burguesa no Brasil, pois a sociedade brasi-
> leira ainda apresentaria características feudais, ou semifeudais,
> no campo, entravando o desenvolvimento das forças produtivas
> capitalistas. Os setores feudais dominantes contariam com um
> forte aliado para manter o atraso relativo da economia, o impe-
> rialismo, a quem não interessaria o desenvolvimento autônomo
> da nação brasileira. Dessa forma, a grande tarefa dos comunistas
> seria juntar suas forças às da burguesia nacional e de outros se-
> tores progressistas para levar a cabo a revolução democrático-
> -burguesa no Brasil, etapa necessária para a emancipação da
> classe trabalhador.[13]

O PCB e o PCdoB mantiveram a crença na perspectiva etapista da revolução burguesa, nacional e democrática, que acabava, na visão de muitos setores das
esquerdas e de alguns movimentos sociais, trocando a contradição de classes pela
colaboração entre a burguesia e os trabalhadores e operariados. E essa visão marcou
profundamente a imagem desse tipo de esquerda e de defesa de ideia nos militantes
desses partidos nas décadas seguintes, principalmente pela postura dos dirigentes
comunistas partidários diante do Estado brasileiro entre 1964 a 1985, que estavam à
frente de entidades classistas nesse período.

Essas contradições e posições, a partir da década de 1960, aliado a uma maior
radicalização dos movimentos de massas, que passam a lutar por melhores salários
e reformas de base, possibilitaram uma grande sedimentação no seio das esquerdas
como até então não havia se visto. Surge, a partir desse processo, uma nova esquerda,

---

13   RIDENTI, Marcelo. *O Fantasma da Revolução Brasileira*. 2ª Ed. São Paulo: Editora UNESP,
     2010, p. 28.

resultante não somente das lutas internas dentro dos partidos comunistas, mas também como resultado das constantes mobilizações de sindicatos, estudantes, setores da igreja e camponeses em grande parte do Brasil.

Fraturas: novas/velhas esquerdas

Na década de 1960, dentro desse quadro alternativo da nova esquerda ao hegemonismo do PCB, surge a "AP (Ação Popular) e a POLOP (ou ORM-PO, isto é, Organização Revolucionária Marxista – Política Operária)".[14] A ORM-Polop surgiu em 1961, como resultado da saída de militantes do PCB. Teve pouca influencia nos movimentos de massas e fazia um debate mais político, principalmente criticando o reformismo e a visão etapista de revolução dos partidos comunistas.[15] Por sua vez, a AP, surge em 1962 dentro da perspectiva das esquerdas, mas que buscava se diferenciar do marxismo, mas sem abrir mão da formação de quadros revolucionários e que podiam transformar a estrutura em sua passagem do capitalismo ao socialismo. A AP se definia como um "movimento político ideológico, fundamentando uma ideologia própria, numa visão de homem e do universo que sendo universal, aspira a ser um ponto de convergência a união de todas as forças para trabalhar pelo desenvolvimento integral do homem".[16] A Ação Popular foi constituída principalmente de militantes da juventude universitária católica (JUC) e da juventude estudantil católica (JEC). A AP manteve uma influência grande nos movimentos estudantis, tendo sido muito influenciada pelas ideias da revolução chinesa e cubana, além de ser inspirada num humanitarismo cristão que não era nem capitalista e nem comunista.

Nesse cenário e contexto também surgiram o POR (Partido Operário Revolucionário) e a Liga dos Camponeses. Mas mesmo em um contexto mais diversificado para a esquerda, o PCB permaneceu como a principal força política de esquerda junto aos movimentos sociais até as vésperas do golpe civil-militar no Brasil,

---

14   *Idem, ibidem*, p. 28.

15   OZAÍ DA SILVA, Antônio. *História das tendências no Brasil:* Origens, cisões e propostas. 2ª Ed. São Paulo, S/D, p. 87.

16   *Idem, ibidem*, p. 90.

em 1964. No entanto, a tomada do poder pelos militares, sem a resistência das forças ditas "progressistas", marcou profundamente as organizações, partidos e movimentos de esquerdas, que vão acabar se direcionando nas próximas décadas para muitos desses agrupamentos:

> A maioria da direção do PCB não soube lidar com a derrota, nem foi capaz de fazer uma autocrítica profunda da própria atuação antes de 1964 (...) perda de prestígio e influencia política, além de sofrer uma infinidade de cisões por todos os lados, das bases aos órgãos máximos dirigentes, gerando um desgaste do qual o PCB jamais veio a recuperar-se. Entre 1965 e 1968, as bases universitárias romperam com o partido em todos os cantos do território nacional.[17]

Os militantes que sobreviveram ao período de dura e violenta repressão política dos governos militares instalados no Brasil após 1964, e os novos personagens que vão sendo forjados nos processos de lutas e mobilizações sindicais e populares nos fins da década de 1970 e início dos anos 1980, propiciaram uma reorganização das esquerdas brasileiras e a forma de atuação nesses novos movimentos que recrudesciam, mas que não apagava as marcas do passado próximo. Esquerdas que vão emergir, em muitos casos, dos movimentos estudantis, que passou a fazer-se presente no interior dos meios culturais, nas oposições sindicais e movimentos sociais, como contra o custo de vida e o movimento contra a carestia, e por melhores condições de saúde e moradia. Superando a política de clandestinidade, que prevaleceu até fins de 1970, vários setores dessa nova esquerda chegaram à conclusão de que era necessário, a partir de então, optar pela via legal e institucional, ou seja, da luta pelo poder político e assim, a partir de São Paulo, começou um processo de articulação para a construção de um partido socialista.[18] Outra parte da esquerda preferiu

---

17 RIDENTE, Marcelo. *O fantasma da revolução brasileira*. 2ª Ed. São Paulo: Editora UNESP, 2010, p. 30.

18   OZAÍ DA SILVA, Antônio. Esboço para a história da esquerda no Brasil. *Espaço Plural*, nº 20, 2009, p. 160.

a clandestinidade ou a chamada pelo voto nulo nos processos eleitorais promovidos pelo regime militar.

PCB, PCdoB e o MR-8 (Movimento Revolucionário - 8 de Outubro) dentro de seus projetos de ações políticas, e ainda seguindo a lógica etapista, viam no MDB,[19] espaço para atuarem na via institucional. Estes eram contrários a criação de um novo partido, fato que para eles representaria o fracionamento e a divisão da frente democrática em luta pela redemocratização do país. Outra via da esquerda brasileira de então, partiu para a alternativa da socialdemocracia, representada então pelo trabalhismo de Leonel Brizola. Mas as greves de então, foram significativas, sendo um elemento chave nesse processo, atuando como catalisadora da luta democrática, mas também com conteúdo classista.

Nesse contexto, de fins dos anos de 1970 e início dos 80, após dura repressão dos aparelhos legais do Estado, como dos mecanismos subterrâneos de formas veladas da violência por fora da mão do Estado, é inegável que a ditadura estava em declínio no Brasil, embora ainda mantendo sua estrutura repressiva montada, mais ela intimidava cada vez menos as pessoas. Foi através de um contexto nacional, como de arrocho salarial e crises sucessivas na economia, e internacional, através da revolução sandinista e no declínio das ditaduras na América do Sul, que favoreceram que os ares soprassem a favor da fundação e estruturação de um Partido, chamado dos Trabalhadores, naquele momento. Partido que passou a carregar um papel que impactou profundamente a história das esquerdas no Brasil a partir de então, principalmente por que carregava como principal lema rejeitar a situação social, política e econômica que caracterizava e reproduzia ainda a ditadura militar no Brasil. E esse foi um discurso que passou a dialogar com muitos setores da sociedade, como intelectuais, estudantes, metalúrgicos, químicos, petroleiros, coureiros, vidreiros, pequeno proprietários e trabalhadores sem terra, bancários, além de funcionários públicos,

---

19   No início de 1966, foram organizados dois partidos que dividiriam a cena política brasileira nos anos seguintes: o Movimento Democrático Brasileiro (MDB) e a Aliança Renovadora Nacional (Arena). De modo geral, o MDB assumiu o papel de partido de oposição, e a Arena se tornou o partido do governo. Sobre o bipartidarismo no Brasil durante a ditadura civil-militar ver: MOREIRA ALVES, Maria Helena. *Estado e oposição no Brasil (1964-1984)*. Petrópolis/RJ: Ed. Vozes, 1984.

como professores da rede estadual e municipal,[20] entre muitos outros segmentos da sociedade brasileira. A partir de 1978 e 1979, apareceram nomes no cenário nacional que ganharam rapidamente notoriedade e que passaram a se decidir pela construção do PT: Luís Inácio Lula da Silva, José Cicote, Henos Amorina, presidentes dos sindicatos de Metalúrgicos de São Bernardo, Santo André e Osasco; Paulo Skromov, do sindicato dos coureiros; Jacó Bitar, dos petroleiros de Campinas; Olívio Dutra, dos bancários de Porto Alegre; entre muitos outros. Estes principalmente, cedo despontaram como lideranças de um partido distinto e específico, de trabalhadores, para se opor à tradição de partidos que pretendiam falar em nome e pelos trabalhadores. A partir do fim do bipartidarismo, em 1979, falou-se mais abertamente na criação do partido, e desde o início, em sua Carta de Princípios, o partido já falava em algo que vai nortear a ação daqueles que passaram a militar em suas fileiras: "apoderar-se do poder político e implantar o governo dos trabalhadores.[21]

O PT passaria a aglutinar diversos setores e pessoas que questionavam a ditadura militar e a criticavam, mas que tinham perspectivas diferentes quanto às mudanças sociais e políticas no país, e sobre a própria postura e concepção de partido, sendo que o partido já nasce sobre a sombra de projetos bastante heterogêneos, uma vez que nesse momento havia aqueles que defendiam o PT como uma "frente classista", outros como "frente de esquerda", ou com a função tática" ou "estratégica". Dentre os muitos grupos que passaram a embarcar no nascente partido, citarei alguns. A Convergência Socialista (CS) tinha no seu berço ideológico o Trotskismo e aderiu desde o início ao PT. A Democracia Socialista (DS) ficou conhecida pelo jornal *Em Tempo*. O MEP (Movimento pela Emancipação do Proletariado). O Partido Comunista Brasileiro Revolucionário (PCBR). A Ala Vermelha (AV). A Ação Popular Marxista-Leninista (AP-ML) e outros grupos menores. Esses todos já viam o PT como um partido tático, e não revolucionário. Mesmo discordando no

---

20   MARTINEZ, Paulo Henrique. O Partido dos Trabalhadores e a conquista do Estado (1980 -2005). In: RIDENTI, Marcelo & AARÃO REIS, Daniel (Orgs.). *História do Marxismo no Brasil*: partidos e movimentos após os anos 1960. Campinas, SP: Editora da Unicamp, 2007, p. 246.

21   *Idem, ibidem*, p. 248.

início sobre a fundação do partido, a Organização Socialista Internacionalista (OSI), conhecida, principalmente no meio estudantil, como LIBELU, acabou aderindo.

O pensamento das esquerdas no Pará

Uma parte desses agrupamentos políticos, com orientação ideológica de esquerda, vão ter certa atuação também no Pará, desde os círculos de intelectuais, as discussões clandestinas, passando aos movimentos sociais de ruas por moradia e contra a carestia, de direitos humanos, até chegar a hegemonizar o pensamento e ações das principais lideranças que atuavam no movimento de professores nos anos da década de 1980 na capital paraense.

No Pará, os ideais marxistas de esquerda começaram a aparecer a partir do século XIX[22], mas somente se institucionalizaram de forma propriamente dita em um partido a partir de 1931, com a fundação do Partido Comunista Brasileiro (PCB) no Pará, alcançando a essa altura certa influencia entre operários e estudantes de Belém,[23] juntamente com outros partidos, mas de cunho trabalhistas. Ao longo da década de 1940, no período de legalidade, o Partido Comunista no Pará teve uma grande atuação e movimentação,[24] inclusive com a eleição de um deputado: Henrique Felipe Santiago, cassado após a colocação do partido novamente na ilegalidade.

Belém viu, nesse momento, o nascimento de um instrumento de discussão e debates que não podia ser classificado pelo monolitismo ideológico, como somente de esquerda, pelo contrário, reunia em seu interior estudantes que tinham os mais variados pensamentos políticos e tendências, que iam desde o integralismo, o liberalismo e até o comunismo, perpassando por muitos outros pensamentos e correntes universitárias: era a UAP (União Acadêmica Paraense), fundada por nomes como Armando Dias Mendes, Flávio Moreira, depois membro da ARENA no Pará, Ritacínio Pereira, antigo militante do Partido Comunista Brasileiro, Fernando

---

22   Ver SALES, Vicente. *Marxismo, Socialismo e os militantes excluídos*. Belém: Paka-Tatu, 2001.

23   PETIT, Pere. A Esperança Equilibrista, *op. cit.*, p. 27

24   MAGALHÃES. Luiz Augusto Diniz. *A caminho da legalidade:* O PCdoB paraense no processo de redemocratização (1980-1985). Belém: Laboratório de História da Universidade Federal do Pará, 2003, p. 38.

Amaral, Otávio Pires, Orlando Lobato, Jayme Barcessat, Heronides Moura, Everaldo Martins, Victor Hilário da Paz, entre outros.[25] A UAP passou a ter um papel importantíssimo no movimento estudantil e no debate de ideias, principalmente em seus congressos estaduais de estudantes em Belém, uma vez que as reuniões ocorriam em conjunto com os estudantes secundaristas, que se reuniam em torno da UECSP (União dos Estudantes dos Cursos Secundários do Pará).[26] Nesses congressos reuniam-se muitas escolas, mas já havia um imaginário da sociedade paraense, sobretudo nas famílias mais tradicionais e ricas da sociedade paraense de então, sobre esses congressos, em que os taxavam de "coisas de comunistas onde meninos de família não entram". Com o passar dos anos, no início da década de 1960, a UAP se apresentava como uma entidade em que o PCB e principalmente a AP, a partir de 1962, tinham sua liderança, juntos com grupos independentes. Mesmo com a invasão e desmantelamento da entidade no dia 1º de abril de 1964, ela representou um importante núcleo do pensamento de esquerda no Pará, que vai influenciar várias gerações de estudantes, que mais tarde vão se tornar também professores nas escolas públicas de Belém. Segundo Cuéllar e Petit:

> Na primeira metade da década de 1960, o Partido Comunista do Brasil (PCdoB), a Ação Popular (AP), a Organização Revolucionária Marxista-Política Operária (ORM-Polop) e organizações trotskistas eram as principais forças políticas que, no espaço da esquerda, competiam com o PCB. De todas essas organizações, apenas AP dispunha de relativo peso político no Pará antes do golpe militar, ainda que a Polop também contasse com um pequeno grupo de simpatizantes em Belém.[27]

A Ação Popular representava um tipo de pensamento de esquerda que se diferenciava do pensamento tradicional marxista dos partidos comunistas, o que vai mudar com o tempo, principalmente na década de 70, mas representava setores ex-

---

25   Jornal *O Estado do Pará*: 10 e 11 de junho de 1979. Documento: A História da UAP II.

26   *Idem.*

27   PETIT, Pere& CUÉLLAR, Jaime. O golpe de 1964 e a instauração da ditadura civil-militar no Pará: apoios e resistências. *Est. Hist.* Rio de Janeiro, vol. 25, nº 49, 2012, p. 175.

pressivos da juventude católica paraense. A professora Ermelinda Garcia, primeira presidente da APEPA (Associação dos Professores do Estado do Pará), em 1979, participou na década de 60 da Juventude Operária Católica (JOC):

> A JOC, eu fui recrutada na igreja de São José de Queluche, que sempre, desde que nasci, ia pra lá com a minha mãe, com todo mundo. Participávamos do festejo na igreja e lá os caros da JOC, olhando assim meu movimento, minha liderança, resolveram me levar, eu tinha 14 anos. Pela JOC eu viajei quase todo o Brasil em movimentos, cheguei a pertencer ao regional, eu poderia até ter ido ao nacional, mas veio a ditadura e acabou, né? Então eu pertencia, até porque já fui me conscientizando, tal, tal... Já dava palestra, já era uma pessoa.[28]

Esses movimentos da juventude católica, principalmente a JOC, a JEC (Juventude Estudantil Católica) e a JUC (Juventude Universitária Católica) discutiam uma espécie de socialismo ligado a justiça social, a "JOC era o puro socialismo cristão, não era socialismo puro em si, mas era um socialismo cristão".[29] No entanto, esses movimentos passaram a discutir muito, a partir da década de 50 e 60, as condições de vida das pessoas e despertar para elementos que também eram discutidos pelas esquerdas marxistas tradicionais, como as do PCB:

> Mas todas eram socialismo cristão, tanto que enquanto eu estava na JOC nunca me deram um livro de Marx para ler, eu li porque eu queria saber do marxismo, mas ninguém nunca me deu. Mas a JOC me despertou para vários problemas para várias coisas, que eu como era, na verdade, estava em um movimento operário, mas eu era intelectual, eu comecei a somar, para mim foi muito bom, a prática da JOC com a teoria que eu comecei a estudar, foi aí que eu comecei a estudar Marx, Hegel, todos... Para entender melhor os problemas brasileiros, me preparei, vamos dizer assim, me preparei, algum dia eu posso... Eu dizia

---

28   Ermelinda Garcia. Entrevista em 12 de março de 2014.

29   *Idem.*

> para mim, algum dia eu posso participar de um movimento que
> não seja só católico, porque pra mim aquilo já estava só católico,
> como dizer na gíria já estava dando no saco, porque tudo enca-
> minhava para a igreja tudo encaminhava para a missa, quer dizer,
> porque na verdade tu não vias uma finalização para te satisfazer,
> porque tudo, embora discutisse muita coisa, mas finalizava em
> Deus, era Deus que resolvia, nós não resolvemos nada.[30]

Mesmo que Belém não estivesse, em meados da década de sessenta do século XX, como um dos principais centros propulsores de grupos de esquerdas, como no Rio de Janeiro e São Paulo, havia grande articulação dos grupos que existiam, entre trabalhadores e estudantes, mas quase tudo que estava sendo erguido e costurado em torno desses movimentos de esquerdas veio abaixo com o golpe civil-militar de 1964. Esse evento político acabou pegando muitos setores dessas esquerdas, no Brasil e no Pará, de surpresa, e quando se tentou reagir, já era tarde, o golpe já tinha demolido muito de suas principais bases. Muitas lideranças foram detidas e presas, como a prisão de um dos principais líderes do PCB no Pará e presidente da CGT (Comando Geral dos Trabalhadores) Raimundo Jinkings, preso em 1964, acusado do exercício de atividades subversivas, sendo aposentado de suas atividades bancá-rias, no Banco da Amazônia, pelo Ato Institucional nº 1. A respeito disso, ele dizia:

> Em 1964 eu era o presidente do Comando Geral dos
> Trabalhadores e representante da Confederação Nacional dos
> Trabalhadores de Crédito no Pará. Nessa situação eu exercia
> uma atividade sindical quando veio o golpe militar de 1964. Nos
> tivemos que ficar fora de casa durante um mês. No fim de abril
> eu me apresentei ao Banco para trabalhar e fui preso na mesma
> hora. De lá eu fui levado para o Palácio do Governo, pelo então
> major Bahia, sendo posteriormente transferido para o QG pelo
> então Major Alacid Nunes. De lá, depois eu fui levado para 5ª
> Companhia onde fiquei preso durante 77 dias. Os vinte primei-

---

30 *Idem.*

ros dias eu fiquei incomunicável, sendo que depois eu passei a receber visita de parentes e advogado.[31]

Após o golpe se desenrolou uma grande onda de prisões no Pará, especialmente em Belém, o que provocou o terror entre militantes e simpatizantes das ideias de esquerda, tanto é que o ex-governador do Pará Alacid Nunes, disse em entrevista: "Fui escolhido para presidir os inquéritos policiais depois de iniciada a revolução de 1964, prendi muita gente por subversão".[32]

Percebe-se a partir de então, principalmente de 1968 em diante, após o AI5, um refluxo e reorganização das esquerdas no Brasil, e em Belém não foi diferente. As perseguições aos movimentos sociais, as instituições políticas e sindicais, e as lideranças e militantes, ações repressivas, vigilância e o desenvolvimento de certa cultura do medo entre eles, fez com que esses movimentos buscassem novos caminhos de atuação, e alguns deles escolheram a luta armada revolucionária contra o regime ditatorial brasileiro, tanto é que um dos lugares escolhido para esse tipo de ação foi o Pará, investida que ficou conhecida pela historiografia de Guerrilha do Araguaia.[33]

Agora, o importante é perceber que mesmos diante dos atos de violência imputados pelos movimentos ao Estado e o clima de medo que se criava, a esquerda sempre esteve atuando, algumas vezes de forma mais aberta, em outra mais velada e na clandestinidade, mas havia uma experiência histórica de ideias de esquerda que passaram, por sua vez, a constituir uma tradição tratada em termos culturais na consciência com o passar dos anos entre militantes e as pessoas que estavam próximas a esses movimentos, que passaram a associar a indignação e busca de justiça social, em muitos casos, as ideias socialistas e comunistas de esquerdas, que fizeram, mesmo em muitos casos

---

31   Jornal O *Estado do Pará*, 16 de janeiro de 1979. Entrevista de Raimundo Jinkings concedida ao jornal.

32   Alacid Nunes. Entrevista em 27 de março de 2014.

33   Dos trabalhos sobre a luta armada no Brasil, é interessante o estudo de GORENDER, Jacob. *Combate nas Trevas*: a esquerda brasileira das ilusões perdidas a luta armada. São Paulo: Editora Ática, 1987. E o de ROLLEMBERG, Denise. Esquerdas revolucionárias e luta armada. In: FERREIRA, Jorge. & DELGADO, Lucilia de Almeida Neves. *Op. cit.* Rio de Janeiro: Civilização Brasileira, 2013.

por caminhos diversos, sobreviverem na consciência de muitas pessoas, e com muitos professores ao longo da década de 70 e início dos anos 80 do século XX. Sobre essa tradição de esquerda, que sobreviveu a momentos conturbados de ataques a esse pensamento e prática, é interessante observar a passagem de Thompson, mesmo sabendo que cada momento é válido em termos de sua própria experiência:

> A Revolução Francesa certamente precipitou uma nova agitação, e certamente essa agitação se enraizou entre o operariado, modelado por novas experiências, nos distritos manufatureiros em desenvolvimento. Mas a questão permanece: quais eram os elementos tão prontamente precipitados por esses acontecimentos? Imediatamente encontramos as longas tradições dos artesãos e artífices urbanos, tão semelhantes ao menu peuple, que George Rudé mostrou ser o elemento revolucionário mais volátil na multidão parisiense. Talvez possamos perceber um pouco das complexidades dessas tradições persistentes se isolarmos três problemas: a tradição da Dissidência e sua modificação pelo revivalismo metodista; a tradição composta por todas aquelas vagas noções populares que se combinam na ideia do direito de nascimento do homem inglês; e a ambígua tradição da turba do século 18.[34]

Essas ideias ideológicas da esquerda foram, com o passar das décadas do século XX, se espalhando no imaginário e na cultura de muitas pessoas, mesmos que, de certa forma, discordando das ideias revolucionarias praticadas por organizações na década de 1970, no Brasil. Através de várias formas, mesmo nos debates mais incipientes ou ao largo das ideias mais tradicionais do marxismo, movimentos de oposições sindicais, associações de bairros, grupos de alfabetização popular e outros acabaram reproduzindo muitos dos sonhos esquerdistas em seus discursos. Assim, a utopia revolucionária que ganhava corações e mentes nos anos 60 e início dos 70, passou a perder espaço a partir destes anos em diante e "será cada vez maior o nú-

---

34 THOMPSON, E. P., *A Formação da Classe Operária Inglesa*. A árvore da liberdade. Rio de Janeiro: Paz e Terra, 1987, p. 23.

mero de militantes, que individualmente ou em grupos, começam a se desprender dessas organizações e a manter essas atividades junto aos trabalhadores, já sem as referencias totalizadoras das estratégias revolucionárias".[35]

As universidades e alguns movimentos estudantis de Belém acabaram sendo um celeiro para os debates dessas esquerdas ao longo da década de 70, mesmo sendo uma discussão que em muitos casos ficava velada, e não muito perceptível pelo conjunto dos alunos. Essa é uma discussão importante, pois muitos desses estudantes da década de 1970 vão ser depois, e em alguns casos até mesmo simultaneamente, professores e lideranças dos movimentos sociais do período da chamada democratização. Na entrevista com a professora Venize Rodrigues, uma das lideranças do movimento de professores de Belém, ela levanta, a partir de sua experiência, essa questão:

> Eu era estudante e professora, estudava na antiga faculdade de filosofia. Eu era estudante e era professora no Pedroso. Então eu vivenciava essas duas categorias [...]. A gente estava em plena época do regime militar (67), mas eu não tinha muita clareza assim sobre isso. Naturalmente eu vivenciei no próprio processo da academia. Como estudante é que eu fui descobrindo o momento que a gente estava vivenciando. Junto com o movimento estudantil da Universidade. E essa vivencia do movimento estudantil é que veio refletir na minha carreira profissional.[36]

Os governos militares, através de um processo de reformas educacionais, passaram a implementar um caráter modernizador nas universidades brasileiras, e com a Universidade Federal do Pará não foi diferente. Foi nesse momento que, por exemplo, se inaugurou o Campus do Guamá. Mas essa modernização aparente nos anos setenta foi acompanhada de medidas extremamente vigilantes e duras aos movimentos e articulações que se processavam dentro da universidade. A respeito disso, o professor Heraldo Maués, ex-militante da Ação Popular e dirigente da Juventude Universitária Católica no Pará, ao longo dos anos sessenta, dizia:

---

35   SADER, Eder. *Quando novos personagens entraram em cena*: experiências e lutas dos trabalhadores da Grande São Paulo, 1970-1980. Rio de Janeiro: Paz e Terra, 1988, p. 173.

36   Venize Rodrigues. Entrevista em 23 de abril de 2014.

A UNE organizou um grande congresso na Bahia, congresso
sobre a reforma universitária, as nossas grandes reivindicações
eram, por exemplo, a abolição da cátedra, a realização de concursos para professores, por que não havia concursos, os professores entraram por indicação dos catedráticos. O meu cur-
rículo era melhor, eu fiquei nos dois primeiros lugares nos dois
concursos, só que eu podia esperar isso também meu nome foi
vetado pelo SNI. Era o SNI que tinha agentes aqui, que vigiava
todas as universidades do Brasil, e que em casos desse tipo eles
vetavam as pessoas que não queriam, o concurso foi em 71, há
um detalhe que eu deveria dizer também, antes disso em 1969,
já na vigência do AI-5 houve uma denúncia contra os dirigentes da AP, aqui em Belém, os dirigentes da AP era Eu, Roberto
Valente, Almerinda, Elisa Sá, Félix Coqueiro. A denúncia maior
era contra mim, mas a denúncia era um pouco vaga, o que nós
sabemos depois do processo, houve uma confissão, a gente não
sabe como foi obtida, sobre tortura que indicava pessoas daqui,
inclusive o professor Maués dos Correios.[37]

A partir da gestão do reitor Aloysio da Costa Chaves, de 1969 a 1973, e em
seguida do reitor Clovis Cunha da Gama Malcher, de 1973 a 1977, a atuação dos movimentos foi bastante vigiada, e as perseguições políticas e exonerações de funcionários
e professores foram recorrentes. Muitos estudantes passaram a ser vistos, pelos governos e pela própria administração acadêmica, em alguns casos, como comunistas e subversivos em potencial. Isso em parte provocou um arrefecimento nas ações das esquerdas dentro da universidade, mas nunca totalmente do seu pensamento e convicções.
Reuniões clandestinas permaneceram, em porões de casas e até mesmo em prédios
antigos e abandonados. O DCE (Diretório Central dos Estudantes)[38] passou a ter um

---

37 Haroldo Maués, entrevista. *Apud*: FONTES, Edilza & ROCHA ALVES, Davison Hugo. A
    UFPA e os Anos de Chumbo: A administração do reitor Silveira Neto em tempo de ditadura
    (1960 - 1969). *Revista Tempo e Argumento*, Florianópolis, v. 5, n. 10, a. 2013, p. 269.

38 A respeito do DCE na Universidade Federal do Pará, ver: FONTES, Edilza. UFPA 50 anos:
    história e memórias. Belém: Universidade Federal do Pará, 2007.

papel essencial nesse contexto de forte repressão, nos anos de chumbo. Mesmo que de forma extremamente prudente e maquiada, o DCE continuou a discutir as ideias de esquerdas, ao longo da década de 1970, com uma mudança no seu caráter e concepção, pois o sonho e debates utópicos da revolução, embalados nos anos anteriores, cederam lugar a partir de então as discussões das ideias de democracia e cidadania.[39]

É importante perceber que essas discussões, principalmente de 1972 a 1976, não foram ideias percebidas ou acompanhadas da mesma forma pelo universo dos estudantes, muito pelo contrário, para uma grande parte elas aconteciam de forma despercebida. A professora Rosa Olívia Barradas, entrou em 1973 na Universidade Federal do Pará, e concluiu seu curso em 1976. A partir de sua leitura e experiência daquele contexto, diz que em relação aos movimentos não percebia nada muito significativo em relação à política, narra ela:

> Quando eu cheguei na universidade, eu não percebia movimento nenhum. O único movimento que tinha, era um movimento muito pacífico, que era o movimento de atlética, né? Que convidava as pessoas que queriam, pra fazer disputa, pra ir pras natações, inclusive eu fui uma das que... Que nadei pelo centro de educação, fui nadadora pelo centro de educação. Fiz umas duas disputas, umas duas disputas só, eu sabia nadar. Então a gente procurava as pessoas e dava algum... Algum... Algumas condições, não pagamento, mas dava algumas condições. Pagavam o clube pra treinamento, esses negócios, eu aproveitei porque, você podia também aproveitar (...). Voltar a treinar a natação que há muito tempo eu tinha parado.[40]

E em seguida complementa:

---

39   RIDENTI, Marcelo. Cultura e Política: os anos de 1960-1970 e sua herança. In: FERREIRA, Jorge & DELGADO, Lucilia de Almeida Neves. *O Brasil Republicano* – O tempo da ditadura: regime militar e movimentos sociais em fins do século XX. Rio de Janeiro: Civilização Brasileira, 2013, p. 135.

40   Rosa Olivia Barradas. Entrevista em 04 de abril de 2014.

Olha, na minha vida na universidade, eu não vi nenhum tipo de protesto, eu não sei se... a gente não sabe por que tudo era feito na calada da madrugada, no silêncio da madrugada, né? Então, eu não via, eu não vivi uma universidade, não tive esse envolvimento, a não ser essa história de atlética, que a única coisa que apareceu foram essas atléticas eram sustentadas, recebiam dinheiro do governo Federal, né? Pra sustentar as atléticas pra chamar os jovens, pra alienar, na verdade, né? Pra alienar o jovem, pra ele não se envolver com a política, se envolver com o esporte, então as atléticas se multiplicaram lá pela universidade por todos os cursos... em todas as áreas, né? Aí tinha atlética da Educação, atlética do Direito, atlética não sei do quê, não sei de quê. Que era pra capitalizar o jovem pra o jovem se dedicar ao esporte e esquecer movimento de massa, né? Esquecer a política, esquecer qualquer tipo de organização que não fosse essa.[41]

A primeira metade da década de 1970 foi de momentos muito difíceis aos comunistas e aos movimentos de esquerda em Belém. Só a partir de meados desta década é que vai ser possível um desenho melhor dessas organizações, que vão reaparecer na mesma marcha que a política da "democratização" e os ares liberalizantes que iam retornando. Mas com o alvorecer dos anos oitenta, esse passado de vigilância e atos brutais contra os direitos humanos e contra a vida, não tinham desaparecidos totalmente do cotidiano da Universidade Federal do Pará, sobretudo contra os estudantes. O caso do estudante César Moraes Leite, 19 anos, do curso de engenharia elétrica, que foi morto com um tiro disparado por um agente da Polícia Federal, Dalvo Monteiro de Castro Junior, que era estudante e policial, dentro da sala de aula. Esse fato criou uma grande comoção na cidade e entre as entidades estudantis e movimentos ligados as forças de esquerdas. Para o governo foi um tiro acidental, mas para os movimentos estudantil e as organizações de esquerda foi mais um ato brutal da repressão, que atuava ainda nos anos oitenta.[42]

---

41 *Idem.*

42 Jornal *Resistência*, março de 1980.

Era evidente que havia um clima mais liberalizante a partir de 1978 e 1979, e isso é possível perceber na própria leitura dos jornais diários que circulavam em Belém, mas as marcas dos anos anteriores eram ainda muito fortes nas pessoas, basta ver como os termos comunistas e esquerda eram ainda demonizados, ou mesmo desqualificados por certos jornais e pessoas.[43] Mas sobre essa retomada das esquerdas, Petit escreve o seguinte:

> Em fins da década de 70, os partidos de esquerda que tinham maior influencia no Pará eram o PCB e o PCdoB. O PCB, mesmo não tendo recuperado a força de que dispunha antes do golpe de Estado de 1964, manteve certo peso em alguns sindicatos urbanos e profissionais liberais do Pará.[44]

Muitos dos militantes desses partidos, que ainda estavam na ilegalidade, mas cada vez mais deixavam a clandestinidade, e de outras organizações, mantiveram atividades legais em muitos organismos que surgiram a partir desse momento, como a SDDH,[45] que por ser uma entidade que defendia os direitos humanos, acabava agregando muitas pessoas que lutavam por cidadania e democracia em Belém e no Pará, de diversas orientações políticas, como pessoas ligadas ao PCdoB, a Comissão Pastoral da Terra (CPT), a FASE,[46] CBB,[47] entre outras. Havia não só uma participação direta,

---

43   Em 1979, Jarbas Passarinho dá uma entrevista dizendo que a "as esquerdas estão despreparadas" e "elas tiveram a charge de governar e ter o poder no Brasil. Mas as esquerdas botaram fora tudo, fizeram muito autocrítica". Jornal O Estado do Pará, 07 de junho de 1979, p. 5. Ou até mesmo em matéria cujo título era: "Você pode confiar nos comunistas?". Jornal o Estado do Pará, 18 e 19 de maio de 1980.

44   PETIT, Pere. A Esperança Equilibrista: a trajetória do PT no Pará. São Paulo: Boitempo Editorial, 1996, p. 46.

45   A Sociedade Paraense de Defesa dos Direitos Humanos (SDDH) é uma entidade civil, sem fins lucrativos, fundada em 8 de agosto de 1977.

46   Federação de Órgãos para a Assistência Social e Educacional.

47   Comissão dos Bairros de Belém. Sobre a história da CBB, ver: ALVES, Edivania Santos. Marchas e contramarchas na luta pela moradia na Terra Firme (1979-1996). Universidade Federal do Pará. Programa de Pós-Graduação em História Social da Amazônia, Belém, 2010.

em muitos casos, como também uma aproximação e solidariedade dessas entidades com os movimentos e militantes de esquerdas. O ato de fundação da Associação dos Professores do Estado do Pará (APEPA) e muitas outras atividades de reuniões, uma vez que o movimento dos professores durante alguns anos não tinha uma sede fixa, ocorreriam no IPAR, Instituto de Pastoral Regional, que ficava no largo da Sé.[48]

Nesses anos finais da década de 1970, foram muitas as organizações de esquerdas que apareceram, desapareceram ou desembarcaram em Belém, além daquelas forças políticas mais tradicionais, como PCB e o PCdoB. O PCdoB em fins dos anos 70 e início dos 80 passou por um processo de reorganização na capital paraense, mudando sua tática política que antes era principalmente o interior, e que a partir de então, o foco passou a ser Belém,[49] atuando em muitos desses movimentos citados há pouco. As outras organizações em Belém eram o MR-8, que tinha certa presença no movimento estudantil, os ex-membros da AP-ML, que tinham certa influência sobre universitários progressistas, o PRC (Partido Revolucionário Comunista), que era resultado de uma dissidência do PCdoB, o MEP (Movimento de Emancipação do Proletariado) e, posteriormente, o PT.[50]

O movimento de professores e as organizações de esquerdas em Belém

Como se situavam os professores de Belém, principalmente as "vanguardas" do movimento, nessa panacéia de ideias de viés esquerdistas que voltavam a aparecer com mais força? É interessante perceber que muitos dos professores que vão fundar a primeira Associação de Professores Públicos do Estado de ensino de 1º e 2º graus (APEPA), em 1979, e os demais que vão está na fundação da FEPPEP, em 1983, e em sua atuação, pelo menos até 1986, já vinham de experiências em movimentos anteriores, não necessariamente como lideranças de frente, mais como participantes indiretos e/ou observadores.

---

48   Jornal *O Liberal*, 12 de maio de 1979, p. 11.

49   MAGALHÃES. Luiz Augusto Diniz. *Op. cit.*, p. 54.

50   PETIT, Pere, A Esperança Equilibrista, *Op. cit.*, p. 49.

Imagem 4: Manifestação de estudantes pela meia passagem em Belém, 1979.

Meia passagem nos ônibus, a palavra de ordem

Fonte: Jornal *O Estado do Pará*, 7 e 8 de outubro de 1979.

A professora Ermelinda Garcia, atuou na JOC, movimento ligado a Igreja Católica, e também em movimentos estudantis, pois discutia também por dentro da UAP, mesmo ainda como secundarista, tanto que estava no dia 1º de abril na sede dessa entidade acadêmica, quanto houve a invasão da mesma por militares e entidades ligadas as forças políticas que consolidavam no Pará o golpe militar de 1964.[51] Venize Rodrigues diz que era professora e estudante ao mesmo tempo, e que participou de muitas atividades em movimentos, principalmente estudantil na época da antiga universidade de filosofia: "É essa vivencia do movimento estudantil que veio refletir na minha carreira profissional. Em 68 eu ocupei a universidade durante quase um mês".[52] Por sua vez, o professor Hamilton Ramos teve contato com as ideias trotskistas ao longo da década de 1970, e inclusive participou e militou na direção

---

51   Sobre esse fato da invasão da UAP, ver: NUNES, André Costa et al. *1964 – Relatos Subversivos*: os estudantes e o golpe no Pará. Belém: Edição dos Autores, 2004.

52   Venize Rodrigues. Entrevista em 23 de abril de 2014.

do DCE da Universidade Federal do Pará. Edmilson Rodrigues, que foi presidente da FEPPEP (Federação dos Professores Públicos do Estado do Pará, fundada em 1983) por duas vezes, e Luiz Araújo, que também foi presidente desta entidade de professores, vão ter papel expressivo na segunda fase do movimento. Pertenciam à outra vanguarda do movimento de professores, que vai ter muita expressão a partir de 1983, eram de longas datas participantes de movimentos estudantis. Luiz Araújo teve uma participação marcante nas lutas pela meia-passagem nos ônibus da capital paraense. Na foto acima, aparece Luiz Araújo, com microfone na mão, em ato público promovido pela Comissão Pro - União dos Estudantes Secundaristas e Primários do Estado do Pará (UESP), juntamente com estudantes da UNE (União Nacional dos Estudantes), mas sob a vigilância de policiais militares e membros do DOPS,[53] em uma das inúmeras atuações em atos antes de ser professor. Mas, por outro lado, havia professores que só passaram a se envolver em debates e nos movimentos dos professores a partir da experiência e vivência no mundo do trabalho e na prática diária como professor, como a professora Rosa Olívia Barradas. Sobre sua relação a sua atuação no movimento de professores, dizia ela: "Pois é, eu só comecei a me envolver em movimento depois que eu comecei a trabalhar, ser trabalhadora, que aí comecei a fazer... Avaliar as coisas de forma diferente".[54]

---

53   Jornal *O Estado do Pará*, 7 e 8 de outubro de 1979, p. 13.

54   Rosa Olívia Barradas. Entrevista em 04 de abril de 2014.

Imagem 05. Primeira diretoria da FEPPEP, em 1983. Na imagem, estão da esquerda para a direita, a professora Divina Araújo, o professor Helder Fialho, Edmilson Rodrigues, professora Venize Rodrigues, Graça Monteiro, o professor Luiz Araújo, Bira Barbosa e Haroldo Soares, e as professoras Silvia Nádia, Elizete Paz e Ana Amorim.

Fonte: *Boletim informativo da Federação dos Professores Públicos do Estado do Pará*, ano 1, nº 01, dezembro de 1983.

Nesse sentido, a fundação da APEPA, que teve como primeira diretoria a professora Ermelinda Garcia, como presidente, Regina Mendes da Silva, vice-presidente, Hamilton Ramos Correa, secretário, Orlando Melquiades de Oliveira, segundo secretário, Venize Nazaré Ramos Rodrigues, primeira tesoureira, José Alves Cunha, segundo tesoureiro e Ildemar Ferreira da Silva como relações públicas e Jaime Teixeira, como conselheiro fiscal,[55] e outras direções, como a de 1983, que fundou a FEPPEP, que teve como presidente Edmilson Rodrigues, como vice Esmerino Neri Batista (Miriquinho), Luiz Araújo como secretário-geral, Graça Monteiro, como primeira secretária, Helder Fialho Dias e Divina Araújo, como tesoureiros, além de Elizete de

---

55   Ata de Fundação da Associação dos Professores do Estado do Pará (APEPA), em 13 de maio de 1979.

Souza Paz, Ana Amorim, José Haroldo da Silva Soares, Silvia Nádia, Bira Barbosa, Venize Rodrigues e Carlos Cruz, sendo que alguns estão na foto acima,[56] tiveram uma forte relação, e em parte influencia, a respeito das ideias e da tradição de atuação dessas esquerdas que vinham sendo construídas há décadas no Brasil. Essa tradição da esquerda nos movimentos sindicais classista estava para além da filiação partidária.

Em 1979, as principais lideranças que vão dá início a organização de uma associação de classe profissional dos professores em Belém, não tinham nenhum vínculo formal com os partidos legais ou clandestinos. Mas conheciam e estabeleciam relações com várias pessoas do meio, não só pelos encontros nos movimentos estudantis, mas principalmente depois de maio de 1979, com a fundação da APEPA, pois essa associação passa a ser uma vitrine para muitos dos grupos políticos e movimentos sociais de Belém, que passam a cortejá-la de forma bem direta, vislumbrando também a possibilidade de atuação e aumento de terreno de seus grupos através da associação. Não a toa que quando do ato de fundação da APEPA, estavam presentes, além de professores, vários outros representantes de organizações e movimentos que a tempo já existiam na cidade, como dizia a professora Ermelinda: "Eu tinha muito diálogo com os comunistas, com o Batista (…) a gente tinha assim uma coisa em comum, conversava tanto que no dia em que foi fundada a APEPA, tinha gente de todos os movimentos na assembleia que foi fundada a APEPA, todos lá, né? Dando apoio pra APEPA ser fundada."[57]

Mesmo que esses dirigentes iniciais dos professores públicos de Belém não tivessem uma filiação ou militância em certas organizações de esquerda no início, havia uma relação de ajuda e solidariedade muito grande. Ajuda financeira, ajuda com estrutura, como o empréstimo de carros para as mobilizações, assim como também na reprodução de materiais e jornais para informar os professores. Nesse sentido, nos primeiros tempos da organização classista dos professores em Belém, que também tinha a pretensão desde seu começo de ser uma entidade com abrangência estadual, os professores, que eram as lideranças, passaram a ter relações estreitas com

---

56   Ata do primeiro Congresso Estadual dos Professores Públicos do Estado do Pará (FEPPEP), em 19 de dezembro de 1983, p. 5 e 6.

57   Ermelinda Garcia. Entrevista em 12 de março de 2014.

muitos movimentos e organizações que já traziam essa herança advinda há tempos da esquerda brasileira. Assim, aliado a experiência trazida por cada um que vinha construir o movimento de professores e o contexto efervescido de discussão e re-organização partidária no Brasil, muitos desses dirigentes citados acima, que faziam parte tanto da APEPA, como posteriormente da FEPPEP, passaram a ter laços polí-ticos e/ou partidários intensos ao longo da década de 80, que ajudaram a fortalecer uma tradição de esquerda ao movimento de professores em Belém, que ainda hoje é muito forte. Tradição entendida aqui como a atribuída por Hobsbawm:

> Entende-se um conjunto de práticas, normalmente reguladas por regras tácita ou abertamente aceitas; tais práticas, de nature-za ritual ou simbólica, visam inculcar certos valores e normas de comportamento através da repetição, o que implica automatica-mente uma continuidade em relação ao passado. Aliás, sempre que possível tenta estabelecer continuidade com um passado histórico apropriado.[58]

Nesse caminho houve um divisor de águas, que consolidou essa presença e tradição das esquerdas no movimento docente: a fundação do PT (Partido dos Trabalhadores) no Pará. A fundação do PT contou com uma adesão massiva de mui-tos professores a esse projeto partidário a partir de 1980. Agora, por que a escolha dos professores pelo PT, em meio a uma movimentação enorme e aparecimento de muitos partidos e organizações após o fim do bipartidarismo, em fins de 1979? Nos primeiros anos do PT no Pará, foi inegável a aproximação do partido com as principais lideranças do movimento docente de Belém, as principais lideranças do movimento de professores estavam filiadas ao PT, como Ermelinda Garcia, Venize Rodrigues, Bira Barbosa, entre outros, relação que muitas vezes foi usada, pelo pró-prio governo estadual, como uma estratégia para desletigimar ou criar embaraços ao movimento diante da própria opinião pública paraense. Foram recorrentes, no governo de Jáder Barbalho, por exemplo, (1983–1987), as notas e referências na im-prensa associando o movimento de professores ao Partido dos Trabalhadores:

---

58   HOBSBAWM, ERIC & RANGER, Terence (Org.). *A Invenção das Tradições*. Rio de Janeiro: Paz e Terra, 1984, p. 9

> Falando sobre o possível encontro com a comissão de pro-
> fessores, Jáder argumentou que 'se esta reunião for mais uma
> propaganda do PT', teria que receber daí em diante, para dis-
> cussão, 'comissões de cada partido'. Explicando aos repórteres
> sua alusão ao PT – Partido dos Trabalhadores – Jáder afirmou
> que neste caso específico dos professores, o PT está trabalhando
> junto com o PDS para indispor a categoria contra seu governo, e
> manipulando-a de maneira tendenciosa.[59]

Em 1985, ao longo de uma das maiores greves, em dias parados, da história do movimento de professores estaduais, essa associação dos professores com o PT era ainda mais forte, o que é possível perceber na nota de Jáder Barbalho ao jornal: "Quem está propondo violência é este grupo de ativistas do PT se forem as escolas fazer piquetes para impedir aqueles que querem entrar"[60] Até se chegar a esse momento de associação inevitável em que as lideranças do movimento de professores eram instantaneamente relacionadas ao PT, não só como acusações políticas, mas de fato, foi percorrido um caminho não tão simples e imediato de adesão dentro dos quadros destas esquerdas paraense nascentes naquele momento.

O processo de construção e reconhecimento da APEPA (1979) ocorre no mesmo instante em que as ideias de se fundar um partido novo, diferente daqueles "tradicionais" que se apresentavam há anos, se fortalecia no Brasil e no Pará. A concepção de novo entre os professores naquele momento tem um grande peso, principalmente por que rompia com amarras e imaginários há muito tempo construídos, como o difícil peso do termo comunista, que mesmo já num processo de distensão, como falado antes, carregava uma carga construída negativamente muito intensa ainda. O encontro entre esses novos personagens, que colocavam o "corpo pra fora" e se viam vivenciando um novo momento, em Belém, era constante. Bancários, professores, estudantes, trabalhadores rurais, membros da igreja, entidades de direitos humanos, sociólogos, motoristas, entre outros, começaram a discutir que a crise que eles passavam tinha um responsável, e segundo eles, era a ditadura. E nesse sentido,

---

59　Jornal *A Província do Pará*, 2 de setembro de 1983, p. 11.

60　Jornal *A Província do Pará*, 4 de agosto de 1985.

as articulações e debates foram das mais diferentes naturezas. E um dos debates mais fortes traçados naquele momento entre as principais lideranças de esquerdas dos vários movimentos eram como as esquerdas iam se posicionar nesse cenário de rearranjo político e partidário. E o movimento de professores passa, a partir de então, a ter um peso importante nesse processo. Assim, as lideranças da APEPA, primeiramente, e depois da FEPEP, vão perceber a partir de então, que a engrenagem da luta por melhores salários, condições de trabalho e certo reconhecimento profissional estavam relacionados a luta pelo poder político a nível partidário também.

Professores que encabeçavam a APEPA estavam em constante contato com figuras como Jaime Teixeira[61] e Telmo Marinho,[62] que apareciam como uns dos principais articulares pró-fundação de um novo partido no Pará, que era o Partido dos Trabalhadores. Esses dois mantinham diálogo direto com o movimento que se construía em São Paulo, e eram os porta-vozes, distribuidores e debatedores dos primeiros materiais formulados sobre o que era o PT entre as principais lideranças dos professores, como Ermelinda Garcia e Venize Rodrigues, que depois vai ser candidata a vereadora de Belém pelo próprio PT. Mas a aproximação com as discussões para a fundação e participação em um novo partido não foi consensual logo de imediato. Havia muitas outras forças políticas que se interessavam em se aproximar desse movimento docente, que começava a ganhar força e apoio da população para muitas de suas bandeiras com relação à qualidade do ensino, e à medida que o processo transcorria, "a gente foi adquirindo a nossa solidez, a nossa formação de sociedade, nos aproximando mais de determinadas lideranças

---

61   Jaime Teixeira foi economista, professor e militante de esquerda. Participou do Conselho Fiscal da APEPA, membro da Direção Estadual do Partido dos Trabalhadores e também foi presidente da SDDH. Foi assassinado, na década de 1980, em circunstâncias até hoje pouco esclarecida, o que fez com que os movimentos sociais do Pará colocassem Jaime na lista dos que foram vítimas da repressão do regime militar brasileiro.

62   Telmo Marinho foi bancário, ex-diretor do sindicato dos bancários, professor e advogado. Importante militante dos movimentos sociais na virada da década de 1970 para a de 1980, no Pará.

ou não".[63] Mais diante desse cenário, o debate em se filiar a um partido político e a qual seria esse partido não foi tão simples.

Havia algumas questões que se colocavam: o movimento deve ter um partido? Se sim, qual? Os partidos comunistas tradicionais? Fortalecer as oposições dentro do PMDB? E o PT? Não foi logo de imediato simples decidir que aquele movimento de professores, representado pelas suas lideranças, mesmo tendo clara a importância da luta política, deveria se colocar na militância partidária. De início não houve consenso sobre essa questão, mas o debate interno levou a esse caminho. Era uma tarefa delicada, pois ligar uma entidade de classe a um partido político poderia trazer conseqüências para a organização do movimento diante da categoria, formada pelos demais professores. Mas essas divergências demonstravam já as primeiras fissuras de uma luta interna por espaços de poder dentro da entidade, que foram bastante acirradas. Porém, o que tomou mais tempo e desgaste, tanto internamente como no dialogo que se construiu com os outros movimentos de esquerdas, foi a decisão por qual partido se integrar. Sobre isso, diz a professora Ermelinda Garcia:

> Sim! Essa era a discussão, Porque criar mais um partido quando nós podemos ingressar no PCdoB? No "Pecezão" como a gente chamava naquele tempo, invés de criar um novo organismo, que na época da ditadura ia nos… Ia nos criar, embora estivesse abrindo a ditadura, mas ia nos criar muito problema, como criou, tudo que a gente previu, apareceu, realmente.[64]

Essas lideranças da APEPA, também tinham proximidade com outras personalidades públicas de esquerda daquele momento, como Humberto Cunha, Paulo Fonteles, Raimundo Jinkings, entre outros, que como figuras de expressões das esquerdas paraenses tinham peso nesse cenário político, e, portanto, entendiam que o melhor caminho para os professores era fortalecer a luta das oposições no Pará, militando nos partidos comunistas, mas se utilizado, como partido legalizado, do PMDB.

---

63   Venize Rodrigues. Entrevista em 23 de abril de 2014.

64   Ermelinda Garcia. Entrevista em 12 de março de 2014.

Os motivos que levaram a escolha pelo PT foram principalmente devido aos articuladores e as proximidades com os militantes pró-PT, além do apoio e participação direta ou indiretamente destes nas greves de 1978, 1979 e 1980 em São Paulo, do lado de lideranças sindicais ditas progressistas, participando das formulações ideológicas do partido de trabalhadores; e principalmente por que a Confederação dos Professores do Brasil (CPB), que tinha como presidente o professor Hermes Zanetti, contava com o apoio de outros partidos de esquerda, como PCB, PCdoB e MR-8. Fatores esses formaram os ingredientes para a melhor aceitação, nos debates internos dos professores, e simpatia na sua maior parte pelas ideias petistas. E isso provocou uma ebulição em muitos setores das esquerdas, tanto é que:

> Chamavam a gente de divisionista, que a gente queria dividir o movimento. Por que uma das ideias era que a gente se aliasse no PMDB. PMDB seria o movimento que agregaria todas as oposições. Então como a gente não entrou nessa, então a gente era acusado de divisionista, que a gente era de um movimento pequeno-burguês, daquelas lideranças tradicionais da política. Que não conseguiam compreender que havia uma fórmula nova de se organizar. Tanto é que depois essas pessoas fizeram a auto-crítica e acabaram entrando no PT e se tornando lideranças dentro do partido e sendo inclusive candidatos. Como, por exemplo, o Humberto Cunha. O Humberto Cunha era uma referencia da política, da esquerda, que veio do PCdoB, tudo isso, ele era uma referencia, e ele tinha uma desconfiança muito grande em relação ao PT, vem pra dividir, a gente tem que ta junto nessa resistência. A gente discutia, mas não concebia essa ideia. Tanto que ele fazia campanha junto com o Jáder, se elege vereador, se torna o primeiro vereador pelo PMDB. Mesma coisa foi o Fonteles. O Paulo Fonteles também ele tinha essa mesma ideia. Naquele tempo era muito estranho pra eles você ta se organizando, que não trazia aquela tradição daquela esquerda desde 64, tudo isso, em 60 da luta pela Petrobras é nossa com o Jinkins, o PTB, então eles achavam isso estranho. Mas acho que internamente o PCdoB faz uma crítica e o Paulo uma autocrítica

e vai pra dentro do PT e se transforma nessa liderança, mas em muito pouco tempo, por que dentro do partido as pessoas viam com reservas essas que entravam. Essas pessoas que entravam tinham uma história, mas era uma história construída de fora pra dentro, e que viesse pra minar nossas forças lá dentro, tu ta entendendo? Havia essa desconfiança do partido. As pessoas diziam: esse fulano entrou no PT, mas pra construir o PMDB.[65]

Por sua vez, O PMDB, e setores ligados a ele, como alguns dirigentes da SDDH e do PCdoB no Pará, entendiam que só havia uma forma de mudar aquela conjuntura e desequilibrar as correlações de força em relação ao regime militar de então, que seria através de amplas alianças de todos os campos das esquerdas e das oposições, e um dos defensores dessa linha, além do próprio Jáder Barbalho, era o Humberto Cunha, militante de longa data das esquerdas no Pará, desde o movimento estudantil no Colégio Paes de Carvalho, na segunda metade da década de 1960, passando pela Ação Popular (AP), pela CPT, atuante no campo dos direitos humanos, depois eleito vereador de Belém e que em 1984 participaria da fundação do PRC (Partido Revolucionário Comunista), no Pará. Segundo as memórias de Humberto Cunha, ele diz o seguinte:

> Por volta de 1980 (...) eu estava em Brasília e o Jáder me chamou pra conversar (...) sobre questões gerais e de direitos humanos. Ele queria saber especificamente o seguinte: "e se a gente puder fazer uma modificação nesse necessário, nessa conjuntura? Tem a possibilidade da gente se aliar com o Alacid", disse o Jáder. Eu falei: olha, eu sempre fui favorável a alianças. Dependente de como elas são feitas (...) A questão das alianças eu acho que não é o principal problema. Ele disse: "não eu já estou conversando com o Alacid e ele ta com disposição de vir pro nosso lado". Aí eu disse que era a favor. O que me levaria a ter uma avaliação diferente: aquilo que na época dizia o pessoal do PT no Pará: diziam: não nós vamos ganhar sem Alacid, sem Jáder sem nada. Qual era a questão que eu levan-

---

65   Venize Rodrigues. Entrevista em 21 de maio de 2014.

tava: vocês acham que o pessoal da ditadura não vai criar uma vinculação de votos? E de fato criaram, em 1982 criaram. Então se deixasse em 1982 a ARENA ganhar, ia fortalecer a figura do Passarinho, que era o presidente do Senado. Já tinha sido feita uma pesquisa e a única instituição da ditadura que estava ainda com prestígio diante do povo, era o senado. Quer dizer: dá força para o Passarinho naquele momento para o Passarinho voltar ao Senado e ser reeleito presidente novamente do senado era prolongar a ditadura por um bom tempo a mais. Então ali não tinha muita escolha. Se realmente se queria enfraquecer a ditadura, a possibilidade que se tinha era apoiar o Jáder. E eu já tinha andando pelo interior do Pará e já sabia que quem o povo tava querendo votar era no Jáder. O povo não estava querendo votar em professor da universidade (...) A chance que nós tínhamos de mudar a conjuntura no Pará era essa. [66]

Humberto defendia uma posição que era muito forte nos partidos das oposições, que eram contrários a fundação do PT, pois a ideia não era que um novo partido vinha somar nesse campo, mas sim enfraquecer o principal motivo de luta, que era derrubar a ditadura. Pois quando ele diz "O povo não tava querendo votar em professor da universidade", faz uma crítica ao PT, que lançou nas eleições de 1982, o professor da Universidade Federal do Pará, Nazareno Noronha, mas em Jáder, que para ele representava o encurtamento da ditadura.

Nesse sentido, mesmo diante de uma longa tradição de esquerda, era claro que esses professores das vanguardas do movimento docente vão querer "construir um partido diferente das experiências partidárias anteriores",[67] mantendo um distanciamento daquilo que de alguma forma representava uma experiência não bem sucedida, a exemplo de partidos que relacionavam de modo direto ou não com os

---

66   Humberto Cunha. Entrevista em: 28 de setembro de 2013. In: FONTES, Edilza Joana de Oliveira. A UFPA e os Anos de Chumbo: memórias, traumas, silêncios e cultura educacional (1964-1985). Repositório Multimídia da Universidade Federal do Pará. Disponível em: http://www.multimidia.ufpa.br/jspui/handle/321654/1277

67   PETIT, Pere. A Esperança Equilibrista – a trajetória do PT no Pará, p. 79.

governos militares ou mesmo a concepção partidária herdada do centralismo político extremo de origem soviética.

No segundo semestre de 1979, mais precisamente em outubro daquele ano, no momento em que os professores de Belém começavam a tomar as ruas em suas marchas, como a Marcha do dia do Professor, que tomou as ruas de Belém, contando com participação de varias entidades, que de alguma forma estavam relacionadas à luta democrática e as organizações de esquerdas, como falado no primeiro capí-tulo deste livro, já era muito perceptível a presença de importantes lideranças da educação nas reuniões que estavam discutindo a fundação do PT no Pará, uma vez que das quinze pessoas participantes da reunião pro - PT, cinco eram professores da Associação dos Professores do Estado do Pará (APEPA), entre os quais "Jaime Teixeira, Wilson Costa (Pipico), Ermelinda Garcia, Regina Mendes, Edilza Fontes (também estudante de história e integrante do Centro Acadêmico da UFPA)".[68]

Nos anos 1980 em diante, ficava ainda mais clara a opção pelo PT, mesmo por aqueles que ainda eram da base, os que não pertenciam aos cargos de direção da APEPA, como dizia o professor Haroldo Soares, mesmo já com um discurso bastan-te ideologizado, sobre aquele momento: "nós entendíamos que o PCdoB tinha uma política muito conciliatória com o Estado e com o governo. E nós em nível de PT, e mais tarde a CUT, era uma política de contestação, uma política inversa.[69] A partir de então, o Partido dos Trabalhadores passou a representar também naquele momento para os professores de Belém, uma nova concepção no agir diante das questões do mundo do trabalho e da sociedade: que seria a disputa pelo poder político local, a partir de um programa e uma ideologia que estivessem rompendo com os ranços políticos do passado.

As principais lideranças do partido nascente, como as lideranças do movi-mento docente de Belém, que também estavam se amadurecendo com as experiên-cias das lutas classistas, mas também sociais, continuavam alimentando a ideia dico-tômica de esquerda e direita a partir de projetos diferentes. E para isso, era preciso ganhar as ruas defendendo a ideia de um partido diferente dos demais. Não a toa

68   *Idem, ibidem*, p. 85.

69   Haroldo Soares. Entrevista em 29 de maio de 2014.

que Telmo Marinho, se referia ao PMDB e justificando o fato de se fundar um novo partido da seguinte forma:

> A depuração feita no PMDB, saindo os chaguistas, os malufistas, os adesistas, fortaleceu a ala liberal do partido. E essa ala liberal praticamente ficará comandando o partido, desta vez mais fortalecido. A crítica que se faz é a seguinte: o PMDB é controlado pelos liberais, que sempre impuseram restrições as lutas populares. O MDB se restringiu apenas a luta parlamentar. As bases praticamente ficaram afastadas do partido porque não eram ouvidas. No Pará tivemos muitos exemplos. Além disso, o programa do partido era tipicamente capitalista. As questões mais avançadas do partido jamais foram colocadas em evidência (...) Com patrões e empregados num mesmo partido, os interesses antagônicos jamais poderão se compatibilizar. Dizem que todo mundo devia entrar para o PMDB para manter a unidade das oposições. Mas a unidade se faz na luta. Não se pode pensar em unidade pela unidade. Então, o PT poderá muito bem se aliar a setores do PMDB, deste que sejam pelos reais interesses populares e pela emancipação da classe trabalhadora.[70]

PT e PMDB passavam a representar diferenças bem perceptíveis do ponto de vista político, ideológico e de projetos para a sociedade, que para os petistas deveria ser uma sociedade socialista. Acreditando nessas convicções, muitos professores passaram a militar tanto na entidade de classe docente, como também na entidade partidária, representada pelo partido dos trabalhadores.

A solidariedade entre os membros do PT e dos movimentos de professores de Belém vai se estreitar cada vez mais ao longo dos primeiros anos da década de 80. Não à toa, que ao cruzar fontes de duas matérias do jornal O Estado do Para, sendo a primeira chamada de "professores vão debater o sindicalismo", o endereço apontado como o lugar para o encontro dos professores era o mesmo assinalado na matéria "nasce um partido sem patrão", onde ficava um núcleo de organização do Partido

---

70   Jornal *O Estado do Pará*, 6 e 7 de janeiro de 1980, p. 5.

dos Trabalhadores, na Avenida Almirante Barroso, nº 938, em Belém. E à medida que a APEPA e, posteriormente, a FEPEP, ganhavam visibilidade, proporcionada principalmente por suas pautas divulgadas na imprensa local, e o PT passa aparecer como uma força política alternativa ao quadro de poder da cidade, as associações aos dois e a geração de críticas a essas relações vão se tornando cada vez mais recorrentes no decorrer da década de 80. As acusações eram as das mais diversas, mas a mais comum era a de "aparelhamento", palavra muito usada pelos partidos e sindicatos, de que a APEPA tinha, por exemplo, se transformado num aparelho do Partido dos Trabalhadores, acusação que era rebatida pelos professores como "sem sentido", pois "a opção partidária é pessoal".[71]

Ainda que membros do movimento docente de Belém argumentassem que o sindicato e o partido tinham objetivos e posições que deveriam se distanciar na sociedade, era inegável a interferência e gerenciamento de um sobre o outro politicamente, tanto na APEPA, como posteriormente na FEPEP, principalmente pelo Partido dos Trabalhadores na primeira metade da década de 80, do século XX. Nesse sentido, a ação coletiva dessas lideranças no momento de formação e consolidação dessa organização classista docente, vai se pautar por uma ação política, e também partidária, e que de certa maneira acaba também despertando apoio de muitos outros professores que não estavam na direção do movimento, mas que ficavam sabendo que "Havia um partido que saiu das lutas do ABC paulista e que era um partido que defendia as causas do trabalhador",[72] e acabavam se identificado também. Haja vista que era uma situação interessante: muitos professores eram próximos, se afinavam com a prática política e ideológica do PT, mas não eram filiados, porém, militavam a luz de ideias ditas de esquerdas. Mas esse sentimento não era geral assim, as concepções mais ditas "tradicionais" da política também eram fortes no seio da categoria, que fazia com que houvesse também uma constante luta desses intelectuais políticos professores por "consciências".

Essa relação das lideranças dos professores com o PT vai acabar estabelecendo certo amadurecimento em relação ao mundo político e institucional, e marcará

---

71   Jornal *Resistência*. Novembro de 1980, p. 10.

72   Rosa Olívia Barradas. 4 de abril de 2014.

profundamente a história da organização dos professores: as divisões e disputas internas pelo poder e controle do sindicato, e externa, pautada também na busca pelo poder político e parlamentar. Nos dois primeiros anos da APEPA, essas divisões internas entre as lideranças existiam, mas não ficavam bem cristalizadas, sobretudo pelo discurso de não se confundir a luta da categoria com as questões mais gerais da política e da sociedade. Argumentava-se que as divergências nesse momento eram mais sobre o encaminhamento das questões relacionadas à luta e organização do movimento do que propriamente políticas / partidárias. Mas a entrada dessas lideranças no PT, vão apenas confirmar que as fissuras e divergências dentro da APEPA iam além do que transparecia nos discursos, pois muitos desses professores passaram, a partir de então, a assumir posições políticas divergentes entre si, que vão transparecer nas tendências que passaram a militar dentro do PT.

O PT então passou a aglutinar diferentes matizes ideológicos e forças políticas no seu interior, que foi uma de suas fortes marcas, principalmente nos anos oitenta, uma vez que havia verdadeiros partidos dentro do próprio PT, que somados por facções e tendências internas, configuravam uma miscelânea de ideias e concepções. Assim, a maioria das principais lideranças do movimento de professores de Belém vai também se diluindo nessas tendências petistas, ficando bem mais claro as divergências que estavam se construindo na direção. Tanto que a professora Venize diz: "aí fica mais claro essas questões políticas, do partido. Por que não pelo PT, mas pelas tendências internas do PT, entendeu? Por que tinha a Convergência Socialista dentro do PT, tinha o MEP que atuava dentro do PT, e outros".[73]

A partir dos anos iniciais da década de 1980, em Belém, sobretudo após os primeiros encontros nacionais e regionais do PT, as divisões internas e a composições de grupos que passaram a disputar internamente o poder no movimento docente e no PT foram bastante acirradas, tanto que: "Era muito forte, que às vezes a disputa não era só política, a disputa às vezes era até mesmo física. Era muito acirrado, era uma disputa de espaço muito grande",[74] e esse é um sentido reforçado pela professora Venize:

---

73   Venize Rodrigues. Entrevista em 21 de maio de 2014.

74   Haroldo Soares. Entrevista em 29 de maio de 2014.

> O movimento do PT nesse período tinha muita disputa, muito racha, muita luta interna. Por que havia um pessoal organizado da igreja, representado pelo povo da Sacramenta, os Bordalos, aqueles pessoal, o Jaime Teixeira que atuava junto com eles e às vezes não atuava. Havia o movimento dos bancários, o movimento dos professores, dos estudantes da universidade, com todas as tendências que eles carregavam de lá do movimento deles, e aqueles que se diziam independentes, que não estavam em nenhum deles.[75]

Reflexo das disputas de esquerdas dentro do PT, também uma série de grupos e tendências político-partidários de esquerdas passaram a exercer influência e o controle no movimento de professores de 1º e 2º graus em Belém, sendo que a maior parte estava ligada ao PT. As principais forças e organizações dentro do movimento docente, de 1979 até 1986, eram: o Movimento de Emancipação do Proletariado (MEP), a Convergência Socialista, a Organização Comunista Democracia Proletária (OCDP), o Movimento Comunista Revolucionário (MCR), o Partido Revolucionário Comunista (PRC), anarquistas e independentes, e a própria Articulação com uma participação mais periférica, entre outros grupos menores que não tiveram expressão mais significativa então. Essas tendências político-sindicais, que controlavam a direção que executava a política tanto na APEPA, como na transitória Comissão Central dos Professores, até a FEPPEP, entendiam que a luta por melhores condições de trabalho e de vida estava relacionada à luta por qualidade de ensino na escola pública, nesse sentido, a luta do movimento tinha um caráter de mudança do próprio sistema político, que era representado pelo regime político vigente no país, uma ditadura militar que possuía como modelo econômico o desenvolvimentismo capitalista.

Essas organizações político-sindicais de esquerda, que vão ter grandes referências e militância junto aos professores de Belém, estavam divididas, sobretudo, do ponto de vista ideológico, em dois grupos: aquelas que eram marxista-leninistas e os trotskistas. Ao longo da década de oitenta, é essa polarização que vai conduzir ar-

---

75   Venize Rodrigues. Entrevista em 21 de maio de 2014.

ranjos e rearranjos dessas organizações, mas os dois principais matizes de pensamento de esquerda são essas duas anteriores. Destaco a seguir algumas das organizações mais influentes e importantes diante do movimento docente de Belém.

O Movimento de Emancipação do Proletariado foi fundado em 1976, e se transformou em uma das principais organizações políticas de esquerda das décadas de 70 e início de 80 do século XX. Atuou em vários movimentos, entre eles, o da Anistia, o estudantil, os sindicais e nos movimentos populares. Defendia um programa socialista para o Brasil, a partir da concepção leninista. O MEP se estruturou nos primeiros anos da década de 80 no Pará, e teve como uma de suas principais lideranças no estado a professora Venize Rodrigues, também importante liderança do movimento de professores. Além de ter também importante atuação no movimento estudantil da capital paraense, contando com a participação de nomes que a época eram estudantes, mas que um pouco mais tarde se destacariam na luta dos professores da educação pública de Belém: como Luiz Araujo e Edmilson Rodrigues. Sobre isso, diz a professora Venize:

> Eu era do MEP, alguns estudantes que a gente influenciava, como o Luis Araujo, o Edmilson. O Luis Araujo foi meu aluno no 'Pedroso'. O Aldenor Junior no 'Pedroso'. Aquelas lideranças que depois foram do PT, por que a gente se organizou junto no MEP, nesse movimento. Professores, alunos e outras pessoas lá da Federal, entendeste? Amigos que atuavam no movimento popular. Então a gente influenciava pessoas pra poder ser do MEP. E com isso você influenciava seus companheiros do movimento sindical, mas não necessariamente eles eram do partido.[76]

Neste momento, o MEP já apontava em seus documentos a importância da luta e das manifestações políticas nacionais que pudessem de alguma forma incorporarem os professores:

> Lançar força na construção de entidades estaduais de massa, e na conquista de entidades sindicais, como também na consoli-

---

76   Venize Rodrigues. Entrevista em 23 de abril de 2014.

dação da organização democrática da categoria. Organizar campanhas e lutas de âmbito nacional que, respeitando as especificidades de cada estado, venham a servir como fator de unificação (...) do movimento.[77]

A partir de 1982, o MEP foi se dividindo, e muitas lideranças que estavam construindo juntos o movimento docente e que pertenciam também aos quadros do MEP, passaram a se situar em bandos opostos após a ruptura, como foi o caso de Edmilson Rodrigues, Venize Rodrigues e Luiz Araújo. Após 1982 e 1983, alguns permaneceram no MEP, como Luiz Araujo, outros foram para o PCB, outros para a articulação, como a professora Venize, que se aproximou do grupo do gráfico Paulo Rocha, e Edmilson Rodrigues, depois de 1983, se dedicou na construção e estruturação no Pará da OCDP, cuja influência passou a ser muito forte a partir dessa data no movimento de professores de 1º e 2º graus de Belém,[78] o que acabou levando Edmilson Rodrigues nesse mesmo ano a ser escolhido o primeiro presidente da Federação dos Professores Públicos do Estado do Pará (FEPPEP).[79] Fato que marcou o surgimento de uma nova geração de lideranças que se originaram no movimento estudantil e que a partir de então passaram a ter certa hegemonia no movimento de professores. A OCDP foi um esforço de aglutinação de remanescentes e simpatizantes da Ação Popular Marxista-Leninista (APML), originada de dissidências da Ação Popular. As resoluções do 1o Congresso da OCDP, realizado em maio de 1982, indicam que o grupo apontava desde o início para a participação no PT, reivindicando um programa que procurava combinar a pressão popular à luta institucional[80]. Ao longo dos anos ampliou sua área de atuação, implantando-se, além

---

77 *Apud*: FERREIRA JR, Amarílio. *Movimento de professores e organizações de esquerda durante a ditadura militar.* In: DAL ROSSO, Sadi et. al. *Associativismo e sindicalismo em educação* – organização e luta. Brasília: Paralelo 15, 2011, p. 56.

78 PETIT, Pere, A Esperança Equilibrista, *Op. cit.*, p. 164.

79 Ata do primeiro Congresso Estadual dos Professores Públicos do Estado do Pará (FEPPEP), em 19 de dezembro de 1983, p. 5 e 6.

80 MENEGOZZO, Carlos Henrique Metidieri. Organização Comunista Democracia Proletária. In: *Coleção Tendências e Partidos Internos ao PT*: Inventário. São Paulo: Centro

do Pará, em São Paulo e Espírito Santo. A seguir, apresento um quadro histórico de como foi se delineando e se formando, ao longo das décadas, o principal grupo de esquerda do movimento de professores até 1986 em Belém.

Quadro 03: Quadro histórico do MCR até 1986

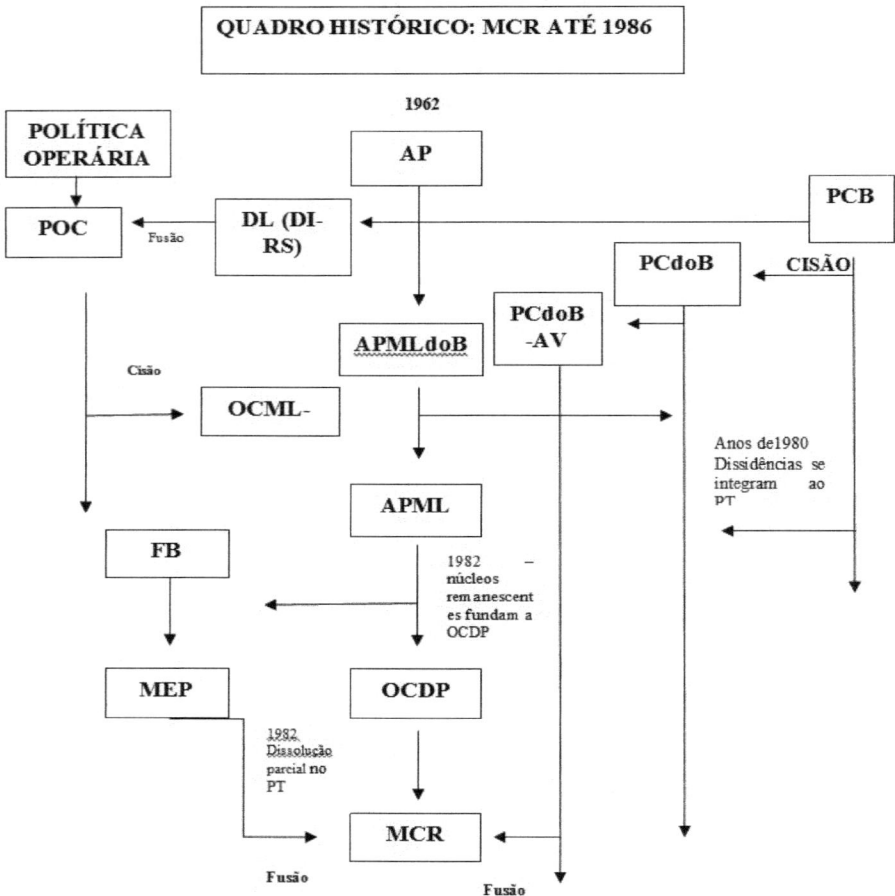

Fonte: Este quadro histórico foi construído a partir das referências de duas obras, principalmente: OZAÍ DA SILVA, Antônio. *História das Tendências no Brasil*: Origens, cisões e propostas. 2ª Ed. São Paulo, S/D. &MENEGOZZO, Carlos Henrique Metidieri. In: *Coleção Tendências e Partidos Internos ao PT*: Inventário. São Paulo: Centro Sérgio Buarque de Holanda/Fundação Perseu Abramo, 2007.

Sérgio Buarque de Holanda/Fundação Perseu Abramo, 2007, p. 47.

A partir de 1984, OCDP integrou uma Comissão Política de Unificação (CPU), formada também pelo Partido (PCdoB-AV) e pelo Movimento (MEP). Dessas discussões, resultou, em 1985, na fusão destas organizações no Movimento (MCR), que a partir de então, passou a exercer enorme influência no movimento de professores em Belém, que segundo Rosa Olivia "o grupo Movimento (Movimento Comunista Revolucionário – MCR) foi o grupo que mais cresceu dentro dessa… Dentro dessa categoria de trabalhadores, foi o grupo que mais cresceu".[81] Sobre a fundação do MCR, Aldenor Junior comentava que "aqui o MCR foi quase uma re-fundação, um reencontro de antigos militantes do MEP".[82]

O MCR considerava que as lutas do dia-a-dia da categoria dos professores deveriam ser acompanhadas também pela luta no parlamento, na institucionalidade. Com o predomínio e alargamento da importância da política do MCR diante dos professores públicos de 1º e 2º graus de Belém, isso proporcionou que pela primeira vez na história do Pará uma liderança do movimento sindical docente das escolas públicas fosse eleita deputado estadual, nas eleições de 1986: Edmilson Rodrigues.

---

81   Rosa Olívia Barradas. 04 de abril de 2014.

82   Aldenor Junior. *Apud*, PETIT, Pere, A esperançaeEquilibrista, *Op. cit.*, p. 164.

Imagem 6: Edmilson Rodrigues, já como deputado estadual, em 1988.

Fonte: Foto Vanildo Maia. Acervo pessoal de Edmilson Rodrigues.

Das várias organizações de esquerda que disputavam a hegemonia e lutavam internamente pelo controle da entidade do movimento de professores de Belém, é de se destacar também a atuação da Convergência Socialista (CS), que de certa forma polarizou muito essa disputa com os professores dos grupos leninistas, desde o MEP, passando pela OCDP até chegar ao MCR. Sobre isso assinala o professor Hamilton, ex-membro da Convergência: "no movimento dos professores, os dois principais grupos que faziam embates políticos eram a APS (o entrevistado estava querendo se referir a organização política liderada por Edmilson Rodrigues na década de 80, que atualmente tem esse nome de Ação Popular Socialista) e a Convergência".[83]

A Convergência Socialista nasceu no final da década de 70 do século XX, como uma organização de orientação trotskista, que veio das discussões da Liga Operária, após alguns anos fundou o Partido Socialista dos Trabalhadores (PST), até o lançamento do movimento Convergência Socialista, em 1978, e sua conso-

83   Hamilton Ramos Corrêa. Entrevista em 07 de março de 2014.

lidação, em 1979. Nesse momento, a Convergência já estava fortemente enraizada nos movimentos estudantis, principalmente de São Paulo, mas também começou sua atuação nos movimentos operários e de trabalhadores de serviços públicos. Já em 1979, os trotskistas participaram da direção das greves dos professores de São Paulo, Minas Gerais e Rio de Janeiro[84]. Segundo PETIT, a Convergência Socialista começa a se instalar e atuar em Belém entre os anos de 1980 e 1981, tendo como suas principais figuras públicas naquele momento João Batista Araújo, conhecido nos movimentos sociais como Babá, Bernadete Menezes e Chiquinho Cavalcante.[85]

A Convergência Socialista sempre se caracterizou pela forte combatividade e críticas às direções de movimentos aos quais fazia parte e as tensões com a direção do Partido dos Trabalhadores. Nos debates advindos do movimento estudantil, e nos encontros em atos e atividades dos militantes das esquerdas em Belém, a Convergência também foi criando suas bases entre algumas das principais lideranças que já despontavam ou que iam despontando nos movimentos sociais da capital paraense naquele momento e que acabaram fazendo a disputa política interna também no movimento dos professores: "ai da convergência éramos eu, Carlos Forte, o Haroldo... Haroldo Soares, a... É... Sueli... A Sueli, Sueli oliveira, não, não era a Sueli Oliveira, esqueci o Sobre nome dela, a Sueli, a Socorro Gomes, a Benedita... ".[86] Contudo, a Convergência Socialista só vai ter uma atuação mais organizada e sólida no movimento docente de Belém a partir de 1982 e início 1983, sobretudo, com a presença do professor Haroldo Soares, que inclusive vai substituir Edmilson Rodrigues na presidência da FEPPEP, em 1985, após articulações entre os dois principais grupos políticos: o MCR e a própria Convergência. Outro aspecto importante sobre a CS diz respeito aos debates para uma fundação ou reconstrução da entidade nacional para o movimento dos professores, pois na época a CS tinha inúmeras críticas a Confederação dos Professores do Brasil. Percebe-se isso no seguinte documen-

---

84 KAREPOVS, Dainis & LEAL, Murilo. Os trotskismos no Brasil. In: RIDENTI, Marcelo & AARÃO REIS, Daniel (ORG). *História do Marxismo no Brasil: partidos e movimentos após os anos 1960*. Campinas, São Paulo: Editora da Unicamp, 2007. 159.

85 PETIT, Pere, A esperança equilibrista, *Op. cit.*, p. 165.

86 Hamilton Ramos Corrêa. Entrevista em 07 de março de 2014.

to da Convergência Socialista sobre o movimento de professores no início dos anos oitenta, citado por FERREIRA JR.:

> Os professores estão entre os setores que mais se enfrentaram com a drástica política salarial do governo. (...) A luta agora é mais gigantesca ainda, construir uma entidade nacional que unifique todas as lutas. Após enfrentar o governo em várias greves, algumas de longa duração, os professores se preparam para conquistar sua entidade nacional, que vai permitir novas lutas e novas vitórias. Esta entidade deve nascer ligada às mobilizações. Depois de ir à greve no Rio de Janeiro, São Paulo, Porto Alegre, Minas Gerais, Paraná, Goiás, e em praticamente todo o país, e de importantes mobilizações em outras cidades, como Manaus, o professorado se volta para a sua organização e para a condução de lutas específicas. (...) Esta entidade tem que ser realmente democrática e representar todos os professores: ser desvinculada do aparelho estatal, ter uma direção eleita diretamente por toda a categoria.[87]

87　FERREIRA JR. Amarílio, *op. cit.*, p. 56 e 57.

Quadro 04: Quadro histórico: o caminho da Convergência Socialista (CS) até 1986

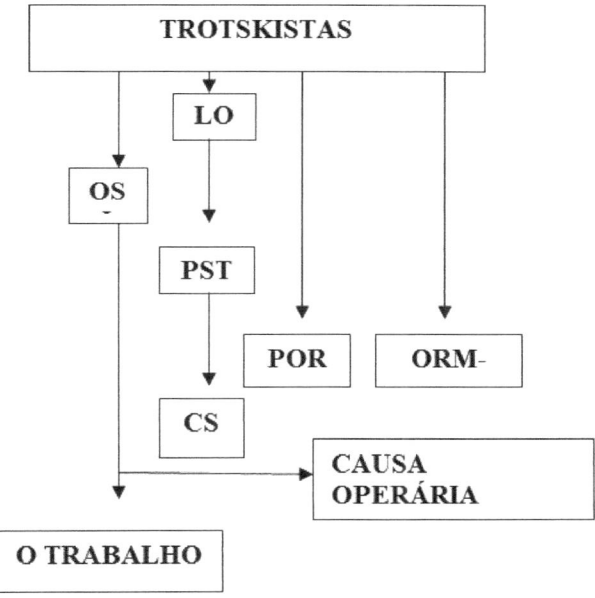

Fonte: Quadro histórico construído a partir das referências de duas obras, principalmente: OZAÍ DA SILVA, Antônio. *História das Tendências no Brasil:* Origens, cisões e propostas. 2ª Ed. São Paulo, S/D. &MENEGOZZO, Carlos Henrique Metidieri. In: Coleção *Tendências e Partidos Internos ao PT:* Inventário. São Paulo: Centro Sérgio Buarque de Holanda/ Fundação Perseu Abramo, 2007.

No Pará a CS se afastava muitas vezes das orientações e da política do MCR, mas havia aspectos que os aproximavam, "nós da convergência e o próprio MCR, que depois vai mudar de nome, contestávamos muito a política da direção majoritária do PT e da CUT, que era dirigida pela articulação, onde o Lula era o grande líder desse setor. O Lula a nível nacional, a nível local o Paulo Rocha, o Zé Carlos que hoje está no PV, Ganzer, a própria Venize (se refere à professora Venize Rodrigues) tinha e acho que ainda tem. Então o embate aí dentro era um negócio muito grande".[88] Nesse sentido, a Convergência Socialista atuou como uma das principais organizações de esquerda que vão está presentes em Belém e no movimento de professores de 1º e 2º graus, mais na maior parte do tempo se colocando como força de oposição ao grupo que dirigia a entidade de classe dos professores.

Quadro 5. Legenda das Siglas das principais organizações de esquerdas

LEGENDA DAS SIGLAS DAS PRINCIPAIS ORGANIZAÇÕES DE ESQUERDAS

AP: Ação Popular
APML: Ação Popular Marxista-Leninista
APMLdoB: Ação Popular Marxista Leninista do Brasil
COLINA: Comando de Libertação Nacional
CS: Convergência Socialista
DL: Dissidência Leninista (Rio Grande do Sul)
FB: Fração Bolchevique da OCML-POLOP
LIBELU: Liberdade e Luta
LO: Liga Operária
MCR: Movimento Comunista Revolucionário
MEP: Movimento pela Emancipação do Proletariado
MRM: Movimento Marxista Revolucionário
OCDP: Organização Comunista Democracia Proletária
ORM-DS: Organização Revolucionária Marxista Democracia Socialista
MR-8: Movimento Revolucionário 8 de Outubro
OSI: Organização Socialista Internacionalista
PCB: Partido Comunista Brasileiro
PC-AV: Partido Comunista – Ala Vermelha
PCdoB: Partido Comunista do Brasil
PCdoB-AV: Partido Comunista do Brasil – Ala Vermelha
PCRB: Partido Comunista Brasileiro Revolucionário
PRT: Partido Revolucionário dos Trabalhadores
POC: Partido Operário Comunista
POLOP: Organização Revolucionária Marxista Política Operária
POR: Partido Operário Revolucionário
PST: Partido Socialista dos Trabalhadores
PRC: Partido Revolucionário Comunista
VPR: Vanguarda Popular Revolucionária

Portanto, essa participação de organizações que tinham em seus discursos e documentos o viés político voltado ideologicamente para as esquerdas, foi marcante no período de 1979 a 1986 dentro das entidades de classe dos professores públicos de Belém, aspecto que foi se fortalecendo ao longo do tempo e acabando por construir

---

88   Haroldo Soares. Entrevista em 29 de maio de 2014.

certa tradição de esquerda nas direções desse movimento docente, que ainda hoje é muito forte, tanto que a entidade atual dos professores, denominada SINTEPP (Sindicato dos Trabalhadores em Educação do Estado do Pará) segue controlada por forças políticas ditas de esquerdas, como a atual APS (Ação Popular Socialista), que é a herdeira política do MCR da década de 80, a CST (Corrente Socialista dos Trabalhadores), entre outras, que em muitos casos estão ligadas a alguns partidos políticos, como: o PSOL (Partido Socialismo e Liberdade), o PSTU (Partido dos Trabalhadores Unificados) e o próprio PT (Partido dos Trabalhadores).

III

POR TRÁS DOS DISCURSOS: HISTÓRIA E EXPERIÊNCIAS DE LUTAS NAS GREVES DOS PROFESSORES DE 1º E 2º GRAUS DURANTE A DEMOCRATIZAÇÃO BRASILEIRA EM BELÉM

É!

A gente quer valer o nosso amor

A gente quer valer nosso suor

A gente quer valer o nosso humor

A gente quer do bom e do melhor...

A gente quer carinho e atenção

A gente quer calor no coração

A gente quer suar, mas de prazer

A gente quer é ter muita saúde

A gente quer viver a liberdade

A gente quer viver felicidade...

É!

A gente não tem cara de panaca

A gente não tem jeito de babaca

A gente não está

Com a bunda exposta na janela

Prá passar a mão nela...

É!

A gente quer viver pleno direito

A gente quer viver todo respeito

A gente quer viver uma nação

A gente quer é ser um cidadão

A gente quer viver uma nação...

É! É! É! É! É! É! É!...

Gonzaguinha

Passo a discutir nesse terceiro capítulo os significados históricos das greves dos professores de 1º e 2º graus paraenses num contexto de tensões e mudanças políticas, sociais e econômicas no país como um todo, e em Belém, em particular, no tempo em que parte da historiografia brasileira atual vem chamando de transição democrática.[1] Nesse sentido, de 1979 até meados da década de 1980 aproximadamente (1986), momento em que a entidade de classe dos professores já era chamada FEPPEP,[2] compreendeu um contexto extremamente significativo de mobilizações, resistência, tensões e negociações desses atores sociais com o governo do Estado, representado não só pelo fortalecimento e construção de sua entidade de classe como também pela deflagração de várias greves (1980, 1983, 1985, 1986),[3] de onde vão emergir a construção de discursos e práticas que disputavam uma representação do real naquele momento histórico, colocando em oposição o governo do Estado e a sociedade civil, representada nesse caso pelos professores. O Estado passa a ser visto, diante de suas contradições, por muitos agentes sociais, como o inimigo que personifica a opressão e a falta de liberdade diante de uma conjuntura política em transformação: processo de "abertura" política, a transição democrática, eleições diretas para governador do Estado, campanha das "Diretas Já", fim do regime militar e

---

1   Como dito no primeiro capítulo, para Daniel Aarão Reis "Chamamos de transição demo-
      crática o período que se inicia com revogação das leis de exceção, os Atos Institucionais,
      em 1979 e termina com a aprovação de uma nova constituição, em 1988". In: REIS FILHO,
      Daniel Aarão. *Ditadura e democracia no Brasil*: do golpe de 1964 à Constituição de 1988. Rio
      de Janeiro: Zahar, 2014, p. 125.

2   Em 1983, no Ginásio do Colégio Nazaré foi realizado o 1º Congresso Estadual dos Professores
      Públicos do Pará. Neste congresso foi decidido um plano de lutas para 1984 e aprovadas pro-
      postas para a reformulação do Estatuto do Magistério, além da participação de várias entida-
      des e convidados. Outro fato importante foi a eleição da 1ª diretoria da Federação Paraense
      de Professores do Estado do Pará (FEPPEP), tendo como presidente o professor Edmilson
      Rodrigues. O caráter classista da FEPPEP se reafirma com a filiação à Central Única dos
      Trabalhadores (CUT) (Cf: Ata do I Congresso dos Professores Públicos do Estado do Pará.
      Ginásio de Esporte do Colégio Nazaré, Belém. Lavrada em 19 de dezembro de 1983, p. 1-3).

3   PINHEIRO, Ivone Nonata Carvalho. *Trajetória de luta*: construção e atuação do movimento
      sindical dos Trabalhadores em Educação Pública de Belém do Pará (Sintepp). Monografia.
      Universidade Federal do Pará, Faculdade de História, Belém, 2007.

também a "democratização da estrutura sindical, liberdade e autonomia dos sindicatos e o fim da legislação restritiva ao direito de greve.[4] Mas, apesar dessas mudanças liberalizantes e democráticas, a repressão e criminalização dos movimentos grevistas dos professores, ao longo dos governos estaduais de Alacid Nunes (1979-1982) e Jader Barbalho (1983-1987) foram consideradas extremamente duras. Essas greves tiveram também como marca a violenta repressão dos aparelhos do Estado para combater o movimento dos professores através de diferentes estratégias, como prisão e demissão de vários professores e servidores, além do uso da imprensa como importante campo da produção social da memória e do significado do movimento social. Então, procuro nesse capítulo perceber os mecanismos e formas de mobilização dos professores e os seus principais instrumentos de luta e organização, que foram principalmente através das greves, e por outro lado, como o governo estadual paraense, tanto de Alacid Nunes, como o de Jáder Barbalho, se posicionaram diante desse cenário.

Apontamentos para a história do Pará e de Belém no contexto da transição democrática do Estado brasileiro (1979-1986)

> É para abrir mesmo e quem quiser que eu não abra, eu prendo e arrebento.[5]

O último general-presidente que encerrou o ciclo do regime militar da história brasileira recente foi João Baptista Figueiredo (1979-1985), que herdava do seu antecessor, Ernesto Geisel, um modelo lento, gradual e seguro de liberalização democrática do Estado brasileiro. Geisel, juntamente com seu principal articulador e ideólogo, Golbery do Couto Silva, buscou ao mesmo tempo institucionalizar o

---

4   BOITO JR., Armando (org.). *O Sindicalismo Brasileiro nos Anos 80*. Rio de Janeiro: Editora Paz e Terra. 1991, p, 17.

5   *Apud* 1979, ano da Anistia, verbete 2318, em Darcy Ribeiro, Aos trancos e barrancos: como o Brasil deu no que deu (T&B). Cf. LOPEZ, Adriana & MOTA, Carlos Guilherme. *História do Brasil*: uma interpretação. São Paulo: Editora SENAC, 2008, p. 858.

regime e restabelecer as liberdades democráticas, mas por um caminho que às vezes beirava a contradição, entre idas e vindas em relação a uma maior distensão, mas, sobretudo, mostrando que o Governo Federal tinha o absoluto controle sobre essa abertura, sabendo à hora de avançar e recuar, como foi no caso em 1977, quando de uma crise com o congresso nacional, que havia recusado uma reforma do judiciário, Geisel recorreu ao AI-5 para fechar o Congresso, impondo uma série de medidas que de alguma forma buscavam arrefecer o desempenho das oposições e mostrar que as discussões da volta de um Estado democrático de direito no Brasil deveriam está sempre de forma verticalizada, mas de cima para baixo. Essas medidas jurídicas-políticas ficaram conhecidas como "pacotes de abril" e "prorrogaram o mandato do futuro presidente, impôs eleições indiretas aos governadores (na prática eram nomeações), impõe ao senado dezessete senadores "biônicos", por ele nomeados, para garantir maioria do governo no congresso, fixa o número de deputados por estados sem atenção às diferenças populacionais (...)".[6] Então, mesmo existindo uma memória de Geisel como o presidente da distensão rumo à democracia, a história e os sujeitos não se apresentam de forma linear e contínua, tanto que quando questionado a esse respeito e sobre medidas que teve que tomar em seu governo, ele disse: "nossa democracia não é igual às outras (...) democracia é relativa",[7] ou a fórmula dita por Gaspari: "havia uma ditadura sem ditador. No fim do seu governo, havia um ditador sem ditadura".[8]

O governo não contava que a partir desse mesmo ano, 1977, o palco de disputa e negociação passaria não serem somente os gabinetes político-partidários, mas também nas ruas das principais cidades brasileiras, primeiro pelos movimentos estudantis, por órgãos da sociedade civil e depois pelos trabalhadores, como operários e os da "classe média". Antes de deixar a presidência, já no apagar das luzes, em dezembro de 1978, Geisel tomou medidas que seriam cruciais para a condução do governo do seu sucessor: a revogação dos atos institucionais que ainda vigoravam.

---

6   LOPEZ, Adriana & MOTA, Carlos Guilherme. *Op. Cit.*, p. 804.

7   NAPOLITANO, Marcos. *1964: História do regime militar brasileiro*. São Paulo: Contexto, 2014, p. 257.

8   Cf. NAPOLITANO, Marcos. *Op. Cit*, p. 229.

Era nessa conjuntura, muito mais tensionada devido às pressões das ruas que se tornava cada vez maior, que no dia 15 de março de 1979, João Baptista Figueiredo toma posse em Brasília. Figueiredo tinha uma imagem pública de um homem duro e sisudo, muito combinada pela sua passagem como chefe do Serviço Nacional de Informação (SNI), mas que o marketing autoritário passou logo a tentar modificar, mostrando um Figueiredo simpático, vigoroso e que falava a língua do povo, um presidente que o Brasil precisava para enfrentar os novos tempos, em que a abertura passava a ser a agenda prioritária da sociedade brasileira.

É inegável que o Brasil a partir de 1979 tinha um regime político e uma sociedade numa nova fase, o que leva hoje a historiografia ter interpretações diferentes a respeito se a partir desta data a ditadura ainda sobrevivia no país. Um dos maiores defensores de que a partir do governo de João Figueiredo não havia mais uma ditadura no Brasil é o historiador Daniel Aarão Reis, que entende que como havia:

> Ausência de leis de exceção; liberdade de imprensa; funcionamento regular dos tribunais; restabelecimento pleno do instituto do habeas corpus; pluralismo partidário e sindical; eleições regulares disputadas por diferentes partidos, com o reconhecimento dos eleitos; poderosos movimentos sociais – greves gerais e manifestações políticas – desenvolvendo-se livremente; inexistências de presos e exilados políticos.[9]

Portanto, para esse historiador, não havia ditadura mais no Brasil, mas a democracia ainda não tinha chegado. Ora, como tido acima, não tem como não perceber as mudanças em termos liberalizantes e democráticos no Brasil. Como exemplo, podemos falar da imprensa, que mesmo ainda controlada e sob certa pressão, gozava a partir de então de uma liberdade não vista em anos anteriores. Os jornais paraenses, como *O liberal* e *O Estado do Pará* publicavam matérias sobre política, economia e as questões trabalhistas, como as greves, após 1978 e 1979 que antes não apareciam. Ou o próprio jornal Resistência, que até lista de agentes do SNI no Pará estampou em suas páginas, algo impensável antes. No entanto, mesmo diante

---

9   REIS FILHO, Daniel Aarão. *Op. Cit.*, p. 126.

desse quadro, entendo que aquilo que caracterizaria uma ditadura, como a vontade e poder arbitrário de um governante em fazer e desfazer leis existia durante o governo Figueiredo, só não usado por uma questão conjuntural. Outro aspecto importante é pensar que havia um clima entre as pessoas de medo ainda, pois o Brasil era governado por um General-presidente, que mantinha os principais órgãos de segurança e de informações em vigor, alguns só extintos no final de seu governo. É preciso lembrar que o SNI, por exemplo, foi bastante reforçado durante a gestão do general Otávio de Medeiros, no governo de Figueiredo.[10] E esse medo era não só da sociedade civil, como da própria extrema-direita que temia o desmonte dos aparelhos repressivos do estado e a democratização, praticando inúmeros atentados no Brasil. Nesse sentido, a própria prática de posturas e posições autoritárias nos anos oitenta mostrava como tão vivo estava na experiência das pessoas os anos de ditadura, e que a troca para um presidente civil, mesmo considerando suas profundas relações com o antigo regime, eram essenciais para romper com os vinte e um anos anteriores. A expectativa era enorme e tão esperada por muitos setores da sociedade, que no dia e após a vitória de Tancredo Neves no colégio eleitoral as pessoas tomaram as ruas das principais cidades brasileiras para comemorar através de "festas da vitória", mas que tinham um significado diferente de simplesmente comemorar a vitória de um candidato ou partido, mas o rompimento e esperança que esse fato significava um rompimento com um passado político, tanto que, por exemplo, Belém festejou e parou as principais esquinas da cidade de Belém para festejar e comemorar a vitória de Tancredo.[11] Portanto, o desmonte dos aparelhos repressivos da ditadura não se deu no mesmo ritmo das políticas de abertura política e democrática vivenciada pelo país. Essas práticas se desnudam não somente de forma clandestina, mas é explicada, sobretudo, por uma cultura política[12] autoritária que se constituiu no próprio modo de

---

10   FICO, Carlos. *Como eles agiam*: os subterrâneos da ditadura militar – espionagem e polícia política. Rio de Janeiro: Record, 2001, p. 216.

11   Jornal A Província do Pará, 16 de janeiro de 1985.

12   Cultura Política no sentido atribuído por Lynn Hunt, "como valores, expectativas e regras implícitas que expressaram e moldaram as intenções e ações coletivas ..." HUNT, Lynn. *Política, cultura e classe na Revolução Francesa*. São Paulo: Companhia das Letras, 2007, p. 31

pensar das pessoas, principalmente ligadas aos órgãos repressivos, como das forças policiais, expressa no excessivo uso da violência em muitos casos, como na repressão a uma greve, que veremos dessa livro mais a frente quando tratarmos das medidas repressoras as greves dos professores em Belém.

O governo de Figueiredo foi de transição, e contou com o controle do processo político por um grupo de "liberais conservadores", que passaram a ter como um dos principais desafios o controle da inflação e a estabilidade econômica, mas sem grandes mudanças no modelo sócio-econômico. Ao longo do seu governo, se deixou animar pela política, pois pavimentou, sem dúvida nenhuma, o caminho para a abertura política, com medidas logo no seu primeiro ano de governo: em agosto, aprovou no Congresso Nacional a Lei da Anistia, "questão vital para que o Brasil abandonasse o regime autoritário e reintegrasse na sociedade e na política milhares de exilados políticos que tinham fugido do país ou sido perseguidos no exterior desde 1964",[13] em novembro de 1979. Com o crescimento eleitoral das oposições no sistema de bipartidarismo, o governo Figueiredo reformulou a legislação partidária, criando o pluripartidarismo, estratégia para dividir as oposições, enquanto o governo se reagrupava e concentrava sua atenção e força no PDS (Partido Democrático Social), sucessor da ARENA.[14] E por fim, em função do clima, clamor e pressão popular, representado por instituições da sociedade civil, como a OAB, ABI, SBPC, Comissão de Justiça e Paz, CNBB, Sindicatos dos jornalistas, ADUSP, alguns jornais e personalidades, o governo estabeleceu, em 1981, eleições diretas para todos os cargos executivos, com exceção para o de presidente e de prefeituras das capitais e das áreas de segurança nacional. Enfim, a partir de 1979, o sistema político brasileiro parecia mais aberto do que em qualquer outra época desde 1968.[15]

Se no campo político, mesmo diante da efervescência da sociedade civil, o governo dava passos largos e decisivos ao processo de abertura para a democratização, não poderia ficar tão confortável quando o assunto era a economia brasileira, que diante de grave crise econômica, teve que buscar planos econômicos para ameniza-

---

13   SKIDMORE, Thomas. *Brasil: de Castelo a Tancredo*. Rio de Janeiro: Paz e Terra, 1988, p. 422.

14   *Idem*, p. 428.

15   *Ibidem*, p. 424.

-la, o que fez com que muitos analistas etiquetassem esse momento da década de 80 como "década perdida", em que os trabalhadores e assalariados de classe média foram os mais atingidos, entre eles os professores da educação pública, provocando marcas profundas nas suas experiências de lutas nesse período como resposta a essa situação.

Num contexto internacional marcado por profundas mudanças e crises econômicas, o Brasil durante o governo Figueiredo não conseguiu escapar disso: explodiu uma grande crise econômica, as taxas de crescimento caíram, disparando a inflação e os índices de desemprego. Mas o governo sabia que como estratégia essencial para a política de abertura era necessário o controle sobre os trabalhadores, algo que não foi fácil devido um desprestígio cada vez maior do próprio governo. A elevada inflação e as taxas de perdas salariais iam corroendo a possibilidade de uma melhora na qualidade de vida desses trabalhadores.

Quadro 6: Inflação e perda de salário real no Brasil entre 1979 e 1984

Inflação no Brasil		Perda de salário real entre 1979 a 1983	
Ano	Inflação	Faixa salarial	Perda %
1980	110,2%	Até 3 salários mínimos	11,2%
1981	95,2%	De 3 a 10 salários mínimos	35,6%
1982	99,7%	De 10 a 20 salários mínimos	20%
1983	211,13%	Mais de 20 salários mínimos	40%
1984	223,77%		

Fonte: Quadro construído a partir das informações disponíveis In: MOTA, Carlos Guilherme (Org.). *Viagem Incompleta*: a experiência brasileira (1500-2000) – a grande transição. São Paulo: Editora SENAC, 2000, p. 206.

A situação da inflação foi tão alarmante durante o governo Figueiredo, que em 1979 o ministro do Planejamento, Delfin Neto, chegou a responsabilizar os reajustes dos salários como os grandes culpados pela alta da inflação,[16] o que provocou reação imediata e enérgica dos sindicatos, rebatendo sua fala ao dizer:

> Ridícula, grosseira, sem fundamento científico, ele está queren-
> do responsabilizar os trabalhadores pelo fracasso da política go-
> vernamental e já começa a justificar a repressão que está aumen-

---

16   Jornal *O Liberal*, 4 de outubro de 1979, p. 4.

tando e deverá ser ainda maior a partir de novembro, quando começa a funcionar a nova política salarial.[17].

Nesse sentido, a primeira metade da década de 1980 foi dramática para os trabalhadores brasileiros, o desemprego e taxas de reajustes salariais que não acompanhavam os índices inflacionários galopantes registrados, junto com uma grave crise da economia internacional dos principais países capitalistas, aliados as novas liberdades democráticas e de organização, possibilitaram um campo fértil para as lutas, não só por salários, mas também por um quadro positivo para disputas pelo poder político de projetos para a sociedade.

O Pará, e por conseqüência Belém, nesse contexto de transição democrática, acabaram tendo sua vida política e sociais diretamente relacionadas a essa conjuntura nacional e também internacional. O início de 1979 foi marcado no plano político regional pela indicação, através do "setor moderado" das Forças Armadas (Geisel, Cordeiro de Farias...), de Alacid Nunes para assumir novamente o mandato de governador. A sua escolha, indireta,[18] foi referendada pela Assembleia Legislativa Paraense, o que o levou a assumir o mandato de governador no período de 1979 a 1983. Ao longo de seu mandato, Alacid Nunes fez uso de algumas estratégias para a manutenção e/ou ampliação da sua influência e poder, através, sobretudo de uma política municipalista. Nesse seu segundo mandato de governador, ele passou a investir numa prática que os seus antecessores tinham implementado, mais deixavam a cargo dos deputados aliados efetivaram: era uma política de distribuição e controle de cargos e funções públicas nos interiores do estado para seus apaziguados da base

---

17   Jornal *O Liberal*, 5 de outubro de 1979, p. 7.

18   Após as eleições de 1974 e de estudos do Serviço Nacional de Informações (SNI), o governo percebeu que as oposições cresceram e passavam a ameaçar o domínio da Arena e do projeto de abertura lento, gradual e seguro. Então o governo Geisel fez uma reforma na legislação eleitoral, que ficou conhecida como "Pacote de Abril", que alterava as regras eleitorais, sendo uma delas a promulgação da eleição indireta para os cargos de governadores dos Estados. Cf.: ALVES, Maria Helena Moreira. *Estado e oposição no Brasil* (1964-1984). Petrópolis, RJ: Editora Vozes, 1984, p. 192

de apoio,[19] como o caso do deputado Zeno Veloso em fins da década de 1979, que teve grande repercussão na imprensa local. Ele era tido por muitos de seus opositores como um verdadeiro proprietário do "feudo de Almeirim", pois segundo a imprensa este deputado tinha nomeado "do prefeito ao último inspetor do quarteirão",[20] o que de pronto foi negado por ele. Alacid, a partir de seu segundo mandato, passou a centralizar e controlar mais diretamente essa questão dos cargos políticos, fortalecendo seus tentáculos políticos nos municípios paraenses, mas sob a reação de muitos aliados. O governo de Alacid Nunes aconteceu num momento de muita instabilidade econômica, rearranjos políticos e de grandes mudanças no Pará e na Amazônia e na própria relação de poder no interior das forças armadas, que mostrava cada vez mais suas contradições e fissuras, e isso acabou por interferir no governo de Alacid Nunes, que em função da Amazônia viver um ritmo acelerado de expansão da fronteira econômica, ao mesmo tempo em que o país vivia uma crise energética, inflação elevada, grande concentração de renda, aliado a demandas por serviços, provocaram medidas de contenção de gastos e de investimentos do Governo Federal no estado do Pará",[21] que acaba impactando várias áreas de atuação do governo, sobretudo na questão habitacional, de estrutura urbana e educacional.

No transcorrer da gestão de Alacid, as relações institucionais com o Governo Federal de João Figueiredo se deterioraram em função da questão de repasse de recursos para o estado e das próprias relações políticas que se apresentavam nos corredores e gabinetes do planalto, expondo uma ferida ainda aberta na polaridade da disputa por espaço e poder na política paraense entre alacidistas e jarbistas. Já apontando para uma dissidência, o governo de Alacid Nunes passou a apontar na direção de críticas bem acentuadas em relação à União, que, segundo o governo estadual, despeitava e marginalizava o Estado do Pará, sobretudo no que dizia respeito aos recursos federais, que em outras unidades estaduais eram aplicados: "Entre todos, o Estado do Pará é o mais penalizado, vitimado, inclusive, por uma administração paralela, a dispensar recursos e a dispensar os esforços de milhares de funcioná-

---

19   Jornal O Estado do Pará, 03 de janeiro de 1979.

20   Jornal O Estado do Pará, 03 de janeiro de 1979.

21   Mensagem à Assembleia Legislativa do Estado do Pará, março de 1980, p. 19.

rios paraenses".[22] É perceptível a referência ao governo federal de Figueiredo e pro-vavelmente a influência política de Jarbas Passarinho em Brasília, que na opinião do governo estadual paraense queria prejudicar a administração de Alacid Nunes, através de um "governo paralelo". E em seguida na mesma mensagem diz "é grave, também e finalmente, por que aos paraenses vem sendo negado, sistematicamente, o apoio da União para encontrar o caminho do desenvolvimento econômico e so-cial". Argumentação que era veementemente negada pelo lado dos jarbistas, como na defesa do Deputado Ronaldo Passarinho, que dizia na tribuna da Assembleia Legislativa do Estado que argumentos desses são apenas para mostrar o ódio que os alacidistas cultivavam em relação a Jarbas Passarinho.[23]

O racha entre os coronéis exacerbou as retaliações mútuas entre jarbistas e alacidistas. Os jarbistas passaram a dispor, então, do calor do Palácio do Planalto e do monopólio dos cargos Federais no Pará. Os alacidistas, em contrapartida, pas-saram a controlar a máquina administrativa estadual. As eventuais exceções apenas confirmavam a regra. A partir do rompimento com Jarbas Passarinho e de fazer mi-grar para o PMDB seu grupo parlamentar, Alacid Nunes passou a ser hostilizado pelo Palácio do Planalto, sob a acusação de ter traído a confiança do presidente João Figueiredo, e que segundo Alacid:

> Pra vocês terem uma ideia, o General Figueiredo veio a Belém
> para a campanha do Oziel, a pedido do Passarinho, fez um comí-
> cio na praça do relógio, aqui em Belém e ele, Figueiredo, chegou
> a me chamar de traidor... Chegou a me chamar de traidor. Bem,
> eu não respondi nada, não tomei conhecimento das acusações,
> mas procurei fazer... Dar o resultado... Dar a resposta no resul-
> tado da eleição. Elegi o Jader.[24]

Durante o governo de Alacid Nunes no Pará aconteceu o que a primeira vista era inimaginável. Como resultado de suas divergências com Jarbas Passarinho e in-

---

22   Mensagem à Assembleia Legislativa do Estado do Pará, março de 1982, p. 24.

23   Jornal *O Estado do Pará*, 12 de novembro de 1980, p. 5.

24   Alacid Nunes. Entrevista em 27 de março de 2014.

teresses políticos daquele momento, Alacid Nunes, então cumprindo seu segundo mandato como governador do Pará, rompeu definitivamente não só com seu mais proeminente inimigo político, mas com o próprio presidente da República, João Baptista Figueiredo. Alacid simplesmente fez seu bloco de sustentação parlamentar abandonar o PDS e migrar para o PMDB, viabilizando e substanciando dessa forma a candidatura do então deputado federal Jader Barbalho ao governo do Pará, em 1982.

Observem que mesmo dentro de um contexto vivenciado por uma ditadura civil-militar, as questões não se apresentam de forma estanque, fechado, ou preto no branco. Alacid Nunes que representava claramente, principalmente para os movimentos sociais do Pará e de Belém, a ditadura que já estava a tantos anos no poder, agora aparecia sendo o principal aliado político daquele que se apresentava como a renovação, a ruptura com esse mesmo passado: Jáder Barbalho, que conseguia unir muitos setores da esquerda e da oposição de então, com exceção do PT, que lançou candidato próprio para o governo do estado nessas eleições de 1982.[25]

Jáder se elegeu, com o apoio de Alacid, mais, sobretudo, com o apoio dos movimentos sociais e dos políticos progressistas paraenses, assumindo compromissos de mudanças de prioridades na agenda do governo estadual, o que representava uma esperança pra população paraense de que tempos melhores se avizinhavam. Entre os professores, que já tinham uma base petista bem consolidada, principalmente nos quadros de sua direção sindical, muitos acabaram envolvidos e acreditando nessa ideia que Jáder representava a democracia que estava chegando ao país em contraposição ao "partido" dos militares, expressado através do que se chama de voto útil em Jáder. O professor Hamilton Ramos Correa, uma das principais lideranças dos professores na década de 80 dizia: "eu votei no Jader, porque o Oziel Carneiro claramente ele era é... Ele estava vindo da ARENA, pois votei no Jader em função dessa conotação...".[26] Jáder logo enfrentou a dura realidade da economia brasileira batendo em suas portas, e a pressão dos movimentos populares e sindicais do estado e principalmente da capital paraense, que cobravam a fatura pelo apoio a ele, e em ou-

---

25   PETIT, Pere. *A esperança equilibrista: a trajetória do PT no Pará*. Belém: Boitempo Editorial, 1996, p. 106.

26   Hamilton Ramos Corrêa. Entrevista em 07 de março de 2014.

tros casos ansiosos por melhores condições de vida e por mais dignidade e cidadania na nova república que sonhavam que se aproximava. Essas expectativas logo foram transformadas em frustrações, tanto que a partir do seu primeiro ano de governo, se tornou comum nas ruas de Belém, durante manifestações e atos de protesto, o coro direcionado a Jáder "O povo elegeu, mas já se arrependeu".[27]

Tanto Alacid Nunes como Jáder Barbalho administraram o estado em momentos de profundas mudanças na sociedade paraense. Em que o reflexo dessas transformações e dificuldades podem ser observados na própria capital, Belém. Cidade que a partir de sua estrutura, ligada a agência dos sujeitos sociais que a vivenciavam, vai marcar profundamente a experiência de vida e de luta, principalmente dos professores, que eram um dos personagens chaves nesse contexto da cidade, que vão a influenciar na sua história e ser influenciados por ela.

Ao longo dos séculos, a cidade de Belém sempre foi se modelando e se recriando, ganhando novos espaços e formas de ocupação. E um capítulo importante dessa história se aprofunda a partir dos anos 70 e 80 do século XX, quando Belém passa por um processo de crescimento urbano e incremento populacional impressionante, sobretudo, nas áreas mais baixas, próximas ao rio e aos canais da cidade, que marca a trajetória e as experiências dos seus moradores. Essa grande imigração, que provocou um aumento populacional acelerado em pouco tempo, durante a década de 70 e os anos oitenta (conforme quadro de crescimento populacional das cidades do norte do país abaixo), que se deu principalmente do interior do Estado para Belém, de pessoas que chegavam com o sonho de uma vida melhor, mas também, sobretudo, empurradas pela grilagem, pelo latifúndio nas áreas dos interiores paraenses e também pela chegada dos grandes e médios projetos na Amazônia, que se deu a expulsão dessas populações do campo para a cidade, provocando um grande aumentou populacional em Belém e a oferta de mão de obra barata para os serviços urbanos, piorando muito a qualidade de vida das pessoas e automaticamente aumentando a demanda por serviços públicos, processo que os governadores paraense do período, Alacid Nunes e Jáder Barbalho, juntamente com os prefeitos da capital, que até 1985 eram indicados pelo governador, acabaram não conseguindo acompanhar

---

27   Jornal *A Província do Pará*: 02 de setembro de 1983. P. 11.

no mesmo ritmo a prestação desses serviços essenciais a essa população belemense, principalmente em termos de saneamento e educação, provocando uma grave crise social na cidade, sobretudo entre as populações mais pobre e de classe média.

Quadro 7: Número de habitantes das capitais da Região Norte brasileira: 1900-1985

	População presente							
	1900	1920	1940	1950	1960	1970	1980	1985
Porto Velho	...	...		27.244	5.0695	8.4048	133.898	
Rio Branco	...	19.930	16.038	28.246	47.437	83.977	117.103	
Manaus	50.300	75.704	106.399	139.620	173.703	311.622	633.392	
Boa Vista	...	...	...	17.247	25.705	36.464	67.047	
Belém	96.560	236.402	206.331	254.949	399.222	633.374	933.287	1.116.578
Macapá	...	...	...	20.594	46.777	86.097	137.451	

Fonte: IBGE, Diretoria Técnica, Departamento de Censo Demográfico. Tabela adaptada de: Anuário estatístico do Brasil 1983. Rio de Janeiro: IBGE, v. 44, 1984 & IBGE, Diretoria de Pesquisas e Inquéritos, Departamento de População, Tabela extraída de: Anuário estatístico do Brasil 1986. Rio de Janeiro: IBGE, v. 47, 1987.

Aliado a esse crescimento populacional vertiginoso de Belém como referido acima, a crise econômica vivenciada pelo país atingiu em cheio à sua população, principalmente a grande parcela mais pobre. Os índices do custo de vida[28] em Belém nos anos finais da década de 1970 e iniciais dos anos 1980, marcados por um processo de inflação nacional elevado no contexto nacional, que passa a ocasionar uma situação de permanente crise no sistema econômico brasileiro, atinge níveis altíssimos, impactando profundamente na vida das pessoas da cidade, pois o custo de vida que era de 53,95% no final de 1979, passou para 80,0% em 1981, e chegou a 98,22% em Belém, no ano de 1982, maior inclusive do que a média nacional, que nesse ano foi de 97,87%,[29] e chegando aos incríveis patamares de aproximadamente 227% no final de 1983. A esse respeito, conforme o jornal, dona Claudemira Lopes, moradora do bairro da Pedreira em Belém, falava:

28   O custo de vida era um índice de preço ao consumidor, que levava em consideração bens e serviços, tais como: alimentação, vestuário, habitação, artigos de residência, assistência à saúde e higiene, serviços pessoais e serviços públicos.

29   Jornal *O Liberal,* 11 de janeiro de 1983.

> Os preços estão assim, a carne está muito cara, tá 70, 80 cruzeiros o quilo. Mas o que está mais difícil de se comprar é o feijão que tá 80 cruzeiros o quilo. O feijão que era comida de pobre, agora está comida de rico. A farinha que está também um bocadinho cara. Mais o que mais me preocupa mesmo é a luz: eu tenho dois bicos e pago quase mil cruzeiros. Eu reclamo, já fui duas vezes reclamar, por que eu não ganho muito, eu faço uns Cr$ 1.400,00. Se não fosse os meus filhos eu nem sei o que seria. Se é o governo o culpado, eu não sei. Só sei que as coisas do jeito que vão só vão piorar.[30]

Belém, nesse período, passou a ser uma cidade onde os contrastes se tornaram muito fortes na estrutura social, econômica e urbana na cidade entre os diferentes grupos sociais que a compunham, provocando um processo de desigualdade e exclusão social marcante que ainda hoje são perceptíveis. Muito provavelmente esse tenha sido um processo nacional, mais em Belém foi muito aprofundado, pelas próprias condições de vida e sobrevivência de boa parte de sua população, sendo também os professores agentes ativos impactados e interagindo com esse processo.

Um importante estudo sobre as condições de vida da população brasileira que vivia nas capitais dos estados foi realizado em 1990 por dois técnicos do IBGE, lotados através do convênio com o IPEA e INPES, que qualificaram a população pobre no Brasil nos anos 80 do século XX, levando em conta um índice a partir de aspectos tais como: qualidade de vida, infraestrutura urbana, inserção no mercado de trabalho e educação, além da renda. Modificando uma literatura que normalmente associava a questão da pobreza comente a renda, e o trabalho deles associou esses dois aspectos. Os pesquisadores chegaram à seguinte conclusão:

---

30 Jornal *Resistência*, novembro de 1980, p. 4.

Quadro 8: Números de pobres em relação à população total

Regiões metropolitanas	1981	1983	1985	1986
Belém	50,9	57,6	43,8	45,9
Fortaleza	54,0	56,2	36,6	30,1
Recife	55,6	56,6	47,5	39,9
Salvador	43,1	43,8	39,5	37,5
Belo Horizonte	31,3	44,1	36,1	26,4
Rio de Janeiro	27,2	34,7	36,8	23,2
São Paulo	22,0	34,4	26,9	16,9
Curitiba	17,4	29,6	24,3	10,5
Porto Alegre	17,9	29,7	23,3	16,3

Fonte: ROCHA, Sônia & VILLELA, Renato. Caracterização da Subpopulação pobre metropolitana nos anos 80. *Revista Brasileira de Economia*. Rio de Janeiro, nº 44, jan. – mar. 1990, p. 51.

Podemos observar nos números acima, que a Região Metropolitana de Belém viveu um quadro dramático, na década de 1980, em relação à qualidade de vida para uma boa parte de sua população, especialmente a população mais pobre da cidade, formada pelos moradores das áreas periféricas, trabalhadores e também a classe média assalariada. Essa questão das condições de vida da população belemense refletiu na ocupação do espaço urbano e do próprio direcionamento dos recursos do estado, em virtude principalmente das pressões dos movimentos populares e sociais, como foi o caso da Comissão dos Bairros de Belém (CBB). Sendo que a partir de então, por exemplo, as baixadas de Belém apareciam como um grave problema social e de infra-estrutura da cidade, tanto que um dos principais programas e de direcionamento de recursos foi o Plano de Ação Integrado das Baixadas, no governo de Jáder Barbalho, que realizou algumas obras para proporcionar melhores condições de vida as populações daquelas áreas, ofertando água, energia e condições menos críticas de acesso, através da construção de 130 km de estivas,[31] que são pontes de madeiras sobre áreas geralmente alagadiças, para a circulação de pessoas. Os governos estaduais nesse período, em parceria com as prefeituras da região metropolitana, passaram a estimular a estruturação dos distritos industriais, como o de Ananindeua e de

---

31   Mensagem à Assembleia Legislativa do Estado do Pará, março de 1985.

Icoaraci, justamente para permitir um aumento na oferta de emprego nesses lugares e daí oportunizar, através de aparentes boas condições de habitação, reduzir esse dramático problema das populações das baixadas de Belém.[32]

A questão da moradia, de ter onde morar e em condições razoáveis para isso, foi um fator muito presente no cotidiano de Belém desde finais dos anos 1970. Por exemplo, em 1980, pela ocasião da visita do presidente João Figueiredo para participar de sessão solene em relação ao Pacto Amazônico, no Teatro da Paz, moradores e movimentos sociais e populares fizeram um protesto pelo direto de morar e de forma digna, várias faixas foram estendidas, como "A Pedreira com Figueiredo pelo direito de morar", "Terra para os que nela moram", "Benguí: sofremos a necessidade de terrenos para fazermos nossas casas", entre outras demandas, mas o movimento logo foi sufocado pelo aparelho repressivo de agentes da Polícia Federal, do DOPS e das próprias Forças Armadas que tomaram as faixas, realizaram prisões e isolaram os descontentes das mediações do evento, argumentando que a ação era em virtude de ordens superiores.[33]

Esse preâmbulo sobre as condições urbanas e socioeconômicas de Belém é necessário pois grande parte dos professores da cidade experenciavam esse modo de vida e suas ações como sujeitos estavam muito relacionados a essas condições objetivas e subjetivas relacionadas as suas experiências cotidianas. Os professores da educação pública de Belém viviam essa realidade difícil do ponto de vista das liberdades democráticas e econômicas, principalmente para os que sobreviviam dos seus salários, que se tornavam cada vez mais insuficientes à medida que a crise econômica e social se aprofundava. Grande parte deles, que atuaram na docência durante as décadas de 70 e 80, vinham de famílias de migrantes dos interiores paraenses ou de origens familiares consideradas modestas do ponto de vista financeiro, e vislumbravam a atuação na educação, como professores, como uma possibilidade maior de dignidade humana, rompimento parcial com as dificuldades econômicas e um prestígio e reconhecimento na sociedade, coisa que muita das vezes seus pais não tiveram. Sobre essa questão, dizia o professor:

---

32   Mensagem à Assembleia Legislativa do Estado do Pará, março de 1980.

33   Jornal *O Estado do Pará*, 25 de outubro de 1980.

Desde 12 anos trabalhando. Trabalhando por quê? Pela necessidade que a gente tinha de sobrevivência, a questão da alimentação, a questão de manutenção da casa, tudo isso daí. Quer dizer,
inclusive, algumas perspectivas que eu tinha, na época que eu
estudava na escola Salesiana, lá na Pedreira. Eu lembro que eu ia
aprender música com o mestre Serra e na época eu tive que abandonar aquele desejo de aprender música, pra poder ir trabalhar,
qual era o trabalho? Vender saco no Comércio, vender picolé na
rua, vender bolinho na rua. Isso, vender refresco, pão doce em
cantina de colégio e isso pra que? Pra que pudesse ajudar e permitir a nossa sobrevivência. Mas a minha mãe, principalmente,
sempre por trás: "vamos estudar, vamos estudar, vamos estudar".
Sempre nos empurrou pra estudar e isso permitiu eu concluir o
meu... Na época, o primário, depois o ginásio, depois o equiva-
lente ao colegial, na época eu fiz o pedagógico. Professor primário, no Magalhães Barata. E aí tentei uma faculdade.[34]

Dizia também o professor Hamilton em relação a sua origem familiar na
Belém dos anos 1960 para os anos 70 que:

Sou filho de uma família de sete irmãos, dos quais têm apenas
três vivos, eu sou o terceiro e hoje funciono como o mais velho,
minha mãe era doméstica, prendas do lá e o meu pai trabalhava... Era policial, policial civil, num longo tempo da vida dele. E
de todos os filhos eu fui o primeiro que estudei mais, depois for-
cei os outros a estudar também. Tanto que a nível universitário
tem apenas eu e mais outro irmão meu, o resto não quis muito
se preocupar em estudar.[35]

O estudo e o mundo do trabalho para esses professores passaram a ser enca-
rados como uma forma de mudança em suas vidas e de suas famílias, em relação às
condições materiais que os cercavam, juntamente com grande parte da população de

---

34   Haroldo Soares. Entrevista em 29 de maio de 2014.
35   Hamilton Ramos Correa. Entrevista em 7 de março de 2014.

Belém, pressionados que eram por uma experiência de muitas limitações e dificuldades, mais que iam modelando culturalmente suas maneiras de enxergar e se posicionar diante da vida, mas não somente pelas condições diante das aflições econômicas, mas também pela própria noção de política, justiça e direitos experimentados num contexto de ditadura civil-militar.

Esse contingente populacional que migrou para Belém, juntamente com a população que aqui já estava, chegando a meados dos anos 80 a mais de um milhão de pessoas, forçou a necessidade crescente por mais educação, que em função das transformações do mundo capitalista deixou de ser simplesmente erudição para diferenciação entre grupos sociais para ser tornar "meio de sobrevivência nas grandes cidades, vez que é nelas que o letramento constitui-se como indispensável para inserção no mercado de trabalho, tornando-se claro que o acesso à educação corresponde também ao acesso a trabalhos mais qualificados, mais bem remunerados e de maior prestígio social".[36] Essa demanda maior por mais e melhor educação a partir dos nos 70 e 80, ficou além, segundo o governo,[37] das possibilidades de investimento do estado paraense, que mesmo aumentando o investimento ao longo dos anos, foi incapaz de atender o grito da sociedade paraense e dos movimentos reivindicatórios por uma estrutura melhor para as escolas e aumento de salários para os professores. Segundo Aleksei Turenko, Técnico da secretária de Fazenda do governo Jáder, o índice de investimento do estado na educação foi em 1975 – 16%; em 1976 – 19%; 1977 – 18%; 1978 – 23,4%; 1979 – 17%; 1980 – 20%; 1981 – 25%; e em 1982 – 27%.[38] Mesmo com esse investimento do estado, que durante o governo Jáder barbalho recuou um pouco e se estabilizou, a educação foi o principal calcanhar de Aquiles desses dois governadores ao longo da década de 80, tanto em relação à insatisfação crescente dos professores como também em relação à oferta e estrutura do serviço educacional a população. Só como exemplo da panela de pressão que se

---

36   PANTOJA DE ARAUJO, Flávia L. G. Marçal (Org.). *Direito Humano à Educação na Amazônia*: uma questão de justiça. Belém: Sociedade Paraense de Defesa dos Direitos Humanos, 2013, p. 20.

37   Mensagem à Assembleia Legislativa do Estado do Pará, março de 1980.

38   Jornal *A Província do Pará*, 7 de setembro de 1983.

tornou a educação nesse período, em 1984 para 1985, 50% da população paraense situava-se na faixa etária de 2 a 19 anos,[39] e a obrigatoriedade constitucional do estado em relação à educação era referente a faixa etária de 7 a 14 anos, o que provocaria uma grande demanda de jovens a serem atendidos.

A frase "Não há vagas", foi muito comum nas escolas públicas paraenses nesse período, mas o problema foi maior ainda em Belém, havia insuficiência na oferta de vagas em muitas escolas,[40] tanto que a partir de 1979 a CBB (Comissão dos Bairros de Belém) organizou uma grande campanha chamada "Escolas para todos",[41] cujo principal objetivo da campanha era a construção de mais salas de aulas, uma vez que tinha grande concentração de alunos por sala, que segundo o Jornal Resistência era de aproximadamente 60 crianças por sala de aula. Outra questão levantada por essa campanha era referente ao pagamento de taxas de matrículas, pois a CBB argumentava que era uma cobrança ilegal, pois a constituição em vigor garantia o ensino gratuito para as crianças de 7 a 14 anos. Nesse sentido, as pessoas e as organizações da cidade passaram não mais esperar apenas pela sensibilidade dos governantes em relação aos seus preitos. Em tempos de mudanças e esperanças em relação à transição democrática no país, a luta por cidadania e acesso a serviços públicos também passou a ter um significado importante nesse contexto, luta que vinha dos bairros, principalmente daqueles que abrigavam as grandes vítimas da exclusão social e educacional, das populações que moravam no Jurunas, Terra Firme, Pedreira, Guamá, Marco, Sacramenta, entre outros, lugares também que muitos professores da educação pública acabavam morando ou convivendo profissionalmente nesses lugares, dividindo experiências do dia-a-dia e se solidarizando com muitos desses sujeitos, tantos alunos como os moradores das periferias da cidade.

Agora, quem era e qual a origem social da maior parte desses professores paraenses na década de 1970 e 80, principalmente os de Belém? É inegável que mesmo diante das inúmeras dificuldades financeiras advindas da crise econômica que assolou o país, e por tabela o Estado do Pará, houve, sem dúvida, uma expansão e

---

39   Mensagem à assembleia Legislativa do Estado do Pará, março de 1985, p. 81.

40   Jornal O Estado do Pará, 25 de março de 1979, p. 13.

41   Jornal Resistência, janeiro de 1981.

massificação na oferta de serviços educacionais, devido o crescimento populacional e em função das pressões dos movimentos sociais e populares, tendo como por conseqüência a ampliação do magistério como um todo, sobretudo no número de professores que passaram a atuar no 1º e 2 graus.

Em relação ao número de docentes do 2º grau com vínculo com o estado paraense, em 1977 eles eram um total de 896 professores, ligados a Fundação do Estado do Pará (FEP), responsável pela gerência desse nível de ensino no estado, em 1981 passou para 1327, em 1982 foi para 1670, chegando a 1753 no ano de 1983,[42] um crescimento extremamente significativo de quase 100% em seis anos. Num ritmo mesmo intenso de crescimento, mas também com expansão considerável, fora os docentes de 1º grau que eram no Pará em 1981 12215, e passaram a ser 15214, em 1984.[43] No final de 1985 e início de 1986, o governo do Estado do Pará, através da Secretaria de Educação, contava com aproximadamente 2.506 unidades escolares e um corpo docente de aproximadamente 28.600 professores.[44] Por que esses números? Fica claro que nesse contexto houve demanda por um maior número de professores, aumentando significativamente seu contingente. Isso não só em Belém, como também no mundo todo foi uma tendência a partir de meados do século XX, "indo de 8 milhões de professores em 1950 para 47 milhões em 1990, de acordo com dados da UNESCO".[45] Fato que despertou a esperança de muitos que sonhavam com um futuro melhor e que pudessem se tornar visíveis para a sociedade. Então, mais que vocação, ser professor acabava sendo também uma forma de luta contra a exclusão, onde aumentava a possibilidade de acesso ao mercado de trabalho tão difícil, pois em meio à crise econômica, uma das primeiras vítimas eram os empregos. Nesse sentido, a ampliação do número de escolas, grito freqüente, por exemplo, da CBB, aumentava a possibilidade e oportunidade de qualificação profissional e de ascensão, senão econômica, mas pelo menos social. Dos professores entrevistados,

---

42   Anuário Estatístico do Brasil 1984. Rio de Janeiro: IBGE, v. 45, 1985.

43   *Idem.*

44   Mensagem à Assembleia Legislativa do Estado do Pará, março de 1986, p. 57.

45   SILVER, Beverly J. *Forças do trabalho:* movimentos trabalhistas e globalização desde 1870. São Paulo: Boitempo, 2005, p. 117.

muitos mostraram suas origens "humildes" financeiramente e o orgulho de terem
"vencidos", através dos estudos, mesmo destacando que os salários sempre foram
aquém do necessário e das expectativas. Sobre suas origens familiares, a professora
Ermelinda dizia: "Eu devia ter um ano, mais ou menos, mudamos para o bairro de
São Brás. Aí o bairro de São Brás aquela época ele era só mato, 90% das casas que lá
existem não existiam, era tanto mato que agente ia procurar jerimum, melancia no
meio do mato de São Brás e achava, achava as coisas".[46] Portanto, vinham de camadas
populares, às vezes como filhos de migrantes do interior, como o caso do professor Carlos Forte, e de camadas de classe média, consideradas baixas. Havia também
professores que vinham de uma classe social mais abastarda economicamente, mas
que por motivos econômicos, sociais, políticos e culturais tinham decaindo em seu
status social, restando-lhes ser professor.

   O cotidiano de um professor em fins da década de 70 e anos iniciais da de
80 eram marcados por muitas dificuldades, em que esperança e a realidade concreta
dos chãos das escolas criavam experiências que influenciaram fortemente suas maneiras de perceber o mundo, principalmente o mundo do trabalho. O período da
ditadura civil-militar concretizou um modelo de divisão da sociedade a partir da
escola pública, em que os investimentos e maior capilaridade a iniciativa privada
provocou sim uma segregação, que muitos movimentos sociais chegaram a chamar
na época, no Pará, de "escola de barão versus escola do povo".[47] O aumento do número de escolas não foi acompanhado de escolas com melhores condições de trabalho,
sobretudo aquelas que ficavam mais distante dos olhares do poder e do centro da
cidade. Nas periferias os barracões de madeira, com pouca estrutura para os alunos
e quase nenhuma condição para o ensino, contrastava em parte com algumas das
escolas tradicionais da capital paraense, como o Pedro Amazonas Pedroso, Deodoro
de Mendonça, IEP, Augusto Meira, entre outras. Mais isso não significava que essas escolas não tinham problemas, tinham bastante, mais em comparação com as
das "baixadas" de Belém, possuíam uma estrutura bem melhor, tanto que os ditos
"principais" professores do quadro acabavam ficando nessas escolas "melhores", não

46   Ermelinda Melo Garcia, entrevista em 12 de março de 2014.
47   Jornal *Resistência*, 7de março de 1980, p. 4.

a toa que a principal vanguarda que vai organizar a categoria docente e os principais protestos sociais da entidade de classe saem dessas escolas. O Instituto de Educação do Pará, por exemplo, que tinha uma localização privilegiada no centro da cidade, na confluência da Presidente Vargas com a Serzedelo Correa e a Praça da República, quase ao lado da sede da Secretaria Estadual de Educação, no entanto, tinha sérios problemas em sua estrutura para o ensino:

> A professora Marilu era uma professora muito revoltada com tudo, chegava na sala de aula reclamando de tudo desde o barulho, eu acho que ela tinha razão, uma escola com tudo aquilo de ônibus passando, quem dá aula ali? Só se for com ar condicionado fechado. E a janela toda aberta, ela reclamava "É impossível dar aula nesse hospício" e a gente acompanhava.[48]

Logo em seguida, a professora acrescenta:

> Um problema no IEP que foi solucionado muito depois, que era o problema de sanitários, porque no mesmo lugar que os professores tinham seus sanitários, os alunos também e a quantidade era de três sanitários. E aí tu podes ver um monte de aluno, não era tanto aluno porque não tinha aqueles prédios, tudo aquilo ali era quintal do IEP, só tinha aquele prédio principal entendeu? Mas mesmo assim era quatro salas de aula em baixo e oito em cima, já eram 12 salas, então para 3 sanitários era um cheiro horroroso, ninguém aguentava e reclamava.[49]

Outro aspecto muito discutido e presente no cotidiano dos professores públicos paraenses de Belém dizia respeito à questão da excessiva jornada de trabalho que a maioria deles estava submetida. Jornadas muitas das vezes triplas, pois era a possibilidade de se conseguir uma renda maior, pois o "salário era uma miséria, a gente até fazia uma comparação, uma hora de aula não dava para comprar um quilo de farinha", dizia a professora Ermelinda Garcia. Assim era uma luta diária pela so-

---

48   Ermelinda Melo Garcia, entrevista em 12 de março de 2014.

49   *Idem.*

brevivência e por dignidade, mas num cotidiano fortemente marcado pelas relações do trabalho, em turnos exaustivos para melhorar um pouco a renda diante de um cenário de enorme arrocho salarial, principalmente para os professores. A esse respeito de uma jornada sufocante de trabalho a professora Venize comenta:

> Primeiro que o meu cotidiano era de professora de sala de aula e eu dava aula de manhã, de tarde e de noite, então, eu tinha assim uma luta pela sobrevivência muito grande, né? E eu tinha que cuidar de dois filhos, separada de marido, então era eu só... Esses afazeres domésticos tinham que responder a isso pela educação familiar, sobrevivência familiar. [50]

Associado a essa questão da busca por uma melhor renda através do aumento da jornada de trabalho, que interferia diretamente nas relações familiares e de formação profissional, estava à questão do salário para esses professores ao longo dos anos setenta e oitenta. E como Belém foi uma cidade que pulsou fortemente a crise econômica, representada por altas taxas no custo de vida, como dito antes, que em alguns momentos inclusive acima da média nacional, os salários dos professores foram um dos principais temas na imprensa, no parlamento e na sociedade paraense nos anos iniciais da "década perdida", pois da expectativa de uma ascensão social através da função docente, a realidade se mostrou extremamente dura para os professores.

Quadro 9: Relação do salário mínimo regional em relação ao salário do professor no Estado do Pará: 1973–1983

	Salário mínimo	Salário do professor de 1º Grau
Maio / 1973		
Julho / 1973	240,00	147,00
Novembro / 1973		176,00
Maio / 1974		
Janeiro / Dezembro / 1974	295,20	176,40
Maio / 1975		
Julho / 1975	602,40	450,00
Maio / 1975		
Julho / 1976	602,40	730,00

---

50   Venize Rodrigues. Entrevista em 21 de maio de 2014.

Maio / 1977	868,80	
Julho / 1977		1.000,00
Maio / 1978	1.226,40	
Julho / 1978		1.380,00
Maio / 1979	1.797,60	
Julho / 1979		2.140,00
Novembro / 1979	2.478,20	
Março / 1980		2.780,00
Maio / 1980	3.436,80	
Julho / 1890		3.755,00
Outubro / 1980		4.031,00
Novembro / 1980	4.795,20	
Março / 1981		5.643,00
Maio / 1981	7.128,00	
Julho / 1981		8.000,00
Novembro de 1981	10.189,00	
Março / 1982		11.200,00
Maio / 1982	14.400,00	
Setembro / 1982	20.736,00	16.240,00
Novembro / 1982		
Março / 1983		22.736,00
Maio / 1983	30.600,00	
Setembro / 1983		29.557,00

Fonte: Jornal O Liberal, 30 de setembro de 1983.

Em 1983, a defasagem entre o salário-mínimo regional e o salário dos professores de 1º Grau da rede pública, por exemplo, já era clara e vinha de algum tempo sem ser solucionada essa relação. Durante o governo Aluysio Chaves que houve uma melhora, período este que vai de março de 1975 a março de 1979. Em maio de 1975, por exemplo, o salário mínimo era de Cr$ 417,60 e em julho o reajuste elevou o magistério para Cr$ 450,00. Esta mesma tendência se verificou nos anos seguintes. Mas a partir de 1979, no Governo Federal de João Baptista Figueiredo e estadual de Alacid Nunes, quando entrou em vigor a lei 6.708, que tornou semestral o reajuste salarial, voltou a haver uma nova perda para os professores. Durante o ano de 1980, o governo de Alacid Nunes, pelo que se deduz da tabela acima, tentou reduzir a diferença entre o salário-mínimo regional e os vencimentos do professorado, concedendo um reajuste que foi desdobrado em três parcelas, uma em março, outra em julho e a última em outubro. Mesmo assim o ano se encerrou com uma diferença superior a setecentos cruzeiros abaixo do mínimo. Essa realidade de vencimentos abaixo do mínimo perdurou até o final do segundo semestre de 1983, quando Jáder anunciou que nenhum professor ganharia menos que o salário mínimo e, segundo o próprio governador, essa medida ia "beneficiar 15 mil dos 23 mil professores da rede pública estadual".[51] Mais ainda de acordo com a tabela de salários anterior, é bom perceber que esse vencimento era de certo grupo dentro dos professores, dependendo da qualificação deles, havia uma diferença salarial conforme a formação de cada um. Esses valores eram referentes aos professores que tinham a formação do curso de magistério, no nível de 2º grau. Os que tinham licenciatura curta, licenciatura plena ou que ensinavam no 2º grau, possuíam salários diferentes, mais que não se diferenciava muito destes apresentados pelo quadro, amargando uma experiência difícil para sobreviver, mesmo em muitos casos acumulando seus vencimentos trabalhando na SEDUC e da FEP, por exemplo, diante da imagem que a sociedade lhe conferia. Nesse sentido, ficam claro as dificuldades do dia-a-dia dos professores em relação a sua própria sobrevivência, paradoxalmente a sua importância e prestígio social que ainda lhes eram conferidos, mesmo nessa situação de penúria financeira que a maior parte das camadas assalariadas e pobres da cidade passavam mais isso não quer dizer que eles se comparavam a maioria da população pobre, que nem assalariada era nesse período, em Belém, e esses salários da tabela passada normalmente eram relacionados a uma determinada jornada e quantidade de aulas, por isso que muitos desses professores acabavam tendo jornadas extenuantes para poderem ganhar um vencimento melhor. De qualquer forma, os profissionais assalariados, como professores, não conseguiam fazer seus vencimentos acompanharem o aumento disparado da inflação, e acabavam amargando uma enorme perda no poder de compra e em consequência uma queda em suas qualidades de vidas.

Essas condições que assolavam a maior parte dos professores estavam relacionadas com um contexto que mesmo de transição à democracia, era assombrado por muitos fantasmas, como o medo que rondava seu cotidiano.

---

51   Jornal *O Liberal*, 26 de agosto de 1983.

Greve e história: a década de 1980 como um mundo em agitação para os professores

> Como pessoas que experimentam suas situações e relações produtivas determinadas como necessidades e interesses e como antagonismos, e em seguida, tratam essa experiência em sua consciência e sua cultura (as duas outras expressões excluídas pela prática teórica) das mais complexas maneiras (sim, „relativamente autônomas) e em seguida (muitas vezes, mas nem sempre, através das estruturas de classe resultantes) agem, por sua vez, sobre sua situação determinada.[52]

O estudo sobre os professores, e de forma mais específica, sobre as suas principais formas de exercer um poder de resistência, que pode ser através das greves e de suas entidades organizativas, acaba trazendo a primeira vista alguns embaraços para os historiadores, mesmo sendo temas que orbitam no campo das Ciências Humanas, pois durante muito tempo acabaram sendo categorias ligadas muito à sociologia, principalmente, ou a educação, daí um número significativo de estudo a esse respeito nessas linhas de abordagens.[53] À luz da história social, ainda são poucos os trabalhos que abordam a greve, fato que é de se surpreender, pois é um fenômeno social, ligado ao mundo do trabalho, com um potencial de estudo e reflexão enorme, pois envolve teias de relações entre os sujeitos, relações de poder e de negociações que desnudam muitos aspectos do passado de uma sociedade, experimentando situações de classe que colocam homens e mulheres em situação de solidariedade ou

---

52   THOMPSON, E. P. *A miséria da teoria ou um planetário de erros*. Rio de Janeiro: Zahar, 1981, p. 182.

53   Interessante é ver o levantamento feito por Julián Gindin, que em seu texto fez um extenso levantamento bibliográfico sobre o sindicalismo docente de educação básica na América Latina, que aponta no sentido de que a maioria dos trabalhos foram no viés sociológico e na educação: GINDIN, Julián. Os estudos sobre sindicalismo docente na América Latina e no Brasil. Associativismo e sindicalismo docente no Brasil. *Seminário para a discussão de pesquisas e constituição de rede de pesquisadores*. Rio de Janeiro, 17 e 18 de abril de 2009.

de antagonismo, percebendo-se em luta através dessas experiências e construindo a consciência do fazer-se classe, nas palavras de Thompson.

Se formos ver de uma maneira geral, existiram na história vários momentos em que os sujeitos históricos pararam algumas de suas atividades, principalmente no mundo das relações de trabalho, para realizar algum tipo de cobrança ou negociação, numa clara referencia a relações de poder, mas, que até o século XIX, esses fatos não eram associados à utilização do termo greve, que só foi inventado a partir desse século, e na acepção que conhecemos hoje, muito relacionada as tensões e negociações no mundo do trabalho ligado ao sistema capitalista. Nesse sentido, há autor[54] que defende a existência das greves, mesmo sem esse termo, desde a antiguidade, e por outro lado, há os que a associam intrinsecamente ao capitalismo,[55] pois se tornou um fenômeno mais regular e repetido a partir das relações capitalistas de produção, em que os trabalhadores passaram a utilizar a greve como um instrumento de luta, não só contra os "proprietários dos meios de produção", mas também contra o Estado.

Os professores ao longo do século XX passaram a ser importantes agentes no processo de enfrentamento ao Estado, sobretudo através das inúmeras greves que vão travar. À medida que há uma massificação da educação e o conhecimento passa a ser um bem valorizado pela sociedade, principalmente a partir de meados desse século, esses professores carregaram consigo uma dupla carga contraditória: um aumento social por sua demanda e ao mesmo tempo uma precariedade nas suas condições de vida e de trabalho, que no Brasil se acentuou, sobretudo, nas décadas de 1960, 1970, 1980 e 1990. Nesse período, a quantidade de manifestações e greves de professores cresceu enormemente em todos os países do mundo. A socióloga americana Beverly Silver, fez um levantamento sobre os picos de agitação trabalhista no setor de educação no mundo, e apresentou em seu estudo a seguinte tabela:

---

54 CASTRO, Pedro. *Greves: fatos e significados.* São Paulo: Editora Ática, 1986.

55 MIGLIOLI, Jorge. *Como são feitas as greves no Brasil?* Rio de Janeiro: Editora Civilização Brasileira, 1963.

Quadro 10: Picos de agitação trabalhista no setor de educação no mundo

	1870	1880	1890	1900	1910	1920	1930	1940	1950	1960	1970	1980	1990
Irlanda								X		X			
Japão								X	X				
Bélgica									X			X	X
Itália									X	X	X		
Bolívia									X	X		X	
Chile									X			X	
México									X			X	
Índia									X				
Estados Unidos										X	X		
Suécia										X	X		
Reino Unido										X			
Grécia										X		X	
Argentina										X			
Quênia										X			
Canadá											X	X	
França											X		
Espanha											X	X	
Austrália												X	X
Nova Zelândia												X	X
Israel												X	
África do Sul												X	X
Rússia/ URSS													X
Nigéria													X

Fonte: Tabela apresentada por SILVER, Beverly J. *Op. Cit.*, p. 118.

Para a autora, o "X" indica as décadas de maiores ocorrências ou pelo menos 20% das menções a agitações trabalhistas nos países citados. Uma primeira observação em relação aos dados apresentados por Beverly, diz respeito ao não aparecimento do Brasil entre os países com maiores agitações, ou greves, no setor de educação, o que é de se estranhar, pois no final da década de 1970 e na década de 1980, uma das categorias mais presentes nas representações dos noticiários da época eram a dos professores em movimentações no Brasil como um todo: as greves dos professores, em relação aos outros setores, foram extremamente significativas no total em vários

Estados brasileiros, sendo os professores um dos setores mais ativos no ato de fazer greves nesse período da democratização brasileira, conforme apontado no primeiro capítulo desse livro, a partir dos dados disponibilizados por Ricardo Antunes e Maria Hermínia Tavares de Almeida, em que nos anos de 1979, 1980 e 1981, os assalariados de classe média, entre eles os mais importantes em termos de mobilização e luta, os professores e os bancários, foram os setores que mais realizaram greves nesse momento no Brasil, em relação às outras categorias. As greves no Brasil, em relação aos anos anteriores, se intensificaram a partir da política de abertura e democratização do Estado brasileiro, e vão se pulverizar e se ampliar enormemente em termos quantitativos a partir do governo Sarney,[56] o que nos leva a pensar que o Brasil poderia está incluso, na tabela de Beverly, entre os países com grande agitação e greves também no setor de educação, e não só na indústria têxtil e automobilística. Mas um dado extremamente válido e importante nos dados acima apresentados, diz respeito à década de 1980, como uma década de pico de agitações trabalhistas no setor da educação em maior número de países na história do século XX, e no Brasil, mesmo sem o reconhecimento de Beverly, e de forma mais específica, em Belém do Pará, não foi diferente e não fugiu a essa tendência de uma década de mobilização, greves e de fazer-se classe entre os sujeitos históricos, que passaram através dessas lutas a se perceberem como categoria e classe. No entanto, "toda greve tem história, processo, motivos, fases, referidas à época, lugar e circunstâncias em que ocorre".[57]

No alvorecer dos anos oitenta, a greve já tinha se tornado um instrumento conhecido e praticado há algum tempo pelos trabalhadores como um todo, mesmo assim carregava nesse momento um caráter estigmatizado por muitos setores da sociedade brasileira, que em função de uma forte campanha anticomunista que vigorou ao longo do século XX no Brasil, e foi reforçada no período do regime militar brasileiro (1964 – 1985), se construiu uma representação, muito das vezes, negativa sobre o ato de fazer e participar de uma greve, devido à relação de seus praticantes as esquerdas e ao comunismo. Muitas vezes a informação era manipulada no sentido

---

56   Sobre essa questão, ver: SANDOVAL, Salvador. *Os trabalhadores param:* greves e mudança social no Brasil (1945 – 1990). São Paulo: Editora Ática, 1994.

57   CASTRO, Pedro. *Op. Cit.*, p. 09.

de que lutar por melhores condições salariais e de vida era lutar contra os patrões e o Estado, e, portanto, seria lutar contra a própria sociedade capitalista. E isso deixava marcas profundas na própria maneira dos sujeitos perceberam o ato de fazer greve. E na educação não era diferente. Como havia uma ligação muito forte entre o movimento de professores de Belém com grupos políticos partidários de esquerda, como visto no capítulo dois dessse livro, a associação as esquerdas e ao comunismo se reforçava ainda mais. A esse respeito dizia o professor Carlos Forte que "havia professores que tinham insatisfação, mas tinha aquela coisa do anticomunismo. Tinham os que queriam lutar, mas também uma parcela achava que era aquilo mesmo, conformado. Havia dentro da própria escola uma confrontação".[58] Nesse sentido, percebe-se na fala do professor, que um dos aspectos da resistência nas mobilizações dos professores em Belém, também estava relacionado a esse imaginário social[59] que pairava sobre a greve está associada ao comunismo, mas que, no entanto, vai ser só mais um elemento que enriquece as complexas relações dos professores entre si e em relação ao Governo do Estado paraense, marcadas por profundas tensões e disputas, sempre determinadas pelos grupos que as forjam.

Associado a essa questão acima, nos anos oitenta, em Belém e em algumas grandes cidades brasileiras, havia um clima de medo e terror no ar, em tempos de democratização, pois passado o período de censura prévia e da volta das liberdades democráticas, órgãos da estrutura da repressão política ainda não estavam totalmente desmontados e os remanescentes da linha dura que não se conformavam com o processo de abertura política, passaram a outra ofensiva: atacar, através de incêndios, principalmente bancas de revistas como forma de impedir a venda e circulação de alguns jornais que se colocavam numa posição de crítica social e ao regime político. Brasília, São Paulo, Salvador e Rio tiveram bancas explodidas através de atentados anônimos. Em Belém, o alvo desses grupos era principalmente a livraria Jinkings, devido seu proprietário ter ligações históricas com partidos comunistas, que recebia

---

58 Carlos Forte, entrevista em 14 de abril de 2014.

59 Segundo Pierre Ansart, imaginário social constitui-se de "um conjunto coordenado de representações", nos quais as sociedades fixam simbolicamente suas normas e seus valores. In: ANSART, Pierre. *Ideologia, conflitos e poder*. Rio de Janeiro: Zahar, 1978, p. 21 e 22.

ameaças e sofreu um atentado, tendo um carro incendiado em frente a essa livraria. Nesse sentido, o clima de medo se espalhava a muitos cantos do país, já no início dos anos oitenta, o que fez que muitas bancas em Belém se recusassem inclusive a vender jornais da imprensa alternativa com medo de represálias, como, por exemplo, a venda do Jornal Resistência.[60] Esse aspecto fez que a imprensa ligada aos movimentos sociais ou de enfrentamento aos governos de forma direta buscasse formas alternativas para por em circulação seus materiais, como a venda direta nas feiras, nos comércios e nos bairros da cidade de Belém.

Os movimentos sindicais, populares e entidades ligadas à defesa dos direitos humanos, denunciavam que em Belém havia um Comando de Caça aos Comunistas, que praticavam alguns atentados. Segundo matérias do Jornal Resistência, os principais suspeitos de participarem dessa organização na capital paraense eram Mário Franco, um conhecido membro de um movimento de direita denominado de Juventude Figueiredo, e Rubinete Nazaré.[61] Em edição anterior, mesmos devendo-se levar em causa o papel de enfrentamento e de denuncia, que em alguns casos beiravam a uma militância parcial com somente ilações, o Resistência levantava essa questão sempre em suas páginas:

> Não existe provas factuais, mas todos os indícios levam a uma grave afirmação: em Belém o terrorismo já provocou uma morte em Belém, a do vigia Benedito Saboia de Souza. Ele teve o azar de ver os terroristas que explodiram uma bomba para tentar destruir a banca de revistas que ficava na esquina das avenidas Magalhães Barata e Alcindo Cacela, atentado ocorrido no final do mês passado. O vigia havia contado a sua esposa, Emilia Alves de Souza, que vira os elementos que jogaram a bomba na banca, e confessou seu medo. E quinze dias depois ele foi barbaramente assassinado.[62]

---

60   *Jornal Resistência*, setembro de 1980, p. 03
61   *Jornal Resistência*, junho de 1984.
62   *Jornal Resistência*, junho de 1981.

E essas situações do cotidiano eram experimentadas pelos professores, que viviam aquele tempo, que era necessário fazer o confronto com os aparelhos do Estado, mas que a vigilância ainda era forte sobre eles, como se refere à professora Venize:

> Tinha gente em sala de aula que era suspeita. Tinha gente, por exemplo, tinha uns alunos meus que eram... Que serviam no quartel em frente, então eles saíam do quartel e iam pra minha sala de aula, tinha uma freirinha que eu achava que ela não era freira, entendeu? Essa freira, ela ia vestida de freira, mas quando eu ia conversar com ela, eu começava a notar que ela não tinha muita fala de freira, não tinha vivência de freira. Então eu me sentia um pouco vigiada sim, no espaço de sala de aula.[63]

Desse modo, a greve era um instrumento, já muito usado por diversas categorias, inclusive por professores pelo resto do país, mas não era tão simples a adesão e o convencimento de uma categoria formada por sujeitos que eram professores, mas não só isso, que tinham marcadores sociais muitas das vezes diferentes entre si, mas que o processo de luta vai forjar uma identidade, mesmo que instável e fruída.

Experiências de lutas: as greves dos professores da educação pública em Belém (1979-1986)

> Registraram a emergência de um novo modelo de professor (...) que se insurgiu contra a precariedade de sua situação funcional, simbolizando a expansão desordenada do antigo ensino secundário. Ávido por combater as péssimas condições de trabalho impostas pelo Estado e as práticas associativas em vigor, mas obrigado a enfrentar a forte repressão à mobilização da categoria, o jovem professor rompia totalmente com a imagem tra-

---

63   Venize Rodrigues, 23 de abril de 2014.

dicional da profissão gerando opiniões contraditórias a respeito das mudanças que pretendia instaurar.[64]

Ao contrário do que é propalado e reforçado por uma construção do passado que valorizava em última instância o aspecto econômico na vida das pessoas, a década de 1980 não foi nenhuma década perdida, pelo contrário, se apresentou com um momento da história brasileira de muita movimentação, rearranjos e disputas na sociedade e na política, se descortinando como um recorte de grandes possibilidades, que hoje ainda é embalada pelas disputas em torno de sua memória.

Em Belém, no transcorrer dos anos da década de 1980, as agitações, mobilizações e greves dos professores da rede estadual de ensino de 1º e 2º graus tiveram uma importância e representação significativa das experiências vivenciadas, não só pelos professores, mas por grande parte da sociedade da capital paraense, tamanha era a sua repercussão nos jornais e na imprensa radiofônica e televisiva, pois uma greve dos professores envolvia não só simplesmente a categoria, sua entidade de classe e o Governo do Estado, mas parcela significativa da população da cidade que, apesar do avanço, ao longo do período do regime militar, da educação privada, frequentava as escolas públicas, tanto estaduais como municipais. Nesse sentido, uma greve de professores, tinha uma grande repercussão social, e mais, chamava a atenção principalmente, a adoção de uma medida extrema e tão estigmatizava pelos governos autoritários de então, mesmo em tempos de democratização. Ao longo dos últimos anos da década de 1970, até os anos de 1986, foram inúmeras as estratégias de luta e de tentativa de visibilidade social para as reivindicações encabeçadas por professores, que contaram prontamente com enfrentamento e reação do Governo Estadual, que utilizou as mais variadas armas no confronto com os professores por uma dada representação da "verdade" e do "real", diante da sociedade belemense e do Estado. Essas experiências de lutas, de enfrentamento ao Estado, e a um governo do Estado, que ao longo desses anos se apresentou com diferentes faces, seja o governo de Alacid Nunes (1979 – 1983), herdeiro dos aparelhos e legislação de um Estado au-

---

64   VICENTINI, Paula Perin. A profissão docente no Brasil do século XX: sindicalização e movimentos. In: BASTOS, Maria Helena Câmara & STHEFANOU, Maria (Org.). *Histórias e memórias da educação no Brasil – século XX*. Petrópolis/RJ: Vozes, 2005, p. 345.

toritário que vigorou no país após 1964, ao de Jáder Barbalho (1983 – 1987), simbolizado pela representação de um país em mudança, marcaram profundamente a história da cidade e a memória dos sujeitos históricos envolvidos, tendo uma grande significação nos processos em curso de mudanças na sociedade e na política, não só regional, mas também nacional.

Ao longo desses dois governos estaduais, o de Alacid Nunes, eleito indiretamente pelos deputados da Assembleia Legislativa, e Jáder Barbalho, elevado a condição de governador por eleição direta, foram quatro greves na educação pública estadual praticadas e vivenciadas pelos professores, governo e sociedade. Uma greve no governo de Alacid Nunes, realizada no segundo semestre de 1980, e três greves no governo de Jáder Barbalho, em 1983, 1985 e 1986. Essas quatro greves, realizadas num intervalo de seis anos, e em dois governos com projetos políticos e ideológicos diferentes, mesmo que apresentassem certas semelhanças práticas no dia-a-dia, apresentaram cada uma sua particularidade e um processo de mudança e dinâmica em relação uma as outras, a começar pelo tempo de duração.

Quadro 11: Duração das greves dos professores de 1º e 2º Graus no Estado do Pará (1980 a 1986).

Ano da greve dos professores	Duração (dias parados)	Datas (intervalo de tempo)
1980	10	12 a 25 de novembro de 1980[65]
1983	15	01 a 15 de outubro de 1983
1985	85	15 de maio a 07 de agosto de 1985
1986	21	26 de setembro a 16 de outubro de 1986

Desse modo, é possível perceber que as nuances e dinâmica das greves dos professores da educação pública estadual estavam muito relacionada ao tipo de organização política do Governo Estadual paraense em cada momento, ou seja, seu tempo de duração, suas reivindicações e as formas como o Governo do Estado ne-

---

65   Nessa greve de 1980, houve um intervalo dentro desse tempo de greve que os professores voltaram as aulas, continuando o movimento logo em seguida. Nos 15, 16, 17 e 18 foi suspensa a greve, só retomando a partir do dia 19 de novembro de 1980.

gociou com os professores estavam muito relacionados à que situação e bases políticas esse Estado estava comportado, fazendo com que esses homens e mulheres pudessem hora à luz dessas experiências políticas, suas condições de vida, aliados as suas noções de direito e justiça, pudessem hora avançar e hora recuar em seus sonhos. É possível afirmar que quanto mais democrático fosse assentado as bases e articulações do Governo do Estado do Pará, maiores eram os espaços de atuação dos movimentos de professores. O governo de Alacid Nunes e o de Jáder Barbalho representaram claramente as mudanças em curso que o país vivia, e mesmo que as continuidades de um passado recente fossem inevitáveis, as mudanças do projeto de um governo para o outro eram sentidas pelos sujeitos que os experimentaram. Para os professores entrevistados para o livro, a identificação do governo de Alacid Nunes com a estrutura de poder autoritária vivida então pelo Brasil era imediata, por outro lado, Jáder representava, de certa forma, um rompimento com esse modelo anterior, aprofundando o processo de democratização do Estado e da sociedade paraense, mesmo diante das posturas muitas vezes vista pelos professores como autoritária. Para a professora Venize, Alacid Nunes representava toda uma herança dos anos da ditadura civil-militar, pois:

> Então pra nós, o Alacid representava ainda esse poder que era contra o direito dos trabalhadores, que era inimigo da educação. E que não tinha nada a ver com a democracia. Com a sociedade que a gente almejava, com a sociedade que a gente lutava pra construir. Então ele aparecia mesmo como esse representante do poder imposto, era isso.[66]

Nessa linha, a representação dos professores a respeito de Jáder Barbalho, aparece numa na perspectiva mais relacionado há uma abertura maior e ligado a democracia, como pode ser observado no seguinte depoimento:

> Ele foi eleito, aí imagina. A candidatura do Jader Barbalho representou o que? Uma alternativa democrática à ditadura militar e inclusive, no movimento se fez campanha... O PT fez cam-

---

66   Venize Rodrigues, entrevista em 21 de maio de 2014.

panha pro Jader Barbalho. A massa votou no Jader. O cara foi eleito, a massa votou no Jader, aí ele é eleito, imagina, eleito com o apoio da categoria sem dúvida alguma. Em 1983 se faz uma greve contra ele e em 1985 se faz, talvez, a maior greve da história do sindicato: 90 dias. Era até de certa forma assim contraditório, mas representou... Isso é um elemento que representa do meu ponto de vista, o que? O fortalecimento da categoria do sindicato, porque um setor que, certamente, votou no Jader, o da educação,e logo em seguida faz uma greve e em seguida faz uma greve vitoriosa como foi a de 1985. Representou o que? Todo o fortalecimento do sindicato e o crédito que a direção da categoria tinha, porque de repente você tem uma mudança, você vota no cara e no outro dia você está fazendo greve.[67]

O governo de Jáder Barbalho, sob a sombra que pairava de democratização, procurou abrir canais democráticos de negociação, ou pelo menos diálogo, com o movimento de professores, mas em termos de política pública de valorização, não conseguiu frear o avanço das mobilizações e organização da categoria docente como um todo. Ele representou um Estado que estava mudando, foi eleito sob a bandeira de representar essas mudanças almejadas pela população, e trouxe junto com essas bandeiras um crescimento nos espaços de atuação e reivindicação dos professores públicos paraenses em Belém. Basta ver o número de dias parados em greve no governo Alacid Nunes, 10 dias, e no dia Jáder Barbalho, 131 dias em greve. De modo que, é importante perceber que há sem dúvida uma ampliação dos instrumentos democráticos no processo de construção e mobilização da categoria dos professores a partir do governo de Jáder, com avanços e recuos, conforme veremos daqui a pouco a respeito das particularidades de cada greve (entrada nas escolas para conversar com os professores, entrega de jornais e panfletos, desconto de contribuição sindical, reuniões e acesso diretamente com o governador e piquetes), principalmente em relação ao de Alacid Nunes. Mas com relação à repressão ao movimento e a violência policial percebe-se certa continuidade entre os dois governos, que será abordado em outro tópico mais a frente.

---

67   Haroldo Soares, entrevista em 29 de maio de 2014.

Sentido parecido pode ser percebido em relação à própria construção da entidade representativa sindical dos professores. A Associação dos Professores do Estado do Pará, APEPA, que teve como primeira presidente a professora Ermelinda Garcia, foi fundada em 1979, atuando de forma efetiva por menos de dois anos, até por volta do início de 1981. Sempre o governo de Alacid Nunes e seu secretário de Educação Dionísio Hage tiveram desconfiança sobre a legitimidade da APEPA em representar os professores públicos do Estado, muitas vezes não sendo reconhecida sua validade, questionada muitas vezes se era legal sua existência. Tanto que nas primeiras discussões da categoria, os próprios professores chegavam a se questionar a respeito dessa validade,[68] tanto que a APEPA passou a representar primeiramente e aparentemente o ensino de 2º grau, que era ligado a Federação Educacional do Pará (FEP), que seus quadros de professores não eram estatutários, abrindo-se uma possibilidade para representá-los. Mas as relações como já se anteviam desde a sua fundação, foram bastante difíceis com o governo de Alacid Nunes, mesmo diante de um discurso do governo que priorizava a educação, sobretudo baseando-se no argumento da construções de inúmeras salas de aulas.

A APEPA não suportou as conseqüências da primeira greve dos professores em 1980, se fragmentando ao longo dos anos vindouros de 1981 e 1982, sobretudo em função das políticas vigilantes e "repressoras" do governo do Estado, inclusive demitindo grevistas. Mas representou uma experiência organizativa importante para as outras que se apresentaram mais a frente. Nesse sentido, os espaços reduzidos de discussão democrática e atuação da Associação no governo de Alacid Nunes, representaram um estreitamente nas possibilidades organizativas dos professores em Belém. Aspecto que marcou as próprias lideranças que estavam à frente da APEPA, muito das vezes apontadas por membros da categoria como responsáveis também pelo fracasso dessa primeira experiência, tanto que na passagem da APEPA para outra organização da categoria, observamos o aparecimento outros nomes de uma nova vanguarda e lideranças de professores, que não estavam à frente das lutas anteriores, como da própria greve de 1983, já organizada sob uma forma provisória chamada de Comissão Central do Movimento de

---

68   Informativo *Quadro Verde*. Associação dos Professores do Estado do Pará, junho de 1979.

Professores Públicos do Estado do Pará. Por sua vez, o ano de 1983 representou para a história do movimento de professores que atuavam em Belém, e na própria memória desse movimento ainda hoje, um divisor.

Ao longo do governo de Jáder Barbalho foram realizados três congressos da categoria dos professores, os três primeiros da história da organização dos professores: em 1983, 1984 e 1985. O congresso do final de 1983 marcou a fundação da Federação dos Professores Públicos do Estado do Pará (FEPPEP),[69] e o terceiro congresso, em 1985, que elegeu o professor Haroldo Soares como presidente da federação efetivou uma mudança significativa, prevista já no segundo congresso dos professores, que acompanha até hoje a concepção da entidade, que é a transformação de uma Federação dos Professores para uma Federação dos profissionais do Ensino.

O processo de recuos e avanços em relação à construção dessa entidade representativa, aliada ao cotidiano de tensões e aflições em relação aos seus futuros como professores, mobilizações, lutas e greves, foram experiências compartilhadas pelos professores, desde finais dos anos setenta e na década de oitenta, essenciais para o *fazer-se classe*, como dizia Thompson e se "comportarem de modo classista".[70]

Tanto os professores, através de seus dirigentes e lideranças, como os governos de Alacid Nunes, por meio do seu secretário de Educação Dionísio Hage, e de Jáder Barbalho, que teve como secretários de Educação no período de seu governo Wilton Moreira, Fernando Coutinho Jorge e Eriberto Venturini, utilizaram estratégias e táticas em relação às greves, que se contrariavam uma a outra, mostrando que a posição dos interesses dos professores era antagônico a do governo estadual. Mais o objetivo nessas estratégias e táticas, sendo as dos professores de melhor organizar e mobilizar a categoria, e a do Governo do Estado, desmobilizar e enfraquecer o movimento e a entidade, era o de alcançar a opinião pública da sociedade. Como a população passava a compreender esse processo de greve era essencial para o seu desfecho, pois a greve não era só simplesmente uma negociação trabalhista e eco-

---

69   Ata do primeiro Congresso Estadual dos Professores Públicos do Estado do Pará, 19 de dezembro de 1983.

70   THOMPSON. E. P. *As peculiaridades dos ingleses e outros artigos*. Campinas, São Paulo: Editora da Unicamp, 2012, p. 270.

nômica, ela envolvia disputas de poder, de projetos diferentes de sociedade, em que mal gerenciada pelo governo poderia ter conseqüências graves do ponto de vista da estabilidade e continuidade desses governos. Tanto professores do movimento em Belém, como o Governo do Estado, faziam durante essas greves uma disputa "midiática" pela representação da informação, e como essa informação era compreendida pela população da cidade.

De 1980 a 1986, durante as quatro greves dos professores do ensino público estadual, os jornais sempre acompanharam os eventos dessas greves dando um grande destaque em suas páginas. *O Estado do Pará, O Liberal, A Província do Pará*, entre outros, além das matérias em si das greves, trazias as versões do Governo e dos professores, acompanhadas muitas vezes de notas de esclarecimentos a população do Estado, o que demonstrava a importância e receptividade dessa opinião para a população a respeito do evento, e que de acordo com essa impressão, as pedras do tabuleiro nas estratégias dos dois lados se alteravam. Esse aspecto foi constante em todas as greves dos anos oitenta em Belém, mais ficou ainda mais latente na greve de 1985, durante o governo de Jáder Barbalho. O governo buscou articular uma série de entidades de bairros da capital paraense, principalmente dos lugares da cidade onde o Governo do Estado vinha desenvolvendo políticas de saneamento nas "baixadas" de Belém. Como uma moeda de troca, pediu o apoio desses centros comunitários para que pudessem se manifestar contra a greve dos professores. Então, dezenas de entidades comunitárias foram, nos primeiros dias de agosto de 1985, até o Palácio Lauro Sodré se solidarizar com o governo, e isso teve um grande impacto nos rumos dessa greve, que já era a maior da história do movimento, com mais de oitenta dias de greve. Nessa disputa por apoio, onde a informação era usada como o cabo de guerra, na assembleia da categoria o dirigente Edmilson Rodrigues disse, de acordo com o jornal: "o comando de greve apresenta como sugestão para os professores e servidores nessa assembleia, a proposta de suspensão da greve, uma vez que sua continuidade coloca em risco o próprio apoio ao movimento".[71] Edmilson estava se referindo ao apoio das comunidades, que era decisivo para a continuidade ou não da greve. No governo de Alacid Nunes, a principal arma usada era a tentativa de desle-

---

71   Jornal *A Província do Pará*, 7 de agosto de 1985, p. 12.

gitimar os passos do movimento de professores, quanto, por exemplo, era marcada uma paralisação de advertência, o governo se antecipava e suspendia as aulas, para construir um discurso na imprensa que não havia tido aula, não por que a APEPA assim determinou, mas por que o governo dispensou os professores,[72] numa típica disputa com o movimento.

Certamente, cada uma dessas greves teve dinâmicas e particularidades importantes de acordo com as mudanças que a sociedade belemense e brasileira vinham passado, sendo peças chaves interessantes para conhecer os sujeitos, e principalmente os professores, nessa temporalidade da década de 1980, que experimentaram situações de vida cotidiana e política que não se isolavam em si, mas faziam parte de uma cenário que dialogavam em muito com o seu contexto, de modo que é importante perpassar por essas quatro experiências grevistas dos professores em Belém e perceber suas motivações, anseios, durações, fases, mobilização, entrada em greve, permanência e saída de greve. E como esses professores vão compartilhando experiências que forjam uma tradição de luta e enfrentamento em relação aos governos estaduais, conformando uma determinada maneira de se perceberem e de compreenderem o mundo, de confrontarem o individualismo através de práticas coletivas de organização.

Greve de 1980 no governo de Alacid Nunes: greve de parte, mas compartilhada por todos

No alvorecer dos anos oitenta do século XX, os professores do Estado do Pará tinham uma dúbia organização em relação aos seus vínculos. Como a Constituição imputava aos Estados à obrigatoriedade no atendimento as crianças de 7 a 14 anos, o Governo Estadual paraense passou a organizar, desde fins da década de 1960, a prestação do serviço educacional de duas formas: o ensino de 1º grau ficaria a cabo da Secretaria de Educação do Estado do Pará, onde os professores teriam vínculos de estatutários, com as garantias e direitos de servidores públicos, e o ensino de 2º grau, passaria as mãos de uma Fundação, a Fundação Educacional do Pará, onde a

---

72   Jornal *O Estado do Pará*, 7 de novembro de 1980, p. 4.

relação de trabalho do professor, apesar de prestar serviço para o governo do Estado e ser pago por este, era considerado como uma espécie de celetista, regido pela Consolidação das Leis do Trabalho. Esses professores da FEP eram contratados, por uma teia de interesses e dividendos políticos, em que até mesmo a direção das escolas participavam diretamente dessa contração, e depois de dois anos, passavam por uma "classificação", que significava ter certa estabilidade.

No decorrer dos anos setenta e no inicio da década de 1980, a Fundação Educacional do Pará, vinculada ao Governo do Estado, não cumpria com uma série de direitos que os professores tinham, em função de estarem ligados ao direito privado, como 13º salário, anotações em suas carteiras de trabalho, Previdência Social e os reajustes semestrais.[73] Alguns professores, através da orientação jurídica do Sindicato dos Professores do Pará (SINPRO), antes mesmo da existência da APEPA, moveram ações ao longo da década de 1970 cobrando esses direitos trabalhistas que o Governo do Estado, através de sua Fundação Educacional, não cumpria. Essa ação foi referendada pela Justiça do Trabalho, contabilizando uma dívida de mais de 700 milhões de cruzeiros para o Estado paraense.[74] De modo que o Governo de Alacid Nunes se viu numa encruzilhada política: se mantivesse o ensino de 2º grau na FEP, teria que assumir responsabilidades financeiras relacionadas à CLT com aproximadamente 1500 professores que atuavam nos estabelecimentos de 2º grau em todo o Pará,[75] provocando um impacto "significativo" nas contas do governo, com um ensino que "nem era considerado obrigatório". A política de educação do governo concentrava-se muito mais no ensino de 1º grau em termos quantitativos, pois, em fins de 1980, para 33 estabelecimentos de 2º grau administrados pelo governo esta-

---

73   O novo Ministro do Trabalho do governo de João Baptista Figueiredo, Murilo Macedo, convenceu o presidente de que era necessário fazer mudanças na fórmula de reajuste anual do salário mínimo, pois com índices da inflação beirando a casa dos 100%, o valor real do mínimo vinha caindo com o passar do tempo. Foram adotadas duas mudanças, que o Congresso aprovou pela lei 6708: os reajustes salariais seriam semestrais e variáveis, de acordo com as categorias salariais. Cf. SKIDMORE, Thomas. *Op. Cit.* p. 434.

74   Jornal *O Estado do Pará*, 16 e 17 de novembro de 1980, p. 5.

75   Ministério da Educação e Cultura, Secretaria de Informática, Serviço de Estatística da Educação e Cultura. Anuário Estatístico do Brasil 1983. Rio de Janeiro: IBGE, v. 44, 1984.

dual, que desses 12 ficavam em Belém, havia, em 1981, 2.099 estabelecimentos de 1º grau geridos pelo Estado.[76] Então, tensionado pela Justiça do Trabalho e por uma ofensiva organizativa que os professores vinham trilhando desde o primeiro semestre de 1979, a partir da fundação de sua primeira entidade organizativa, a APEPA, e intensificada em 1980, com solicitações de reuniões e atos de ruas em Belém, muitas vezes criando embaraços públicos ao Governador Alacid Nunes e a sua "autoridade", o Governo Estadual elaborou um projeto e enviou através de Mensagem à Assembleia Legislativa para que o aprovasse no prazo de trinta dias. Esse projeto, enviado a Assembleia no segundo semestre de 1980, pretendia que a Fundação Educacional do Pará, até então a única responsável pelo ensino de 2º grau, ficasse responsável a partir de então somente com o ensino de 3º grau, ou seja, o superior, voltando todo o 2º grau à jurisdição da Secretaria Estadual de Educação (SEDUC). Essa foi uma decisão tomada nos gabinetes palacianos sem nenhuma negociação ou consulta aos professores envolvidos ou a entidade que os representava. Ao ser implementado essa mudança, ela geraria impactos na vida desses mais de mil e quinhentos professores do Segundo Grau, sobretudo, em relação à possível diminuição de salários, uma vez que a remuneração na SEDUC era inferior a da FEP, conforme quadro a seguir. Como também na perda de direitos trabalhistas que a justiça passava a garantir como direitos de fato dos professores. Esse temor se apresentava como real, principalmente por que o governo não deixava claro nas mensagens e notas públicas à imprensa, como se daria esse processo e como seriam reparadas essas prováveis perdas. Como dito acima, do ponto de vista financeiro, havia uma diferença entre trabalhar na SEDUC e na FEP.

Quadro 12: Salários dos professores na FEP e na SEDUC antes da greve de 1980

Entidade	Salário por hora-aula	Formação do professor
FEP	120,60 Cruzeiros	Licenciatura Plena
SEDUC	90,30 Cruzeiros	Licenciatura Plena
FEP	96,60 Cruzeiros	Licenciatura Curta
SEDUC	76,00 Cruzeiros	Licenciatura Curta

Fonte: Jornal *O Estado do Pará*, 12 de novembro de 1980.

76 Ministério da Educação e Cultura, Secretaria de Informática, Serviço de Estatística da Educação e Cultura. Anuário Estatístico do Brasil 1984. Rio de Janeiro: IBGE, v. 45, 1985.

Segundo os professores, as perdas com essa transferência eram grandes, como: a) a categoria perderia o direito do aumento semestral, ficando apenas com um aumento por ano, isso se o governo tivesse verbas disponíveis; b) perderiam o 13% salário, que pela primeira vez iriam receber; c) perderiam o vínculo com a CLT. Aliado a essas questões, pesavam a indignação da maioria dos professores diante das incertezas do que ocorreria com eles de lá pra frente, e o sentimento de injustiça por prática considerada abusiva pelos professores, sem canais de negociação e diálogo, o que eram tidas como práticas típicas dos governos "autoritários". Agora era uma questão ligada a uma parcela apenas dos professores da rede estadual. Professores que mesmo reclamando dos seus salários, esses eram vencimentos maiores do que os recebidos pela maioria vinculados a SEDUC. Agora, muitos professores eram ao mesmo tempo da FEP e da SEDUC, algo que poderia ser um impulso para uma greve de toda a categoria docente ligada ao governo estadual, no entanto, as amarras eram ainda mais fortes aos professores de 1º grau, que se viam compelidos a apenas se solidarizar com eles mesmos ou com seus pares do 2º grau.

Diante de toda uma atmosfera em torno do ato de fazer greve em 1980, que ainda não era dos mais favoráveis, principalmente para professores públicos, mesmo que já tivessem exemplos em outros Estados brasileiros de greve de professores, como no Rio de Janeiro, São Paulo, Minas Gerais, entre outros lugares, os professores de Belém ligados ao ensino estadual, em assembleia, diante da posição do governo em não apresentar uma saída ou esclarecer mais sobre o projeto de transferência, resolveram aprovar primeiro três dias de paralisações como "o objetivo de sensibilizar o governo para retirar o projeto da Assembleia". Na segunda-feira, dia 10 de novembro de 1980, aconteceu um encontro do governador Alacid Nunes com dezessete professores, da APEPA e de representantes das escolas de 2º grau de Belém. Mesmo que por algumas vezes fosse possível o diálogo, o governador existia em dizer na imprensa que "estamos sentido que o que está havendo é uma distorção nos objetivos do professorado".[77] A partir dessa interpretação do governador, conforme o jornal da época é possível perceber um estranhamento por parte do governo em relação a essa tomada de atitude dos professores em pararem com suas atividades,

---

77   Cf. Jornal *O Estado do Pará*, 11 de novembro de 1980, p. 3.

pois não era isso o objetivo da função dos professores, lutar ou fazer greve, mas sim está dentro da expectativa de que ser professor era uma missão, um sacerdócio, e que esse tipo de postura não era "digno" da função. Nesse momento ainda havia um certo estranhamento no fato do professor fazer greve Por tudo, os professores saíram dessa reunião com o Governador Alacid Nunes sem nenhuma resposta a respeito do encaminhamento do projeto, que era chamado por eles de "anti-FEP".

Mediante as respostas de que não era possível avançar nas negociações, os professores de 2° grau, membros da APEPA e presidentes de associações das escolas de Belém, reunidos em assembleia na Escola Santo Agostinho, da Igreja de Santa Cruz, decidiram paralisar as atividades nas doze escolas de 2° grau de Belém, primeiro por três dias, sendo que no terceiro dia realizariam uma nova assembleia para decidir sobre a suspensão ou aprovação de uma greve por tempo indeterminado,[78] que foi aprovada na assembleia realizada no Sindicato dos Trabalhadores na Estiva, na Rua Gaspar Vianna, mas com uma particularidade: voltar as salas de aula nos dias 17 e 18 de novembro de 1980, segunda e terça-feira, com o objetivo de conversar com a comunidade estudantil e os pais, e no dia 19, quarta, retomar a greve.[79] Mais isso foi acompanhado de muitas discussões e denuncias de professores que não participaram nos três dias de paralisações anteriores, percebendo-se também um conflito no interior da categoria. A notícia da efetivação da greve gerou em Belém uma grande discussão a respeito, pois no bojo de greves juntamente com os professores da Universidade Federal do Pará, era algo novo nos acontecimentos políticos da cidade no período após os anos mais duros da repressão e derradeiros dos governos militares, gerando um grande apelo nos meios de imprensa e debates na sociedade da capital paraense.

No início da greve de 1980, o governo estadual partiu para a ofensiva, usando os jornais da cidade para lançar nota acusando que aquela greve era ilegal. Dizia a nota:

> Alerta o Governo do Estado aos professores e alunos da rede oficial, para ilegalidade de uma greve, como a anunciada, em serviço público essencial, no caso de ensino, e os prejuízos e conse-

---

78 Jornal *O Estado do Pará*, 08 de novembro de 1980, p. 3.

79 Jornal *O Estado do Pará*, 15 de novembro de 1980, p. 2.

quências danosas que advirão aos mestres e alunos com a paralisação das atividades, normalmente em época de exames finais.[80]

O governo passou a fazer uso dessa arma contra os "insurgentes", argumentado que a educação se tratava de um serviço público essencial e que, portanto, os
professores que aderissem estariam incorrendo em uma ilegalidade, devendo ser res-
ponsabilizados por esses atos. Os professores contra argumentavam de uma forma
que reforçava a concepção do governo Alacid Nunes, que entendia que no serviço
público as greves eram ilegais, pois diziam que como eram servidores da Fundação
Educacional do Pará e essa Fundação estava regida pela CLT, podiam e estavam amparados pelo direito trabalhista de fazer greve, coisa que por outro lado quem era
servidor público não podia, uma contradição em relação as suas próprias atividades,
pois além de atuarem no ensino de 2º grau sendo pagos pelo Governo do Estado,
muitas vezes eram também do ensino de 1º grau, e com a sustentação desse tipo de
fala, só lhes tiravam supostos direitos. A greve era uma questão muito discutida nos
últimos anos da década de 1970 e princípios da de 1980, tanto que vários projetos
corriam no Congresso Nacional com o objetivo de regularizar o direito de greve.
A esse respeito, existia uma posição bastante clara do Governo do presidente João
Figueiredo, como a posição do ministro chefe da Secretaria da Comunicação Social
da Presidência da República, Said Farhat, que dizia que era necessário diferenciar
as greves de funcionários públicos e as dos setores privados, pois, para ele, "a paralisação por parte de funcionários públicos, sejam municipais, estaduais ou federais
é ilegal. O Governo Federal, em face da constituição, segundo ele, não poderia reconhecer aos funcionários públicos o direito de greve, e em seguida ele arrematava
que "a greve em outros setores, nos setores privados, dentro da legalidade que rege o
direito de reivindicar dos trabalhadores, são encaradas pelo Governo Federal como
fatos normais da vida democrática".[81] É de se observar então que a lei e o direito de
greve desempenhavam um papel a exercitar formas de dominação, diante de uma
cultura política que vinha sendo construída, não só pelos professores, como pelos
servidores como um todo, de resistência, de modo que mesmo vigorando esse tipo

80   Jornal *O Estado do Pará*, 12 de novembro de 1980, p. 2.
81   Jornal *O Liberal*, 08 de maio de 1979, p. 13.

de pensamento, os professores públicos do Brasil, e do Pará, usando de subterfúgios adotavam uma forma de justiça, em que suas causas eram legítimas, que as leis que eram injustas. Esse aspecto da legalidade ou não vai ser uma das marcas dessa greve de 1980. Era um governo que ainda apresentava muito de continuidade em relação ao regime militar, e que, portanto era visto como um reprodutor da política autoritária, mesmo que o governador Alacid Nunes não fosse mais o mesmo do primeiro mandato, do final da década de 1960 e princípios de 1970, em que a repressão e o regime se endureceram, e assim ficou também na memória de muitos professores:

> O governo do Alacid Nunes era truculento, a lembrança que eu tenho do governo dele é aquela de demissão de professor de botar na prisão, de botar nos carros, naqueles carros… Enfiar os professores dentro daqueles carros… Como é que a gente chama? Aquele camburão. Botaram a Ermelinda, foi presa e jogada dentro do camburão, o Ronaldo que foi embora lá pro interior, nunca mais eu vi. Vários trabalhadores. O tratamento era, por exemplo, jato de água em cima da gente, não tinha bomba, era borrachada mesmo. Mas logo no inicio, quando o movimento popular também começou a fluir, porque nós fluímos junto com o movimento popular, era cavalaria, eles jogavam os cavalos em cima da gente. Depois a gente começou a se defender também, a gente pegava os caroços de açaí, juntava nos saquinhos e aí tinha uma voz de comando. Que dizia assim" pode soltar", aí a gente soltava os caroços de açaí e os cavalos iam caindo todos, mas eles botavam a cavalaria em cima da gente.[82]

A estratégia sempre presente do governo estadual era ameaçar a respeito de que a greve era ilegal, fator que mexia com muitos professores, mas que não foi suficiente para que uma parte significativa buscasse a organização e participação no processo da greve.

Como a APEPA não tinha sede, muito menos veículo próprio para realizar as mobilizações, contou com a solidariedade e articulações de outros movimentos par-

---

82   Rosa Olivia, entrevista em 4 de abril de 2014.

tidários, sindicais e populares para fazer o enfrentamento e contraposição diante da política de comunicação do governo estadual, que tentava convencer a opinião pública da cidade, que só tinha ocorrido uma greve porque os professores não estavam entendendo as intenções do governo. Por outro lado, os professores encontravam formas muito mais simples de divulgar à comunidade escolar e em geral sua versão, principalmente no corpo a corpo dos bairros, na frente das escolas, nos ônibus. Mas o empate principalmente se dava dentro da própria escola, pois não era uma fórmula simples de ser equacionada logo de imediato a adesão ou não de um professor à greve, pois sabemos que o engajamento preconiza não apenas a consciência de classe, mas também o sentimento de pertença e identidade, bem como as condições objetivas que possibilitem essa identidade. Muitos professores queriam aderir a greve, mas se sentiam ameaçados por não ter estabilidade na Fundação, o que não impedia, muitas das vezes, de se solidarizar com a luta, mesmo não participando de forma direta pois pensava que correria risco em relação ao seu emprego.

Após a aprovação da greve, as lideranças da APEPA, entre elas Ermelinda Garcia, Venize Rodrigues, Hamilton Ramos, Orlando Melquiades, Regina Mendes da Silva, José Alves Cunha, Durbiratan Barbosa, entre outros, trataram de fazer valer a greve como representativa, mostrando que os motivos que a levaram a acontecer eram de insatisfação de toda a categoria. Nesse sentido, as escolas paradas representavam esse indicativo para o governo e para a população da cidade. Depois do chamado para a greve através do diálogo com a categoria nas escolas e da distribuição de informativos que visavam convencer os professores a respeito da justeza de suas reivindicações, o primeiro dia de greve mostrou um quadro parcial de adesão ao movimento. Escolas como o IEP (Instituto de Educação do Pará), Souza Franco, Paes de Carvalho e Pinheiro Porto, após conversas nas portas das escolas e piquetes,[83] tiveram suas atividades suspensas. Enquanto outras, como o Deodoro de Mendonça, Magalhães Barata, Orlando Bitar e Integrado, funcionaram parcialmente.

Os embates eram fortes nas portas das escolas, não só com a Polícia Militar e o Dops, que estavam a serviço do governo para estabelecerem a ordem, como será

---

83   Ato de impedir, através do convencimento ou a força, a entrada de trabalhadores, no caso professores, ao local de trabalho em um processo de paralisação ou greve.

visto no próximo tópico nesse capítulo do livro, mas principalmente com os professores que não queriam aderir ao movimento e com as direções de escolas, que na maior parte dos casos, devido ocuparem um cargo de direção que era resultado da indicação política do governo, tentavam de alguma forma disputar a consciência dos professores para que eles não participassem da greve. A adesão ou não a essa greve de 1980, tinha um componente conjuntural, pois os sujeitos de acordo com interesses e leituras de mundo faziam suas escolhas, como o caso, segundo a imprensa, da postura do professor de Química da Escola Orlando Bitar, que disse: "não aderir ao movimento por questões de princípios",[84] ou outros casos considerados curiosos e estranhos para a imprensa e professores, como o do professor que era presidente do Sindicato dos Professores de Belém, que tentou "furar" a greve no Colégio Augusto Meira.[85] O universo de doze escolas estaduais de 2º grau em Belém permitia um contato mais direto e perceptível de quem era quem, e a maior parte da direção da APEPA trabalhava em algumas dessas escolas e os embates do convencimento fizeram essa greve ter uma pessoalidade muito grande. Tanto que no processo da greve, as assembleias dos professores faziam levantamentos nominais dos "fura-greve", nomes que eram inclusive disponibilizados para a imprensa divulgá-los. Havia uma percepção da direção do movimento que era inadmissível os professores não acatarem como um todo a decisão tirada em assembleia, tanto que Durbiratan dizia, conforme o jornal, que dos "1.800 professores, cerca de 1.500 estão interessados em que a greve persista. Se 200 furam é muito, mas nós vamos procurar evitar que continuem a furar a greve".[86] Entende-se que era um grande prejuízo esses professores não pararem, uma verdadeira ofensiva "contra a classe", isso expressa um pouco como eles entendiam a questão da consciência de classe e da disciplina que os professores deveriam ter em relação a sua categoria.

No transcorrer do processo da greve, com a adesão ao movimento crescendo e se tornando bastante significativa, mesmo diante de algumas resistências nos dias

---

84   Jornal *O Estado do Pará*, 13 de novembro de 1980.

85   *Idem.*

86   Jornal *O Estado do Pará*, 20 de novembro de 1980.

iniciais, com os já dito "fura-greve", chegando à sexta, dia 21, a alcançar, quase cem por cento de escolas paralisadas.[87]

Imagem 7. Dionísio Hage, Secretário de Educação durante grande parte do governo de Alacid Nunes.

Fonte: Jornal *O Estado do Pará*, 29 de abril de 1979, p. 07.

É de se destacar nessa greve a atuação dos alunos de várias escolas de Belém, não só se solidarizando com os professores, mas também deflagrando greve entre estudantes, como no caso do Colégio Souza Franco, que além de apoiarem os professores, eram também contra o projeto de lei que tramitava na Assembleia Legislativa que transferia o 2º grau para a esfera da SEDUC. Os alunos ameaçavam inclusive entrar em greve por tempo indeterminado, e contaram em suas manifestações na frente

---

87   Jornal *O Estado do Pará*, 22 de novembro de 1980, p. 4.

do Souza Franco com o apoio de outros estudantes e entidades, como do GREMPS (Grupo de Reconstrução do Movimento Primário e Secundário). Ao longo dos protestos, os estudantes desabafavam: "o Souza Franco não pode ser destruído e nem ser feito daquela escola uma de 3º grau. Vão destruir as de 2º grau que já existem. Não podem aniquilar nossas escolas", e diziam mais: "o professor Dionísio Hage nos chamou de moleques, mas somos adultos e sabemos o que queremos".[88] Desse modo, os alunos tinham outras experiências e não viviam as agruras dos professores, mas se solidarizaram com seus mestres, no entanto, tinham interesses em jogo também com esse movimento: primeiro como um espaço de fortalecimento e disputa de espaços políticos dentro do movimento estudantil de então, sendo um cenário positivo para potencializar lideranças e capitalizar vitórias para determinados grupos políticos de estudantes, e por outro lado, o fato de que uma das intenções do governo era transformar o Souza Franco na sede na FEP, quando administrasse apenas o ensino de 2º grau. Como entendido, o comprometimento e identidade com uma determinada causa está muito relacionado aos interesses do grupo que a faz. Mesmo a greve dos professores trazendo uma conseqüência imediata aos alunos que era a falta das aulas, havia outros interesses que os aproximava, mas nunca o sentimento de pertença de classe.

Como o principal motivo da greve era um projeto que estava tramitando na Assembleia Legislativa do Estado, o foco dessa greve de 1980 convergiu para o poder legislativo, fator inclusive usado de forma hábil pelo governador Alacid Nunes, que mesmo sendo o projeto de iniciativa do executivo, repassava os olhares da opinião pública e a peregrinação dos professores para a casa legislativa. Na Assembleia, a greve dos professores passou a ser usada como um cabo de guerra político entre situação e oposição, e, sobretudo, pelas disputas entre os dois principais grupos políticos no interior do PDS: jarbistas e alacidistas.

Como o impasse era grande na Assembleia em relação ao projeto, pois até mesmo os deputados governistas se sentiam constrangidos em ter que apoiar o projeto do executivo e de certa forma "virar as costas" para os professores, de onde vinha um importante colégio de eleitores, passou a usar uma estratégia, através de

---

88   Cf. Jornal *O Estado do Pará*, 11 de novembro de 1980, p. 3.

suas lideranças na assembleia legislativa, principalmente do presidente da casa, Lauro Sabbá, de segurarem o máximo possível para colocar o projeto em votação, pois alcançando trinta dias consecutivos, de acordo com o regimento, o projeto seria aprovado automaticamente, o que chamavam na época de aprovação por decurso. Assim os governistas não se exporiam, além de impedir que a bancada de oposição, deputados do PMDB e Jarbistas, articulassem uma rejeição ao projeto quando da sua colocação em plenário para votação. Toda essa movimentação foi acompanhada durante alguns dias sob os olhares vigilantes de muitos professores que se amontoavam nas galerias da Assembleia, se manifestando diante das tentativas dos deputados governistas tentarem frear a votação, inclusive com vaias. A discussão na Assembleia foi muito intensa entre os deputados a respeito desse projeto da FEP, sendo rejeitado por suas vezes em comissões internas da assembleia, inclusive da Comissão de Justiça, que aconselhava ao plenário a rejeição do projeto.

O projeto foi levado ao plenário para votação no dia 25 de novembro de 1980, com calorosos discursos, principalmente do líder do governo na assembleia, o deputado Célio Sampaio, que defendia o governo e, segundo os professores, os provocava. Então, o projeto foi votado, mesmo com muitos ausentes no plenário: dez deputados votaram contra o parecer da Comissão de Justiça, que rejeitava o projeto, e dezesseis a favor do parecer da comissão, portanto, reprovando o projeto do governo de transferência do segundo grau para a SEDUC.[89] Terminada a votação, os professores presentes nas galerias chegaram a chorar, gerando uma grande euforia e alegria entre eles, o que fez pronunciarem palavras de ordem como a "vitória é nossa" ou "o povo unido, jamais será vencido". Saíram das galerias em passeata pelas ruas de Belém, comemorando a vitória e dizendo que voltariam imediatamente para as salas de aulas, aprovando o fim da greve. A esperança do início de um novo momento e de um futuro melhor para esses professores eram perceptíveis em seus rostos de alegria.

Após a rejeição do projeto, o presidente da FEP, Manoel Moutinho, admitiu que o governo já começava a estudar uma forma alternativa para tentar resolver aquilo que eles argumentavam que era um problema. Segundo o estatuto da FEP, a sua extinção poderia ser decretada pelo próprio conselho diretor, com a maioria

89   Jornal *O Estado do Pará*, 26 de novembro de 1980.

de 2/3 de votos, como versava a o artigo 44. As punições aos grevistas também já eram admitidas pelo governo, mas seriam estudadas, mas que de imediato os dias parados seriam descontados.[90] O Governo Estadual, mesmo diante do insucesso momentâneo, não pensava em abrir mão desse processo de mudança na organização da educação no Pará, tanto que o Secretário da fazenda de Alacid Nunes passou a usar outra estratégia diante da opinião pública, que não era admissível manter fundações que acabavam provocando desníveis salariais entre os servidores e que, portanto, era necessário acabar com tais fundações, e que se não era possível nivelar por cima o jeito era nivelar por baixo, e que se continuasse assim, ia chegar o momento que um professor da FEP estaria ganhando o mesmo que um desembargador, segundo o Secretário Clóvis Mácola.[91]

O governo, após a greve, não tinha desistido e mantinha a esperança de transferir para a SEDUC o ensino de 2º grau, fato que foi consumado no segundo semestre de 1981, em função também da fragilidade organizativa da categoria naquele momento, pois a Associação dos Professores do Estado do Pará (APEPA) foi duramente tratada pelo governo, que além de deslegitimá-la, passou a adotar uma política revanchista em relação a muitos professores que participaram da greve: vigilância sobre as lideranças e alguns casos de demissões para os participantes do movimento, aspectos que serão importantes na experiência histórica de organização dos professores em Belém.

A greve de 1983: resistência diante as "desilusões" do governo Jáder

Mesmo diante de uma das mais graves crises econômicas que o Brasil já havia passado nos últimos tempos, a população paraense não se desesperançava. A expectativa criada pelos professores em relação ao novo governo, o de Jáder Barbalho, foi muito grande, por tudo o que ele passou a representar nesse contexto de transição democrática, e particularmente por seus projetos em relação à educação. Era mais

---

90   Jornal *O Estado do Pará*, 27 de novembro de 1980, p. 3.

91   Jornal *O Estado do Pará*, 28 de novembro de 1980.

um passo rumo a esperança da volta da democracia e por conseqüência, expressava para muito dos movimentos sociais paraense mais um golpe na ditadura já cambaleante. Na eleição de 1982, o PMDB no Estado do Pará aglutinou em torno da candidatura de Jáder Barbalho um setor expressivo das oposições paraenses, muitos movimentos sociais e populares, incluindo muitos professores, que apoiaram a sua candidatura, que mesmo com o apoio de Alacid Nunes, já em dissidência com o projeto do planalto, se colocava em oposição ao partido oficial do Governo Federal e da ditadura: o PDS, representado pelo candidato de Jarbas Passarinho, Oziel Carneiro. Mas como as percepções do mundo social variam de sujeito a sujeito, a população paraense conferiu uma disputa não tão simples, vencendo Jáder por uma maioria de votos não tão grande.[92] Segundo a professora Rosa Olívia:

> Agora muita gente votou no Jader Barbalho. Representava a mudança. Agora, acredito que uma parcela significativa da categoria não votou na direita, nos partidos que representavam a ditadura militar. A nossa categoria teve uma guinada pro movimento pela redemocratização do país, as lutas serviram pra isso. Mas não serviu pra levantar a bandeira do socialismo, como não serve até hoje, nós não temos na nossa base todo mundo levantando a bandeira do socialismo, nós sabemos disso. Não serviu pra isso, mas serviu pra abraçar a causa da redemocratização do país e da nova constituição.[93]

Era grande a expectativa sobre o governo de Jáder Barbalho, principalmente por parte dos movimentos sindicais, populares e entidades ligadas as organizações de esquerdas na cidade de Belém, como também no campo.

Passado os primeiros meses da posse do governador, o segundo semestre foi marcado por enorme agitação dos movimentos sociais tentado cobrar a fatura pelo apoio dado a Jáder Barbalho. Jáder havia assumido muitos compromissos, como diz a Pastora Rosa Marga Rothe: "As pessoas que militavam nos partidos de esquerda e no

---

92   Sobre as eleições de 1982 no Pará, ver PERE, Petit. *A esperança equilibrista*: a trajetória do PT no Pará. São Paulo: Boitempo Editorial, 1996, p. 105 – 111.

93   Rosa Olívia, entrevista em 04 de abril de 2014.

Movimento pela Libertação dos Presos do Araguaia logo se decepcionaram, pois a ajuda financeira prometida por Jáder ao MLPA em uma de suas assembleias nunca veio".[94]

Um dos movimentos mais ativos nesse contexto foi o dos professores do ensino estadual de 1º e 2º graus. Após a desagregação da APEPA, como experiência organizativa, desde 1982 algumas lideranças, entre novas e as remanescentes da Associação, reuniram esforços no sentido de criar uma nova estrutura de mobilização e organização dos professores, o que foi amadurecendo mais ainda em 1983 com a criação de uma Comissão Central, que levaria a cabo a luta dos professores ao longo desse ano, e também teria a tarefa de construir um movimento de organização que culminaria na elaboração de um congresso para fundar uma nova entidade. Segundo a professora Ana Selma Castanheira:

> No primeiro semestre de 1983 algumas assembleias foram realizadas, onde foi eleita uma comissão central do movimento. Essa comissão foi composta por quinze professores, tanto da rede estadual como municipal da cidade de Belém e da vila de Icoaraci. Iniciou-se então um grande processo de mobilização, onde o objetivo principal passa a ser de organizar a categoria em Belém. A comissão central tinha como meta organizar a categoria não só em Belém, mas também contatar diversos grupos organizadores nos demais municípios do Estado. Uma das primeiras decisões em assembleia foi integrar de imediato o professor primário no movimento.[95]

As condições da economia brasileira, e por conseqüência paraense, eram bastante difíceis nesse momento, como visto no tópico anterior, o que refletia nas condições de vida e salariais dos professores, tanto que o vereador de Belém, Thompson

---

94   In: AZEVEDO, Dermi. *Travessias torturadas*: direitos humanos e ditadura no Brasil. Natal (RN): CDHMP, 2012, p. 106.

95   Ana Selma Castanheira, entrevista. *Apud*: PINHEIRO, Ivone Nonata Carvalho. *Trajetória de luta*: construção e atuação do movimento sindical dos trabalhadores em educação Pública de Belém do Pará. Belém: Universidade Federal do Pará, 2007, p. 41.

Mota, subiu na plenária da Câmara Municipal para cobrar do governador Jáder Barbalho, que pudesse pagar um salário melhor para os professores, pois ainda tinha professor no Estado que ganhava menos que um salário mínimo, pois, segundo ele, até o Piauí pagava mais aos professores do que o Estado do Pará.[96] E esse discurso não era somente dos políticos de oposição ao governo Barbalho: o líder do governo na Assembleia Legislativa, Célio Sampaio, argumentava da tribuna da Casa, que os professores viviam sim muitas mazelas, mas o principal responsável por isso era o Governo Federal, cuja política econômica atingia em seus efeitos todo o povo brasileiro, que via a cada dia que passava o salário ficar mais corroído pela inflação, pela aumento do custo de vida e por outras dificuldades. Eram comuns algumas matérias na imprensa, abordando o tema dessas dificuldades experênciadas pelos professores, muitas trazendo um viés sarcástico e irônico, como: "Futura professora pede para ser gari: ganha mais e ainda tem gorjeta".[97] Até o segundo semestre de 1983, 15 mil, dos 23 mil professores, segundo o Governo, ainda recebiam abaixo do mínimo regional, o que levava muitos a dizerem na cidade que com esses salários era melhor até ser gari.[98]

A partir de agosto de 1983, com a falta de uma sinalização positiva do Governo Estadual que pudesse demonstrar um interesse em mudar esse quadro, os professores passaram a ocupar as ruas de Belém, exigindo melhores salários, dignidade e respeito por parte de Jáder, e no clima da desilusão que tomava conta desses homens e mulheres, começou a ecoar palavra de ordem que seria uma das marcas destes protestos sociais contra Jáder, em 1983: "O povo elegeu, mas já se arrependeu".[99]

As relações entre a provisória Comissão Central do Movimento dos Professores e o Governo do Estado não eram tão harmônicas, o que fez o secretário de Educação do Estado, Wilton Moreira, por muitas vezes colocar restrições ao processo de entrada da Comissão nas escolas. Somente com autorização do secretário, é que foi possível aos professores que lideravam o movimento, terem acesso às escolas, levando panfletos, informes, cartazes e informações para a categoria, sendo que um

---

96   Jornal *O Liberal*, 09 de agosto de 1983.

97   Jornal *O Liberal*, 23 de setembro de 1983.

98   Jornal *O Liberal*, 26 de agosto de 1983.

99   Jornal *A Província do Pará*, 3 de setembro de 1983, p. 14.

dos panfletos continha o lema: "Professor valoriza-te: luta". Objetivando mobilizá-los para a primeira grande assembleia do segundo semestre, na quadra do Instituto de Educação do Pará (IEP), que apontaria um calendário de lutas e pontuaria os itens importantes a serem reivindicados diante do Governo Estadual, como:

a) salário mínimo mais 90% de reajuste para professores de 1º a 4º do primeiro grau;

b) 20% de gratificação sobre a carga-horária real para todos os professores (essa gratificação era o que eles chamavam de pó-de-giz);

c) não pagamento do internato médico hospitalar;

d) Estatuto do Magistério, criado prioritariamente entre professores e técnicos do estado, sob acompanhamento atento da categoria;

e) a defesa intransigente do ensino público e gratuito em todos os níveis;

f) mais verbas para a educação;

g) direito de sindicalização do servidor público.[100]

Na campanha salarial dos professores apareciam como pautas também a eleição direta dos diretores de escolas pela comunidade escolar, além de mais e melhor estrutura física para as escolas, pois os professores diziam que "faltava 17 anos para o ano de 2000, mas os professores paraenses ainda continuavam dando aula em esquemas medievais".[101]

É possível perceber que a defesa do ensino público como destaque na pauta se justificava, primeiro pela expansão do ensino privado, e porque havia nesse momento inúmeras cobranças de pagamento aos pais, como taxas de matrícula, requerimentos e outros serviços prestados pela escola. Mais verbas para a educação, pois o investimento Federal em educação em 1983 era de 4% do orçamento, sendo que os professores, numa articulação nacional, passaram a reivindicar 12%, e uma das principais argumentações para isso, era de que o governo investia quase 50% do orçamento em segurança. Pediam a doação de um prédio do Estado para a instalação da sede própria do "sindicato" dos professores e a readmissão dos professores demitidos por questões de organização da categoria, nos últimos anos, principalmente após a greve de 1980.[102]

---

100   Jornal *O Liberal*, 13 de agosto de 1983, p. 2.

101   Jornal *O Liberal*, 19 de agosto de 1983.

102   Jornal *O Liberal*, 13 de agosto de 1983, p. 2.

Assim, mesmo com uma pauta extensa, a questão do reajuste salarial tomou uma dimensão muito grande nessa campanha salarial de 1983, pois os professores passaram a sustentar como discurso que seria impossível sobreviver com os salários que ganhavam, não aceitando qualquer outra proposta que fosse inferior a 90% de reajuste.

Imagem 8. "Greve branca" nas escolas estaduais. Professores e alunos nos corredores do IEP conversando sobre as condições do ensino e da luta dos professores.

Fonte: *A Província do Pará*, 01 de setembro de 1983, p. 11.

Como resposta, o Governo Estadual conseguiu realizar algo que há tempo os professores não conseguiam: que nenhum professor da rede de ensino estadual, recebesse um vencimento inferior ao salário mínimo, o que seria proporcionado com um reajuste que o Estado concederia de 30%. Mais além desses 30%, os professores queriam mais 60%, totalizando 90%. Por sua vez, Jáder dizia que era justa a reivindicação mais que o Governo Estadual não tinha recursos, e que o seu governo não tinha os meios para controlar a inflação. Jáder argumentava que para melhorar as condições do ensino e do salário do magistério, era necessário aumentar as receitas do Estado. Ele defendia uma urgente reforma tributária e uma ampla reforma política, deixando subtendido que essa luta deveria ser transferida para o Governo Federal.[103]

Essa posição de Jáder, em reunião, foi muito contestada por muitos professores, que na esperança de dias melhores, diziam:

> Recordo da época da sua campanha, governador, quando o senhor tinha apresentado uma proposta de melhorar o setor educacional e que para melhorar era preciso começar pelos salários dos professores. Como é que o senhor elaborou um plano sem conhecer a realidade do Estado? O senhor não se preparou antes de assumir o cargo?[104]

Após essa audiência e a resposta negativa do governador, a Comissão Central realizou uma assembleia. Nessa assembleia, os professores se mostraram descontentes com a postura do governador, primeiro impositivo, condicionando receber um determinado número de professores, em que a Comissão queria que fossem 13 e Jáder 5, e também pela demonstração das contradições de um governo democrático, o que fez uma professora dizer em assembleia, "se os professores e estudantes elegeram o governador, podem derrubá-lo também".[105]

A partir dessa assembleia, passa a ficar perceptível uma grande preocupação da Comissão Central do Movimento de Professores com o interior do Estado, algo que não era novo. A APEPA já havia iniciado um processo de estadualização da organização dos professores, com várias reuniões em outros municípios, mas de forma frágil, e que a partir de 1983 vai se buscar de fato uma noção de federação, reunindo associações de professores das mais variadas cidades paraenses, tanto que nessa assembleia, sai como encaminhamentos principais, além de uma paralisação e de uma greve branca, os seguintes itens:

---

103 Jornal *O Liberal*, 26 de agosto de 1983, p. 12

104 Cf. Jornal *O Liberal, Idem.*

105 Cf. Jornal *O Liberal*, 28 de agosto de 1983, p. 15.

> Encaminhar um documento a todos os professores de Belém
> e do interior do Estado, relatando a história do movimento da
> classe e todas as conquistas até aqui conseguidas em decor-
> rência da luta do professorado; panfletagem intensa em todo o
> Estado, expondo as reivindicações dos docentes; elaboração de
> um documento denunciando a condição difícil em que vivem os
> professores enumerando seus pleitos; pedir ajuda a economistas
> e a especialistas ligados a área financeira, para que questionem
> a favor do pleito dos professores e convidar o governador e o
> secretario de educação para um debate.[106]

Na greve de 1983, os professores demonstraram uma experiência maior em relação à greve anterior de 1980, tanto que apareceram novos instrumentos para o processo de negociação com o Governo Estadual, como a "greve branca", aprovada por eles, que seria um momento não para o professor se afastar da escola e da sala, mas pelo contrário, ao invés de dar aula, os professores iniciariam uma discussão com os alunos sobre a realidade do ensino e das condições de lutas dos professores, evento que aconteceu com boa aceitação por parte dos alunos, e que os professo-res consideravam uma oportunidade para convencê-los de suas demandas. Ao falar sobre esse momento de tensão entre professores e Governo Estadual, o jornalista Lúcio Flávio Pinto em sua coluna no jornal *O Liberal* dizia:

> Quem seria contra a greve dos professores, sabendo da situação
> de vida e trabalho deles? A greve é muito delicada e que não
> pode ser desperdiçada. Dirigindo-se ao opositor, pode também
> levar ao desagregamento dos que praticam. Ela é resultado lógi-
> co de um processo evolutivo e ela requer algumas etapas preli-
> minares de negociação.[107]

Como resposta, e mesmo com críticas, o governo apresentava estratégias dife-rentes em relação ao governo anterior de Alacid Nunes, destacando-se o fato de chamar

---

106 Jornal *O Liberal*, 28 de agosto de 1983, p.15.

107 Jornal *O Liberal*, 31 de agosto de 1983.

os professores para dentro do governo, para que eles fossem partícipes de Comissões que pudessem averiguar o orçamento e planejamento do Estado, participando do estudo para elaborar um Estatuto do Magistério, e que por mais que fosse uma tática de Jáder para legitimar sua argumentação que o Governo não poderia ceder em relação a qualquer tipo de avanço de reajuste salarial, era a primeira categoria profissional com autorização a penetrar nos negócios do Estado e participar nos seus delineamentos.

Imagem 9. Concentração de professores em frente ao Palácio Lauro Sodré, na Praça D. Pedro II, em referência a greve de advertência (paralisação).

Fonte: Jornal *A Província do Pará*, 2 de setembro de 1983.

Nas reportagens sobre o movimento pré-greve dos professores na imprensa paraense, eram recorrentes matérias em que os alunos apareciam de forma "unânime", segundo os jornais, contra a greve, pois embora achassem justas as reivindicações por melhores salários, os mais prejudicados se a greve acontecesse seriam os alunos, que "ficariam sem estudar e no final do ano jamais teriam condições de passar".[108] Observa-se muitas vezes a tentativa de se construir nos jornais uma re-

---

108 Jornal O Liberal, 1 de setembro de 1983, p.12.

presentação negativa sobre a greve, numa verdadeira luta por representações[109] em relação a greve.

Nesse processo de conflito de ideias e de visões sobre o mundo social, o Governo Estadual reiterava a impossibilidade de atender a proposta de reajuste dos professores, mas inicia aquilo que seria uma das marcas da administração de Jáder Barbalho em relação aos professores: acusar de uso político-partidário o movimento, tanto que em nota dizia: "é preciso alertar o professorado do estado contra os que dele pretendem aproveitar-se, transformando suas justas reivindicações em instrumentos para outros fins e em vasão a frustrações oriundas do recente eleitorado a grupo e pessoas, quando da eleição de 15 de novembro próximo passado".[110] Jáder e seu governo anunciavam através da imprensa da cidade que a Comissão Central que representava os professores estava os manipulando, ao deixar de transmitir tudo que foi discutido, inclusive algumas conquistas do magistério, e para ele quem estava por trás dessa manipulação era o PT, aliado e fazendo o jogo do PDS, pois para ele: "o PT está trabalhando junto com o PDS".[111] Mesmo que a identificação do movimento, principalmente das lideranças, com o PT (Partido dos Trabalhadores) fosse inegável, os professores tentavam se resguardar ao máximo com a exposição pública do uso partidário, sobretudo daqueles considerados por eles fora de um arco de afinidades ideológicas, tanto que em uma passeata rumo ao Palácio Lauro Sodré chegaram a rasgar uma faixa do PDT, que dizia: "apoiamos a luta dos professores".[112] Se por um lado os professores levantavam o discurso que viviam uma situação miserável e que tinham se decepcionado com o governo Jáder, o governo Estadual estampava o discurso do uso político-partidário do movimento e que a arrecadação e orçamento do Estado do Pará não permitia qualquer tipo de avanço salarial.

---

109 Para Chartie, "as lutas de representações têm tanta importância como as lutas econômicas para compreender os mecanismos pelos quais um grupo impõe, ou tenta impor, a sua concepção do mundo social, os valores que são os seus, e o seu domínio". CHARTIER, Roger. *História Cultural: entre práticas e representações*. Rio de Janeiro: DIFEL, 1990, p. 17.

110 Jornal *O Liberal*, 5 de agosto de 1983.

111 Jornal *O Liberal*, 2 de setembro de 1983, p. 4.

112 Jornal *A Província do Pará*, 3 de setembro de 1983, p. 14.

Foram muitas as discussões e mobilizações ao longo do mês que antecedeu a greve de 1983, onde os professores recorrentemente se dirigiam ao Palácio Lauro Sodré através de passeatas pelas ruas da cidade, que contavam com três a cinco mil pessoas, utilizando de várias formas para sensibilizar não só o governo, mas principalmente a opinião da população de Belém, e além das palavras de ordens que se tornaram recorrentes nesse momento, como a tradicional "o povo elegeu, mas já se arrependeu", a teatralidade nas passeatas e atos estava sempre presente, desde a queima de um caixão que representava ou poder instituído ou a própria situação dos professores, até as encenações e parodias em marchas fúnebres de protesto, como em uma delas o grupo "Funebréticas", que cantava músicas de protestos, como o seguinte refrão "Dá, dá, dá, nosso noventão!".

Em meio as disputas e a todo um desgaste provocado nas relações entre governo e professores, aconteceu a assembleia do dia 1º de outubro de 1983, na Igreja de Nossa Senhora de Aparecida, no bairro da Pedreira, em Belém, considerada por muitos uma das maiores já realizada pelo movimento, com aproximadamente cinco mil pessoas, segundo a imprensa. Foi uma assembleia em que a maioria dos professores, após muitos embates no processo de mobilização, em função de restrições impostas pelo secretário de Educação, que será visto mais a frente nesse livro, já foram com os espíritos prontos e pelo sentimento ainda presente da "ideia, mesmo, revolucionária de mudança, de união da categoria, de lutar pelos interesses".[113] Essa assembleia foi marcada pelos embates e discursos apaixonados, mas não a respeito se deveria ou não ter greve, mas sim como se daria o percurso para se chegar à greve. Maior parte das falas na assembleia foram a favor da greve, com uma única exceção, a do professor Antonio Jorge, que fez a única proposta em contrário, pois achava que deveria se iniciar uma operação tartaruga nas escolas, para que a greve fosse deflagrada somente a partir do dia 15 de outubro. Ele disse ainda "vamos pensar com a razão e não com o coração",[114] disse ele sob vaias na assembleia.

Depois de se aprovar a greve por tempo indeterminável, tanto na Rede Estadual como Municipal de ensino, surgiu uma divergência: se assinariam ou não

---

113   Venize Rodrigues, entrevista em 21 de maio de 2014.

114   Cf. Jornal *A Província do Pará*, 2 de outubro de 1983, p. 14.

o ponto. Ubiratan Barbosa dizia que os professores deveriam assinar o ponto, já a professora Ermelinda Garcia dizia que não, pois "essa postura de assinar o ponto era acabar com a greve", e ainda falava mais: "temos que entrar em greve pela nossa organização, pelos nossos filhos, pela nossa miséria".[115] Como forma de contornar a questão dos pontos, se assinava ou não, surgiu uma proposta para mediar, de que os pontos seriam assinados nos atos e movimentos da Comissão Central de Organização dos Professores, para evitar o esvaziamento dessas atividades. E então a professora Ermelinda completou: "ninguém deve assinar o ponto na escola. Ou é greve ou não é. Tivemos força para decidir pela greve, agora vamos fazer o movimento, ou é agora ou nunca".[116] Por sua vez, a professora Venize: "que nunca antes uma greve geral foi deflagrada no Pará e para essa ter sucesso é necessário a união dos professores em torno do movimento para que o governador não diga novamente que os professores não querem *grevar* e que apostará no fracasso da greve".[117]

Decidido pela greve, o Governo do Estado passou para a ofensiva: tentar convencer a opinião pública, inclusive os próprios professores, que não tinha condições de atender suas reivindicações. O Governo apostava na divisão e que a maioria dos professores não iria aderir à greve, tanto que Jáder dizia: "é uma minoria, pois a maioria é lúcida e sabe que o governador do Estado não atende as reivindicações por que não pode".[118]

Desse modo, o principal enfrentamento seria no campo da disputa pela informação e convencimento da população sobre a justeza das reivindicações, por isso era necessário criar uma estratégia de mobilização não somente para que os professores que ainda não estavam convencidos a aderirem a greve, mas que também pudesse contar com a efetiva participação das comunidades dos bairros de Belém. Então surgiu como principal forma de organização e mobilização da categoria e da comunidade na greve de 1983 as Comissões de Bairros, que contava com uma estratégia na seguinte ordem: persuasão, convencimento e somente depois, caso necessário, piquete. Além da Comissão de Bairros, se constituiu a Comissão de Finanças, que

---

115   Cf. Jornal *A Província do Pará*, *Idem*.

116   Cf. Jornal *O Liberal*, 2 de outubro de 1983.

117   *Idem*.

118   Cf. Jornal *A Província do Pará*, 3 de outubro de 1983, p. 10.

pudesse assegurar a manutenção financeira do movimento enquanto ele durasse, que como forma de chamar a atenção da sociedade, surgiu a proposta de chamá-la de "SOS flagelados do magistério".[119]

Então se criou uma cadeia de comunicação, discussão e mobilização, que ia da Comissão Central de Organização do Movimento de Professores Públicos do Pará, passando pelas Comissões de Bairros, até chegar às Comissões de Escolas:

> A comissão de bairro era formada pelos trabalhadores das escolas e trabalhadores em geral do bairro, e ficava sobre a orientação de uma pessoa da Comissão Central. Cada um ia pro bairro que trabalhasse, e se por acaso não tivesse ninguém do bairro, a comissão central mandava outra pessoa para coordenar e orientar as nossas discussões e encaminhamentos da greve no bairro. Então, O Luiz Felipe, que fazia parte da Comissão Central, reunia na comissão do bairro da Pedreira, era o elo entre nós, nós tínhamos uma coordenação lá na comissão de bairro. Eu fazia parte dessa coordenação, era eu, a Ana Rosa, a Cassilda, a Ana Lúcia, a Lucimar e outra companheira que eu não consigo me lembrar do nome dela, éramos seis coordenadores de base da comissão de bairro e o Luiz Felipe era o coordenador da Comissão Central.[120]

Portanto, a organização do movimento dos professores em 1983, principalmente durante a greve desse ano, contou com reuniões que podiam ocorrer por escolas, nas Comissões de Escolas, onde lideranças da escola atuavam, nos bairros e nas assembleias gerais da categoria. Essa disciplina organizativa fez com que o lema da Comissão Central fosse nesse ano: "O trabalho organizado conduz à vitória".

---

119 Jornal *O Liberal*, 3 de outubro de 1983, p. 10.

120 Rosa Olívia, entrevista em 4 de abril de 2014.

Quadro 13: Organização do movimento dos professores em 1983

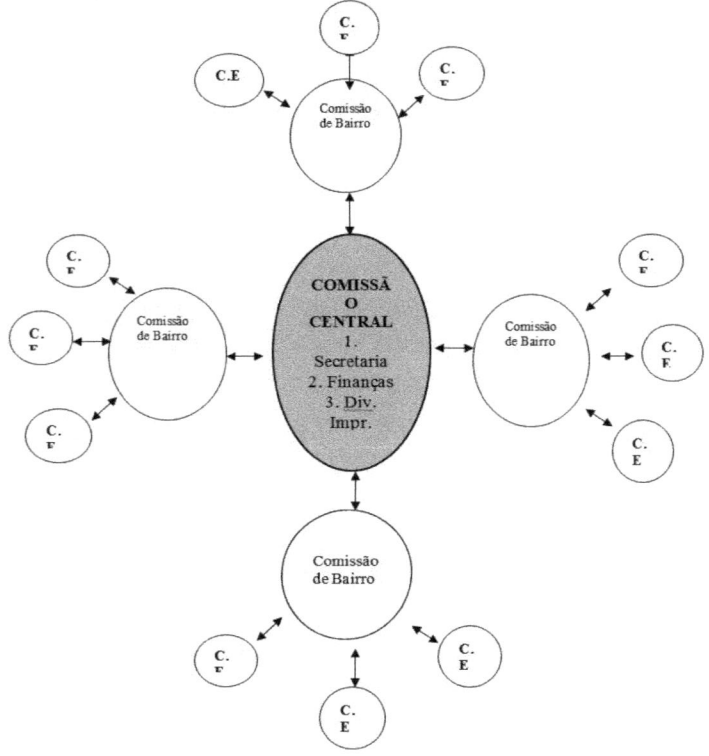

Fonte: Boletim Informativo dos Professores do Pará, ano 1, nº 3, 08/1983, p. 02.

O apoio de parte da população aos professores em meio a essa greve se deveu, sobretudo, em função principalmente do trabalho de mobilizações e reuniões nos bairros da cidade.

Logo após o início da greve, os professores passaram a distribuir para a comunidade escolar, a população de Belém e para a imprensa, um documento que justificava as razões da medida extrema de ter que entrar em greve:

> Nós, professores, tentamos tudo o que foi possível para mostrar nosso estado de miséria absoluta ao governador do Estado. Nosso clamor não encontrou receptividade no governador 'democrático'. O que nos foi dado como resposta foi a repressão total nas escolas. Que governador é este que não permite a or-

ganização dos trabalhadores? Que governador é este que se des-
mascara e tenta ludibriar os professores?[121]

Observa-se que os discursos da situação de miséria que os professores viviam
e a condição do Governo Jáder de ser democrático apareciam sempre como uma
forma de expressar a contradição. Principalmente pelas pressões que o governo, através do secretário de Educação, Wilton Moreira, vinha fazendo sobre o professores,
como a ameaça do corte de ponto, pois ele entendia que "é normal que quem trabalhe seja remunerado e quem não trabalhe não seja".[122] Mesmo com a forte atuação do
Governo, a greve teve uma boa adesão, fazendo com que no início poucos professores
comparecessem as escolas de Belém. Por outro, tinham os professores que resistiam
a entrar em greve. Os testemunhos que justificavam tal postura eram diversos: havia
os conformistas, que mesmo ganhando pouco não poderiam ficar sem esse pouco;
os que tinham plena confiança no governador e que ele iria resolver essa questão, até
aqueles que eram totalmente descrentes da greve como um instrumento que pudesse trazer algum ganho.[123] Havia divergências também dentro do movimento estudantil com relação essa greve dos professores de 1983. Grupos ligados, por exemplo,
ao ex-presidente da União Metropolitana dos Estudantes Secundaristas (UMES)
e o vice-presidente norte da União Brasileira dos Estudantes Secundaristas Pedro
Batista discordavam em suas leituras a esse respeito. Pedro Batista fazia um discurso
conformista e dizia que o governador já havia provado que não podia dá o reajuste e
que o grande vilão era Brasília, que era preciso realizar uma reforma tributária urgente, enquanto que, Wladimir Araújo responsabilizava pela greve o governador, e que
os professores estavam dando uma verdadeira aula para os estudantes.

Com o passar dos primeiros dias da greve, as lideranças do movimento de
professores sustentavam o discurso que a greve continuava forte e em crescimento,
que apenas duas escolas de Belém mantinham resistência parcial: Augusto Meira
e Dr. Freitas, que segundo eles, já eram escolas que tinham uma tradição de serem

---

121 Cf. Jornal *O Liberal*, 03 de outubro de 1983, p. 10.

122 Jornal *O Liberal*, 04 de outubro de 1983, p. 15-16.

123 Jornal *O Liberal*, 04 de outubro de 1983, p. 14.

"fura-greves". No dia 05 de outubro, a reportagem do jornal O liberal percorreu vinte e cinco (25) escolas, à tarde e a noite, e constatou que não houve aulas normais, mas, sobretudo por falta de alunos do que propriamente por falta de professores. Enquanto o governo, através do vice-governador admitia que na capital 60% das escolas estaduais estavam paradas, a Comissão Central dos Professores dizia que esse número passava dos 90%.

Imagem 10. Professores lutando por suas reivindicações ao longo da greve de 1983.

Fonte: *A Província do Pará*, 7 de outubro de 1983, p. 13.

Essa luta por uma representação positiva ou negativa da greve acabava sendo extremamente importante, pois os movimentos de avanço ou recuo de cada lado dependia muito de como isso era compreendido pela sociedade paraense, e os números de escolas paradas ou não eram bem simbólicos para um fortalecimento ou não da greve, e um forte indicativo era sem dúvida o número de escolas paradas. Muitos professores que acabavam não aderindo à greve e eram rotulados publicamente pelos seus pares de "fura-greves", tomavam tal posição muito baseada também em experiências passadas do movimento, e o desfecho da última greve de 1980 persistia no imaginário social, que foi de adoção de medidas duras pelo governo, culminando inclusive com demissões, e muitos temiam que isso se repetisse, uma espécie de "trauma", que "a história poderia se repetir", apesar da conjuntura de 1983 ser considerada por muitos professores como "menos rígida". Os professores que estavam à frente do movimento respondiam com o ar de bravura e heroísmo daqueles que estavam ousando lutar e desafiar o Governo do Estado, pois "com o terror na cidade, um verdadeiro estado de sítio, grande parte dos professores respondeu de uma forma corajosa e determinada, por isso as intimidações de nada valeram", dizia o professor Inácio Abadia.[124] Esse "duro tratamento" que os professores denunciavam estarem sofrendo ao longo da greve de 1983, que vai ser mais bem discutido a frente, fez que nos atos e passeatas muitos cartazes apresentassem a seguinte frase: "90% sim, violência não", como no cartaz na ocupação da praça D. Pedro II, no quinto dia de greve da categoria.

A partir da segunda semana de greve, nas reuniões que ocorriam principalmente com o Vice Governador Laércio Franco, que como tática do Governo devido o desenrolar da greve e o aumento do desgaste do Governador, retirar Jáder das negociações e passou a colocar no processo de diálogo como os professores seu vice. Os professores entregaram um documento exigindo as seguintes garantias dentro do processo da greve: o não desconto das faltas dos professores durante a greve, que nenhum professor seria demitido, exonerados de cargos ou transferidos de sua escola; queriam também a não punição dos estudantes que estavam apoiando o movimento; a nulidade das provas realizadas no período de greve e a reabertura das escolas públicas, para reuniões do comando de greve com a categoria; reivindicavam a reabertura do Deodoro de Mendonça para o comando; a retirada da polícia militar das escolas; o fim das ameaças do Dops e da repressão das diretoras dos colégios. Essas garantias eram muito resultados da dinâmica da greve, que passaria a ter uma atuação mais firme e inflexível do Estado, segundo os professores.

Com o prolongamento da greve, no campo da disputa por uma representação do mundo social em disputa, como tido anteriormente, Jáder foi aos jornais colocar a possibilidade da realização de um concurso público para o preenchimento das vagas dos professores grevistas, mais por mais contraditório que possa parecer, dizia

---

124 Jornal *O Liberal*, 6 de outubro de 1983, p. 18.

que não ia demitir nenhum grevista, mas se sentia sem condição de reagir a essa pressão, pois "o Estado já tinha feito algumas concessões, e naquele momento esperava o bom senso dos professores para voltarem às escolas.[125] Diante das pressões e impasses, o que cada vez mais tornava difícil naquele momento para a Comissão Central segurar por mais tempo a greve, os professores foram atrás do apoio de entidades que pudessem intervir também junto ao Governo Estadual, e alguns interlocutores se colocaram a disposição para mediar o conflito, pois os professores não flexibilizavam sua proposta de reajuste salarial de 90%, e por outro lado, o Governo Estadual argumentava que era impossível elevar o salário dos professores a esse patamar, sob risco de atrasar o pagamento dos demais servidores estaduais. Então, outros interlocutores se colocaram a disposição para abrir novamente o diálogo entre os professores e o Governo, como o arcebispo coadjutor no momento Dom Vicente Zico, que declarou está disposto a participar desta intermediação e que considerava "deplorável qualquer medida contra os grevistas". Se constituiu uma Comissão de intermediação, composta por outras entidades que procuravam conciliar os professores e o Estado, composta pelos deputados Romero Ximenes e Humberto Cunha; pela Central Única dos Trabalhadores; Sindicato dos Gráficos; FASE; Comissão Pastoral da Terra (CPT); Partido dos Trabalhadores (PT); Sociedade Paraense de Defesa dos Direitos Humanos (SDDH); Igreja de Confissão Luterana; Diretório Central dos Estudantes da UFPA e Diretório acadêmico da FICOM.[126]

Mesmo diante de inúmeros apelos, o Governo do Estado não abriu mão de sua postura, e manteve a posição de só voltar a negociar com os professores após seus retornos as escolas, e, além disso, intensificava ainda mais as pressões para o fim da greve. A partir da segunda semana de greve em diante, começou a aparecer na imprensa as primeiras notícias de "refluxo" do movimento grevista, ou seja, professores que decidiam sair da greve e voltar a dar aulas, como o caso da escola Estadual de 1º grau Augusto Olímpico, que em reunião junto com a diretora, que argumentou dos inconvenientes que a greve trazia aos alunos, os professores resolveram retornar ao

---

125 Jornal *O Liberal*, 11 de outubro de 1983, p. 04.

126 Jornal *O Liberal*, 15 de outubro de 1983, 04.

trabalho. E muitas outras escolas passaram a se desesperançar a partir de então, o que ficava muito difícil manter a greve ainda em Belém.

Na assembleia do dia 15 de outubro de 1983, sábado, os professores resolveram suspender a greve deflagrada no dia 1º de outubro e voltar a dar aulas a partir de segunda, dia 17 de outubro. A decisão foi aprovada por quase unanimidade da categoria presente, com três votos contrários, favoráveis a permanência na greve. A justificativa mais recorrente foi que era necessário realimentar o movimento para poder reabrir as negociações com o governo, e que seria uma parada organizativa para buscar de todos os meios negociarem com o governo. A maior divergência dessa última assembleia da greve de 1983 foi quanto ao dia que os professores deveriam voltar as aulas. Havia um grupo que queria o retorno só na terça-feira, e outro maior que venceu na votação na segunda, argumentando que não era o governo que dizia quando acabaria a greve, mas sim a assembleia. A assembleia deixou aberta a possibilidade de retorno à greve, caso o governo tomasse medidas punitivas em represália aos participantes do movimento. A saída de greve ficou também condicionada à reunião com o governador no dia 27, onde ficava a esperança de uma resposta positiva para eles. Na própria assembleia, já havia cartazes citando ganhos dos professores com a greve até aquele momento, como participação em uma comissão paritária para a elaboração do novo Estatuto do magistério, salário mínimo para as professoras primárias, cessão de uma sede para o movimento, readmissão dos professores demitidos na greve de 80 e reajuste semestral. Portanto, já havia uma forma de publicidade de conquista, para construir um discurso de vitória da greve diante da categoria dos professores, e não de derrota. Isso era essencial ao movimento docente, pois era momento de afirmação, organização e consolidação da entidade de classe da categoria, que já tinha um Congresso marcado para dezembro com o objetivo de funda sua entidade representativa, e esse nascimento não poderia estar ancorado em uma derrota. Algumas avaliações no final da assembleia apontavam nesse sentido de ganho, mesmo diante da recusa do governo em relação à pauta econômica. Para a professora Isa Cunha: a greve teve saldos positivos, como levar a comunidade os problemas vividos pelos professores, dizia ela: "hoje, em todos os bairros, os professores têm pontos de referencia e de reunião, se vislumbrando uma organização real da categoria pela base de sua organização, nascendo da força da luta da categoria". Segundo Luiz Araújo, também da comissão de negociação, "a greve cresceu o nível de consciência da categoria. É uma categoria em que sua organização ressurgiu numa greve e que apesar da greve e que apesar da fragilidade da estrutura que se formou extraiu e extrairá vitórias".[127]

Então, essa greve de 1983 valia muito mais que uma campanha salarial por reajuste ou melhores condições de vida para os professores, estava em jogo também o reconhecimento e legitimação da entidade que estava por nascer e a vida política das próprias lideranças que nela participaram. A extensão da greve naquele momento poderia trazer mais prejuízos do que propriamente vantagens para as lideranças. Mesmo que a greve tenha sido frágil nos interiores do Estado, na capital paraense ela tinha uma boa representatividade diante da categoria, e as escolas que voltavam na segunda semana ainda não eram numerosas. Era possível manter uma greve de vanguarda nas principais escolas de Belém por mais tempo, mas sob a possibilidade de deixá-la em frangalhos, uma greve de resistência, mas que no final tinha sido derrotada pelo governo. Era exatamente isso que as principais lideranças, já militando nos partidos de esquerda, principalmente no PT, não queriam. Queriam sim construir uma imagem vitoriosa, que tinham levado os professores a vitórias, e que poderiam ser referências de luta não só dentro da organização de classe dos professores, mas também para a população da capital e do Estado paraense.

---

127   Cf. Jornal *O Liberal*, 16 de outubro de 1983, p. 6.

A greve de 1985: o aprofundamento da democracia e a greve mais extensa da história do movimento de professores

Imagem 11. Tancredo Neves, Ulysses Guimarães, Fernando Henrique Cardoso, Leonel Brizola, entre outros, no Comício das Diretas na Candelária, Centro do Rio.

Fonte: Sebastião Marinho / Agência O Globo.

Os anos de 1984 e 1985 foram intensos para parte da população brasileira: do ápice da euforia à amarga desilusão, frustração e tristeza, mas que sinalizavam ares novos, trazidos pelos ventos da democratização, que iam certamente mexer com a imaginação de muitos em relação a está se vivendo um novo momento na história brasileira. Das campanhas das Diretas Já à derrota da Emenda Dante de Oliveira, da vitória de Tancredo à sua morte e posse de Sarney. Anos agitados e intensos em debates e mobilizações, que foram capazes de reunir em um só palanque adversários ideológicos e políticos, dos mais moderados aos mais radicais, como "Tancredo Neves, Ulysses Guimarães, Leonel Brizola, Luiz Inácio Lula da Silva, Miguel Arraes, Mário Covas, Franco Montoro, Fernando Henrique Cardoso, Roberto Freire, Orestes

Quércia e muitos outros",[128] sob a bandeira de uma aliança democrática. Mesmo não tendo sido o desfecho que muitos queriam, a vitória de Tancredo Neves no Colégio Eleitoral no dia 15 de janeiro de 1985 representou bastante pra muitos setores, pois encerraria o ciclo de vinte e um anos de militares à frente da república no Brasil e daria um passo importante rumo a um novo momento democrático, tanto que a votação e a apuração dos votos fizeram parte do país parar para acompanhar o desfecho e em seguida a vitória foi extravasada em festas pelas cidades brasileiras, entre elas Belém, que parou muitas de suas esquinas em comemoração a vitória de Tancredo:

> Com o ponto facultativo nas repartições públicas federais, Belém parou nas esquinas para ver a vitória do candidato da frente Liberal Tancredo Neves. Na frente de cada televisor espalhados pelas mercearias do subúrbio sempre havia um pequeno aglomerado de pessoas observando a votação. Este quadro foi o mesmo desde a Cidade Velha, passando pelo Centro, Reduto, Jurunas, Guamá, São Braz, Marco, Souza, Telegrafo, entre outros, até o Benguí. Parecia até que o povo havia sido formalmente convocado a participar da votação. Em seguida a festa da vitória entrou pela noite.[129]

O sentimento de esperança era imenso entre os belemenses: "O Brasil agora vai ser outro, temos um presidente civil em condições de lutar pelo povo, melhorar a situação desse povo", diziam as pessoas nas ruas da cidade contagiadas e eufóricas. Proporcionalmente também foi o impacto da morte de Tancredo entre os paraenses, onde as principais manchetes dos jornais da capital eram: "Belém pára, se lamenta e chora a morte de Tancredo", uma grande comoção tomou as ruas da cidade, em tempos acelerados de acontecimentos decisivos para a história política do país, "comércio e bancos fechados, escolas sem aulas, ruas vazias. Em casa, o belemense se solidarizou com o resto do Brasil na dor pela perda do presidente eleito".[130] Após

---

128 REIS FILHO, Daniel Aarão. *Ditadura e democracia no Brasil:* do golpe de 1964 à Constituição de 1988. Rio de Janeiro: Zahar, 2014, p. 145.

129 Jornal *A Província do Pará*, 16 de janeiro de 1985.

130 Jornal *A Província do Pará*, 23 de abril de 1985, p. 6.

indefinições e rearranjos políticos, o ex-arenista José Sarney tomou posse na presidência da república, abrindo politicamente uma nova era, a Nova República.

Esses turbilhões de acontecimentos de desesperanças e esperanças tiveram relação direta com os acontecimentos na história do movimento docente ao longo do ano de 1985. Os ares democráticos da Nova República revigoraram também as oposições, entre elas as que militavam no Partido dos Trabalhadores, e desde partido faziam parte um número significativo das principais lideranças e pessoas mais influentes entre os professores públicos de 1º e 2º graus de Belém, entre eles Edmilson Rodrigues, Haroldo Soares, Luiz Araujo, Eloy Borges, entre outros, que apesar da pauta econômica dos professores ser um norte importante para a construção da greve de 1985, como poderemos ver mais a frente, no entanto, a disputa por espaços de poder e representação de projetos de sociedade vão ser importantes para o prolongamento dessa greve, que durou oitenta e cinco dias, sendo comum, ao longo dela, argumentos no sentido de que os grevistas, ligados ao Partido dos Trabalhadores, queriam matar no nascedouro a Nova República, e que os professores grevistas tinham atingido níveis a partir de então insuportáveis, e que estas lideranças eram inteiramente manipuladas pelo Partido dos Trabalhadores, com o objetivo de criar embaraços nacionais à Nova República.[131]

A posição que a entidade da categoria dos professores passa a ter em relação a quem ela devia representar, tem um significado especial a partir de então, sendo uma marca importante desse movimento grevista de 1985: dizia respeito à noção de trabalhador, que a partir de então passa ser entendido como todos os servidores que estavam no interior da escola, independente de ser professor ou não. Uma discussão que se fortalecia durante a década de 1980, que transparência bem o papel da importância político-ideológica dentro do movimento, o que vai culminar, no final de 1985, na transformação da FEPPEP, que antes era de professor, para passar a ser de Profissionais do Ensino, incorporando um grande contingente de servidores de apoio e administrativo das escolas, e, portanto, aumentando significativamente o alcance no número de pessoas nas intervenções desses dirigentes sindicais e políticos, fato que vai já aparecer na greve de 1985, que pela primeira vez foi uma greve não só

---

131 Jornal *A Província do Pará*, 1 de agosto de 1985, p. 11.

de professores, mas também em conjunto com os demais servidores da educação.
Sobre essa questão dizia o professor Haroldo:

> O professor não se considerava um trabalhador, muito menos
> um operário. Na cabeça do professor ele era um professor, en-
> tende? Socialmente acima do trabalhador, acima do operariado
> e tudo mais. Então, uma coisa que eu acho que a gente trabalhou
> bem no sindicato e foi correto, foi mostrar, praticamente desde o
> início, que o professor era parte também da classe trabalhadora,
> ele era também um trabalhador, um trabalhador da educação.[132]

O contexto de efervescência política, com rumos para a democratização, e as
mudanças em relação ao alcance político dos dirigentes sindicais do movimento dos
professores, aliados a intransigência do Governo Estadual em atender suas pautas, foram essenciais para a vitalidade da greve de 1985, que superou inclusive a maior greve
da história da APEOSP (Sindicato dos Professores do Ensino Oficial do Estado de São
Paulo), que durou oitenta dias, em fins da década de 1980,[133] e se tornando essa greve
dos professores do Pará, uma das maiores greves da história brasileira.

Finalizado 1984, ano que os professores públicos de Belém se envolveram
no fortalecimento da entidade da categoria recém-criada, buscando-se afirmar não
só em Belém, mas como manter canais com as associações de professores que se
formavam em muitos municípios paraenses, numa clara tentativa de estadualizar a
entidade, como previsto no primeiro congresso da FEPPEP, e também participarem
ativamente da campanha pelas diretas já, começaram o ano seguinte, após o segundo
congresso da FEPPEP, que elegeu pela segunda vez como presidente da Federação o
professor Edmilson Rodrigues, a ocupar novamente as ruas de Belém e as manchetes dos jornais da cidade.

Desde o início de 1985, a FEPPEP vinha tentando conseguir uma audiência
com o governador, mas que era constantemente adiada pela falta de espaço na agenda

---

132 Haroldo Soares, entrevista em 29 de maio de 2014.

133 OLIVEIRA, Mariana Esteves de. Movimentos sociais e os Professores Paulistas: proposta
     de uma abordagem histórica. *Anais do XXVI Simpósio Nacional de História* – ANPUH. São
     Paulo, julho de 2011, p. 08.

do governador Jáder Barbalho, atitude que já demonstrava uma estratégia do governo em tentar colocar algum freio nas intenções dos professores. Mas, com os passar dos primeiros meses de 1985, o Governo Estadual, percebendo que teria que enfrentar mais uma vez o movimento dos professores, passou a adotar medidas que pudessem colocar um freio no avanço das lutas dos professores, e ao mesmo tempo, que essa medida pudesse de alguma forma legitimar a informação de que o Governo do Estado não tinha recursos financeiros para responder positivamente as reivindicações.

No dia primeiro de abril, o Governo publicou em seu diário oficial um decreto que transferia para a SEFA (Secretaria Estadual da Fazenda) a Presidente da Associação dos Funcionários da SESPA (Secretaria Estadual de Saúde), Eliete Santos, a Presidente da Associação Profissional das Assistentes Sociais, Edilzia Costa, Arnaldo Barret, do IDESP, José Maria Vilar, da SAGRI (Secretaria Estadual de Agricultura), e Edmilson Rodrigues, presidente da FEPPEP.[134] Todos esses servidores eram dirigentes das principais entidades de servidores públicos estaduais do Pará e organizavam essas categorias para movimentos reivindicatórios para esse ano. Então, Jáder, habilmente, procurou deslocar essas principais lideranças para uma comissão, que juntamente com os técnicos do Governo, analisaria o orçamento do Estado e se manifestaria a respeito de percentuais possíveis de reajustes, ou seja, a estratégia era que esses servidores pudessem participar ativamente e legitimar em seguida uma posição do Governo, e, portanto, "domesticar" de certa forma a categoria diante dessa informação que seria endossada por membros da própria categoria.

Essa atitude de transferência à revelia dos servidores foi muito polêmica e acabou incendiando ainda mais a mobilização e o enfrentamento ao Governo, provocando reações e acusações dessas entidades envolvidas, como através de uma nota pública em que diziam que os "Funcionários repudiam atitude do governador".[135] No entanto, Jáder justificava que a transferência dos funcionários era para eles elaborarem uma estratégia de política salarial, fazendo com que eles passassem a trabalhar na SEFA (Secretaria Estadual da Fazenda), pois, para ele "a comissão visa ajudar o Governo do Estado a encontrar mecanismos para melhor remunerar seus funcioná-

---

134 Diário Oficial do Estado do Pará, 1 de abril de 1985.

135 Jornal *O Liberal*, 04 de abril de 1985.

rios. Na SEFA, eles teriam acesso a todos os dados da receita do Estado e poderiam solicitar a ajuda de especialistas para auxiliá-los a decifrar as estatísticas financeiras do Estado".[136] Além dessa atitude de transferência de servidores, Jáder Barbalho já tinha anunciado, sem antes reunir com os professores e servidores da educação, um reajuste de 65%, o que na avaliação deles estava muito aquém do precisavam e esperavam, pois o custo de vida e a inflação ultrapassavam em muito esse índice proposto por Jáder, sem contar que era resultado de um ato do governo sem mediação com a FEPPEP.

Imagem 12. Manifestação dos professores em frente ao Palácio Lauro Sodré, tradicional lugar que centralizava muito dos protestos sociais em Belém até meados da década de 1990.

Fonte: Jornal A Província do Pará, 12 de abril de 1985, p. 12.

Com uma melhor organização e consolidada a sua base de apoio em Belém e em processo de adesões em muitos municípios, como resultado de alguns anos de experiência de atuação, os professores, através da FEPPEP, foram para as ruas e apontaram a mira para o centro do poder político paraense: o Palácio Lauro Sodré, então sede do Governo Estadual Paraense, consolidando um caminho de passeatas e mar-

---

136 Cf. Jornal *A Província do Pará,* 13 de abril de 1985, p. 12.

chas por ruas de Belém que se tornou tradicional nessa década, que era sair da frente do Instituto de Educação do Pará, na Avenida Presidente Vargas, passando pela Assis de Vasconcelos, depois ruas do Centro Comercial de Belém, como Rua João Alfredo e Santo Antônio, Praça do Relógio até chegar à Praça D. Pedro II, em frente ao Palácio Lauro Sodré, trajeto que se tornou um verdadeiro caminho de "peregrinação" dos movimentos sociais de Belém, mas principalmente da educação, que em 1985 marchavam gritando palavras de ordens, como "mais arroz e mais feijão, 65 não", alusivo ao percentual concedido pelo Governo do Estado no mês de março de 1985.

Essas idas até o Palácio Lauro Sodré em 1985, chamadas pelos professores de "marchas pela educação", levavam muitas reivindicações, aproximadamente trinta, onde a maioria dizia respeito às questões sociais e políticas democratizantes para a educação paraense, mas que tinha como eixo central o reajuste dos salários, pois como estratégia para as lideranças nas mobilizações, era também um elemento que acabava facilitando o processo de atração e sensibilidade de um número maior de professores. Nesse sentido, os professores queriam um piso salarial observando uma escala de vencimentos na seguinte ordem:

a) professores de nível médio: 3,3 salários mínimos;

b) professores com estudo adicionais e professores que ainda eram estudantes universitários: 3.6 salários mínimos;

c) licenciatura curta: 3.9 salários mínimos;

d) Licenciatura plena: 4.2 salários mínimos. Todos correspondentes a 100 horas de trabalho para cada categoria dessa citada acima;

e) 13º salário;

f) reajuste trimestral;

g) concessão do salário família correspondente a 5% do salário mínimo para todos os servidores, independente de seu estado civil;

h) gratificação pó-de-giz de 20% sobre o total do vencimento; e

i) gratificação de nível superior de 50%.[137]

A FEPPEP cobrava também: meia passagem para professores e servidores nos transportes públicos coletivos; não pagamento de taxas nos internatos hospitalares

---

[137] Jornal *A Província do Pará*, 12 de abril de 1985, p. 12.

(IPASEP – Instituto de Previdência e Assistência aos Servidores Estaduais do Pará); instalação de postos do IPASEP em todos os municípios ou convênios; criação de creches nos locais de trabalho; construções de escolas de acordo com as necessidades locais; condições materiais de ensino, como bibliotecas, audiovisuais, laboratórios, etc.; abolição das taxas escolares; promoção de cursos para aperfeiçoamento do pessoal docente; criação dos conselhos municipais de educação; instituição de concursos públicos para a admissão de novos professores; estabelecimento de eleições diretas para diretores de escolas; e mais, como resultado da última greve de 1983 e que não tinham sido cumpridos pelo governo, a FEPPEP pedia: "o cumprimento das promessas feitas", que eram: a criação de uma comissão paritária para reformulação do estatuto do magistério; readmissão dos professores demitidos ou transferidos, no governo passado e no presente; concessão de um prédio à entidade. Por fim solicitavam a revisão da portaria baixada em dezembro de 1984, pelo conselho estadual de educação, que proibia o magistério para universitários, e a revogação do decreto de 1º de abril de 1985 que transferia para a SEFA os servidores citados acima.[138]

Em relação a essa extensa pauta, e principalmente relativo a questão salarial, como já de costume, Jáder já argumentava após as primeiras reuniões entre governo e professores, que o Estado não teria como atender as reivindicações econômicas dos professores, pelas condições de arrecadação do Estado, e que se quisessem mesmo assim fazer greve sem compreender essa situação, "então fiquem em greve", e que o déficit do Estado impediria de atender as demandas dos professores.[139]

Depois de um processo de mobilização e discussão com os professores das escolas de Belém da rede pública estadual, e em alguns municípios paraenses, os professores organizaram a "marcha da decisão", uma marcha que caminhava em direção ao Palácio Lauro Sodré, mas que tiveram que desviar o trajeto em função da noticia que o governador não se encontrava lá, daí passaram a se direcionar a Residência Governamental, na Magalhães Barata, onde hoje fica a Secretaria de Estado de Cultura (SECULT) e o Parque da Residência. Chegando à Residência

---

138 *Idem.*

139 Jornal *O Liberal*, 13 de abril de 1985, p. 7.

Governamental, foram informados que o governador tinha ido fazer exames e que o secretário de Interior e Justiça, Itair Silva, os receberia.

Depois de encerrada a reunião e sem qualquer resposta positiva, os professores e servidores instalaram uma assembleia na Avenida Magalhães Barata, deflagrando greve por tempo indeterminado, a partir do dia 15 de maio de 1985. Durante essa assembleia, Edmilson Rodrigues, com base em levantamento feito pelo IDESP (Instituto de Desenvolvimento Econômico e Social do Pará), informou que o Estado tinha condições sim de atender as reivindicações financeiras da categoria. A greve iniciou nesse mesmo dia, marcando reunião para essa mesma noite no IEP (Instituto de Educação do Pará). No entanto, avisado da greve, o ainda Secretário de Educação, Wilton Moreira, se deslocou pra lá e disse que uma vez em greve, os professores deveriam ter outro lugar para se reunir, não se justificando a presença do grupo naquele local. Após isso, os grevistas se direcionaram para o anfiteatro da Praça da República para prosseguir com a reunião, mais já sob a vigilância da polícia, que contava no local com duas rádio-patrulhas e um camburão.[140]

No processo da greve, como parte da tática eleitoral do PMDB e pelo desgaste do Secretário Wilton Moreira, o Governador Jáder Barbalho mudou de secretário de Educação, passando a ser o Deputado Federal Fernando Coutinho Jorge, político e que alguns meses depois estaria concorrendo ao cargo de prefeito de Belém, após a volta das eleições diretas para prefeitos das capitais brasileiras, pelo PMDB. Então, o plano de Jáder era colocar ainda mais em evidência Coutinho Jorge, pois entrava no meio de uma greve de grande repercussão social em Belém, com matérias e entrevistas quase diariamente a respeito do movimento grevista e por conseqüência haveria uma grande exposição do Secretário de Educação, fator que aconteceu de fato. Por outro lado, ele colocaria a frente da SEDUC uma pessoa com um perfil diferente do de Wilton, a secretaria passaria a ser administrada por um político, que, em tese, conduziria com mais habilidade as negociações com os grevistas, sem expor tanto o Governo Estadual. Esse perfil conciliador e político a frente da Secretária de Educação já aparecia em seu primeiro pronunciamento:

---

140 Jornal *A Província do Pará*, 16 de maio de 1985, p. 11.

> O problema dos movimentos é nacional. As greves estão estou-
> rando em todo o país, pois se trata de um problema de estru-
> tura do ensino, tão distorcido no Brasil, já que não foi dada a
> prioridade ao ensino de 1º e 2º graus. As reivindicações dos pro-
> fessores são justas. Como professor eu as reconheço; o profes-
> sor ganha pouco mesmo. A solução, porém, não pode ser dada
> localmente. A solução virá com a reforma tributária para que
> pudéssemos cumprir o que determina a Emenda Calmon, que
> prevê a aplicação de 20% da receita tributária dos Estados e 13%
> da União na educação o que não vem acontecendo até agora.[141]

Coutinho, não culpava os professores, mas também não responsabilizava o Governo Estadual, dizendo que se tratava de uma questão nacional, típica ação já resultada de uma habilidade política para tratar com a situação. O perfil do novo secretário de Educação havia mudado e, portanto, o próprio tom das negociações entre governo e professores também, pelo menos no início. A palavra de ordem nessas primeiras reuniões era diálogo, tanto que ao sair de uma reunião, Edmilson Rodrigues se referia a ela assim: "não se iniciou nenhum processo de negociação". Por outro lado, Coutinho Jorge declarava-se está "sempre de portas abertas para negociação" e acrescentou que o estilo da administração mudou, prometendo "ouvir e discutir os problemas de nossa educação.[142]

Como resposta ao avanço da greve em Belém, como também em outros treze municípios paraenses, sendo que em alguns alternava-se entre a greve e a greve branca, dentro do processo de negociação, que ficou por conta do Secretário de Educação, com carta branca dada pelo governador Jáder Barbalho, o governo apresentou respostas para tentar por fim ao impasse da greve: a formação de três comissões paritárias, a reposição das aulas, para não prejudicar os alunos e evitar punições. Uma das comissões trataria do enquadramento dos professores nos seus níveis; outra discutiria e faria um levantamento de todo o pessoal da rede estadual de educação e a terceira comissão cuidaria do Estatuto do Magistério, debatendo temas como

---

141 Cf. Jornal *O Liberal*, 21 de maio de 1985.

142 Jornal *O Liberal*, 25 de maio de 1985, p. 2.

a democratização do ensino, principalmente a respeito da eleição direta para diretor.[143] Além disso, o secretário passou a sustentar em suas intervenções públicas que era necessária compreensão de tais medidas, pois além dos problemas financeiros do Estado, tinha encontrando também uma SEDUC completamente desorganizada e desestruturada, um caos, precisando ser modernizada, dinamizada e democratizada. Por fim, dizia Coutinho: "no órgão falta de tudo".[144] Os argumentos do secretário não sensibilizavam os professores, que se mantinham irredutíveis e continuavam mantendo a decisão de permanecer em greve em suas assembleias.

Em audiência, desta vez com a rara participação de Jáder no decorrer dessa greve, além dos Secretários de Governo e da comissão de negociação dos professores e servidores, o Governo passou a dotar uma estratégia de tentar primeiro dividir os interesses entre professores e servidores, mesmo sabendo que a participação dos servidores era bem menor no movimento. Jáder propôs que mesmo correndo o risco de aumentar o déficit do Governo do Estado, concederia mais de 2 bilhões de cruzeiros para equiparar o salário mínimo aos vencimentos dos que ganhavam abaixo disso, mas desde que os professores adiassem o atendimento da reivindicação da regularização dos professores de licenciaturas plenas que ainda não recebiam salários compatíveis com a qualificação. Mantendo todas as demais reivindicações que já havia sido acertadas com o secretário Coutinho Jorge, como eleições diretas para os estabelecimentos de ensino, aluguel de um prédio para a Federação dos Professores Públicos do Estado do Pará (FEPPEP), pagamento de horas-extras para os servidores que ultrapassem o limite de 30 horas semanais, direito a sindicalização e contribuição em folha, deste que com a autorização do professor. No entanto, descartava totalmente as reivindicações salariais pretendidas pelos professores, argumentando que o Estado já estava em déficit: arrecadava 65 bilhões de cruzeiros enquanto as despesas somavam um total de 69,2 bilhões de cruzeiros, dizia Jáder. Após a reunião, Edmilson Rodrigues saiu bastante pessimista, e ao se manifestar à

---

143   Jornal *O Liberal*, 29 de maio de 1985, p. 2.

144   Jornal *O Liberal*, 30 de maio de 1985.

multidão que aguardava do lado de fora do Palácio Lauro Sodré, disse: "praticamente não conseguimos nada".[145]

Em assembleia os professores e servidores decidiram continuar a greve, entendiam que a proposta do Governo era uma provocação e uma forma de dividir os interesses do movimento. Então tanto para os professores como, principalmente para o Governo Estadual, a imprensa passa a ser um importante campo de disputa pela representação d mundo social, uma guerra de informação que tinha como alvo da disputa a opinião pública a respeito da greve: o governo argumentando que já tinha ido ao limite do que poderia fazer, e os professores se vitimando perante suas condições de vida. O governo passou a utilizar a imprensa para dizer que tinha atendido 24, das 30 reivindicações do movimento, construindo uma ideia diante da sociedade de que o movimento dos professores era intransigente em não aceitar essa proposta e ainda permanecer em greve. Aspecto que era desmentido pelo vice-presidente da FEPPEP, Haroldo Soares, também na imprensa, argumentando que o Governo havia se comprometido apenas com quatro reivindicações, e que efetivaria estas somente mediante o término da greve. As reivindicações atendidas pelo governo, segundo Haroldo, eram: eleições diretas para diretores de escolas; descontos em folha de pagamento; comissão paritária para reformulação do Estatuto do Magistério; liberação de cinco membros da diretoria da FEPPEP para realizarem trabalhos sindicais. Segundo Haroldo "a questão fundamental, que é a salarial, pelo estado de miséria que vive a categoria, o governador se mostra intransigente em negociar".[146] Nos principais jornais da cidade, o Governo do Estado divulgou uma nota intitulada "Esclarecimento à população", onde reafirmava que houve avanços nas negociações e conquistas para os professores, e no final da nota dizia:

> A SEDUC espera que os professores reconsiderem a necessidade do cumprimento do calendário escolar de 180 dias letivos e assumam a responsabilidade pelas conseqüências que advenham dessa atitude e, sobretudo, pela perda dos ganhos já obti-

---

145 Cf. Jornal *A Província do Pará*, 5 de junho de 1985, p. 12.

146 Cf. Jornal *A Província do Pará*, 9 e 10 de junho de 1985, p. 10.

dos durante as negociações democráticas, levadas a efeito pelo Governo do Estado.[147]

Com a greve beirando os trinta dias, prolongamento sem precedentes na história dos movimentos grevistas no Pará, o próprio Governo passou a divergir em como tratar essa questão. Havia pessoas no governo de Jáder que passaram mesmo a defender certo endurecimento no trato com os professores grevistas, chegando a levantar a possibilidade de demissões por abandono de emprego, mas nesse momento essa era a opinião da minoria do Governo Estadual, mas de qualquer forma a informação, intencionalmente ou não, vazou do núcleo do governo, só provocando um tensionamento ainda maior com os professores. Desse modo, o Governador determinou o fim da greve e o retorno dos professores as escolas na segunda-feira, dia 17 de junho.

Após a reunião com os diretores de escolas de 1º e 2º graus, Jáder determinou que a partir de então cada diretor deveria informar a freqüência de cada professor a partir dessa data que não comparecesse, e quem faltasse levaria todas as faltas desde o início da greve. Estiveram presentes nessa reunião os principais secretários do governo, Jáder Barbalho e mais de 250 diretores de escolas. Jáder disse mais: "ter esgotado todas as formas possíveis de negociação, em virtude do impasse financeiro, e que não tinha mais nada a conversar com os grevistas". Jáder continuou: democracia não se confunde com liberdade e anarquia.[148] A partir de então, o governo voltou a sustentar para a opinião pública do Estado que se tratava de uma greve puramente ideológica e por disputas políticas, tanto que para Jáder, se referindo aos professores, principalmente as lideranças do movimento, dizia que: "essas pessoas submetidas ao processo eleitoral só passam vexame e vão passar vexame mais uma vez".[149]

Diante de um cenário que o governo usava armas que pudessem tirar o apoio popular à greve dos professores, a FEPPEP usou uma estratégia de ocupação da Assembleia Legislativa do Estado do Pará, um ato emblemático na história republicana paraense, para forçar a reabertura das negociações com o governo, que a partir

---

147 Jornal *A Província do Pará*, 11 de junho de 1985, p. 03.

148 Jornal *O Liberal*, 12 de junho de 1985, p. 07.

149 Jornal *A Província do Pará*, 27 de junho de 1985, p. 12.

de então justificava que só voltaria a falar com eles, se voltassem para as salas de aulas. A ocupação da Assembleia, como os professores diziam, seria de controle geral, ou seja, só entrariam no prédio quem tivesse autorização dos próprios grevistas.

O presidente da Assembleia, que a essa altura era o Deputado do PMDB Hermínio Calvinho, após reunião com outros deputados, entre eles os da oposição que eram principalmente do PDS, decidiu que não se oporia a ocupação do prédio: "Desde que fiquem ordeiramente, não haverá reação", afirmou Calvinho, desconhecendo a caracterização da ocupação e o tempo que os grevistas queriam ocupar, tanto que não pediu reforço policial, para ele bastava à segurança da própria Assembleia. O assessor de segurança da Assembleia, o Tenente PM Itacy, para garantir a integridade do patrimônio, limitou o acesso a algumas salas e em cada andar ficaria um policial, restringindo de certa forma o dito pelos grevistas o "controle geral" da Assembleia. Mas essas regras e acordos firmados entre a segurança da Assembleia e as lideranças do movimento foram quebradas, por ambas as partes, algumas horas depois, o que culminou na retirada dita pelos professores "violenta".

A "invasão" radical da Assembleia Legislativa para retirar a ocupação dos professores, foi de imediato condenada pelo Governo, mas provocou um grande debate na cidade de Belém, entre os que consideravam o ato um atentado à democracia e os que se solidarizaram com os grevistas, sobretudo devido os relatos de violências que sofreram ao serem retirados a força da "casa do povo". Alguns Deputados, inclusive os que apoiavam o movimento grevista, viram com ressalvas a ocupação do prédio do poder Legislativo do Estado, avaliando que foi negativo para o movimento, pois este poder sempre tinha apoiado os professores e eles acabaram se voltando contra ele. Por outro lado, muitos outros setores da sociedade civil se manifestaram favoráveis à luta dos professores, principalmente após o desfecho da ocupação, que terminou com o uso, segundo alguns, excessivo da força da Polícia Militar, desalojando com violência os grevistas. Desde representantes da Igreja, como do Arcebispo Dom Vicente Zico, que foi até a praça pública discursar em solidariedade aos professores e servidores, passando por outras associações de servidores estaduais que começaram a ameaçar também se incorporarem a uma greve geral dos Servidores Públicos Estadual.

Essa mobilização de diferentes setores da sociedade contra a desocupação da Assembleia Legislativa fez o governo se demover da posição do uso da força, caso os professores não voltassem imediatamente as salas de aulas. Então, com essa ampliação continua do movimento, ameaçando estender-se a outros setores do serviço público estadual e a pressão de algumas entidades, o Governo passou a pensar que poderia criar um confronto aberto e levar a uma radicalização acima de qualquer mediação e controle. Ao invés da polícia, o governo preferiu reagir propondo a reabertura das negociações.[150] Diante de um cenário emotivo que corroborava positivamente para o apoio aos professores, na avaliação deles, promoveram, no dia 19 de junho de 1985, uma enorme manifestação nas ruas de Belém, comentada nos jornais como a maior manifestação pública depois da campanha das Diretas Já, levando milhares de pessoas as ruas.

As repartições públicas não chegaram a paralisar suas atividades, mas muitos funcionários aderiram à manifestação, assim como manifestantes e militantes de centros comunitários e professores das escolas públicas, mostrando a dimensão social do alcance e projeção da luta docente na capital paraense. Essa manifestação tinha o objetivo de mostrar ao governo o apoio que estavam recebendo da sociedade e de muitas entidades. Eram militantes de bairro, sindicalistas e até mesmo populares. Segundo Edmilson Rodrigues, a passeata era uma resposta ao Governador, de que o movimento não era formado por radicais extremistas e por meia dúzia de descontentes, como ele afirmava. Após a marcha, a comissão formada por vários representantes de setores do funcionalismo público foi recebida pelo Secretário de Educação Coutinho Jorge, que em relação à greve dos professores, prometeu que até em 24 horas, apresentaria uma proposta concreta de reajuste salarial, para vigorar a partir de junho, como uma forma de reposição salarial, o que demonstrava um recuo de certa forma do Governo Estadual diante da sua posição inicial.[151] Para o governo, essa nova proposta causaria um impacto de mais de 4,5 bilhões de cruzeiros, ficando a relação entre vencimento dos professores em relação ao salário mínimo da seguinte forma:

---

150   Jornal *O Liberal*, 17 de junho de 1985, p. 04.

151   Jornal *O Liberal*, 20 de junho de 1985.

Quadro 14: Proposta de reajuste salarial para os professores durante a greve de 1985 (valores correspondentes a carga-horária de 4 horas diárias)

Professor com Licenciatura plena	2,25 salários-mínimos
Professor com Licenciatura curta	2,05 salários-mínimos
Professor com Estudos adicionais	1,21 salários-mínimos
Professor Pedagógico	1,18 salários-mínimos
Professor Leigo/Regente	1,15 salários-mínimos

Fonte: Jornal *O Liberal*, 22 de junho de 1985.

Na assembleia realizada na Igreja de Nossa Senhora de Aparecida[152], que foi um lugar de grande importância para o movimento ao longo dessa greve, em que o movimento docente contava diretamente com o apoio dos setores progressistas da Igreja Católica Paraense, os professores rejeitaram a proposta em assembleia, e aprovaram a manutenção da greve, além de sinalizar para o governo a proposta de 2,6 salários mínimos de piso para os professores. A proposta do governo era a seguinte: os servidores passariam a ter como salário inicial o salário mínimo e os professores ganhariam uma reposição de 25%; ou os servidores ganhariam 40% de reajuste e os professores 15% de reposição. Duas propostas que ambas inevitavelmente beneficiavam ou um ou outro segmento, ou os servidores, ou os professores, ficando claro novamente a estratégia do governo, a primeira vista, em tentar provocar uma divisão interna no movimento, para depois enfraquecê-lo.

A tomada de decisão por parte dos professores se baseava muito nas condições objetivas do calor das negociações, mas também a respeito de uma memória social sobre as greves anteriores de 1980 e 1983. A de 1980 era vista como uma greve que terminou sem nenhum ganho, já a de 1983, lembravam como uma greve que foi encerrada em cima de promessas. Isso era levado em conta nessa greve de 1985 e quase sempre aparecia nos debates, o que mostrava que a experiência dos movimentos anteriores pesava muito em qualquer decisão que fosse tomada naquele momento.

Na última assembleia de junho, já apareciam vozes a favor do fim da greve, e passavam a ressoar com mais força, pois se argumentava que o movimento poderia perder a força e o apoio da comunidade, diante da preocupação dos pais com a

152 Igreja que ficava localizada na Avenida Pedro Miranda, esquina com a Rua Barão do Triunfo, bairro da Pedreira em Belém/PA.

educação dos seus filhos. Os favoráveis ao encerramento da greve diziam: "Estamos passando de mocinhos para vilões, podemos terminar a greve sem abrir mão da rei-vindicação de três salários mínimos, programando para agosto marchas todas as se-manas até o Palácio Lauro Sodré em dias alternados, para sensibilizar o governador". Mas a maioria dos professores defendia ainda outra ideia:

> Só diz que estamos passando de mocinho para vilões quem não assiste as reuniões das zonais. Os pais dos alunos estão conosco, apóiam a nossa greve. Se pararmos agora, quem sairá fortalecido é o governo. Não temos que nos intimidar com as ameaças de descontos e punições. Quem vai impedir os descontos e as pu-nições é a nossa força.[153]

Mesmo diante de um claro arrefecimento e a apresentação dos primeiros si-nais de que se tornava cada vez mais difícil manter a greve, se não na crescente, pelo menos estável, o mês de julho foi bem movimento, tanto para os professores, que buscavam apoio para entrarem em agosto com a greve controlada e fortalecida, se possível, como também para o Governo Estadual. As articulações e mobilizações da Federação dos Profissionais Públicos do Estado do Pará permaneceram ocorrendo, as reuniões nos bairros e as discussões entre as próprias lideranças do comando de greve, tanto que devemos considerar que essa greve basicamente foi decidida nesse mês de julho, por ambas as movimentações das partes envolvidas, como a estratégia do Governo que desceu para os bairros para enfraquecer o movimento.

Uma das atividades mais importante desse intervalo de férias promovido pelo movimento grevista foi a solicitação de intervenção do Ministro do Trabalho Almir Pazzianotto, que chegou em Belém, exatamente quando o movimento de greve dos professores completava dois meses, no dia 15 de julho. A FEPPEP e o comando de greve entregaram um documento ao Ministro, envolvendo dois pontos principais: os professores queriam o comprometimento do Ministro no sentido de resguardar a entidade do magistério para que não houvesse qualquer tipo de intervenção do governo estadual nela; e também garantir, junto ao Governo do Estado, a abertura

---

153 Cf. Jornal *A Província do Pará*, 27 de junho de 1985, p. 11.

de negociações com a direção do movimento grevista, a fim de que haja uma solução definitiva para a situação da categoria.[154]

Com aumento das divergências entre Governo Estadual e professores, é possível perceber que o governo passou fazer uso novamente absoluto da imprensa para tentar convencer a opinião pública que os intransigentes eram os professores, e assim preservar minimamente seu projeto de poder político e eleitoral para as próximas eleições. O jornal *A Província do Pará* passou a entrar nesse Jogo, colocando algumas chamadas de matérias em letras garrafais que apresentavam um sentido confuso, que num olhar e leitura mais desatenta poderia ser facilmente entendida uma coisa que de fato não expressava o verdadeiro sentido. Como na matéria, no início de agosto de 1985, "Jáder concede aumento de 92% aos professores e funcionários públicos".[155] Ficava patente aí, a intenção do título da matéria em tentar confundir a opinião pública, pois no corpo do texto dela o governador não se referia a está dando esse reajuste a partir de então aos professores e servidores, como fica passível de interpretação a primeira vista, mas ele está se reportando do acumulado de reajuste que ele tinha dado até aquele momento, uma intenção para confundir os espíritos menos atentos.

A estratégia de Jáder, de certa forma começou a surtir efeito. As tensões entre o Governo do PMDB, professores e comunidade ficaram mais estremecidas. Na Escola Helena Guilhon, no bairro do Satélite, em Belém, ocorreu um princípio de quebra-quebra, quando pais inconformados com a continuidade da greve tentaram destruir o prédio da escola. O governo procurou refúgio principalmente em articulações com Centros Comunitários que de alguma forma tinham relações de dependência com o Governo, principalmente nos bairros mais pobres de Belém, onde o Governo vinha fazendo investimentos nas áreas de baixadas e programas de moradias populares.

Como resultado de um processo construído e articulado pela administração estadual, Jáder recebeu uma manifestação no Palácio Lauro Sodré em apoio e solidariedade ao seu Governo, onde 120 Entidades Comunitárias foram prestar apoio ao governador pelas medidas tomadas para tentar por fim a greve dos professores

154 Jornal *A Província do Pará*, 14 e 15 de junho de 1985, p. 12.

155 Jornal *A Província do Pará*, 1 de agosto de 1985, p. 11.

na rede estadual, entre as medidas o corte de ponto a partir de então. Ao receber o documento das entidades comunitárias presentes, Jáder disse que era preciso o povo se organizar e ir para a porta das escolas conterem os piquetes. No documento, apresentado pelas associações comunitárias, elas diziam que "o apodrecimento dos estoques da merenda escolar era criminoso", ainda contendo outros pontos, como: "exigir a imediata volta às aulas"; "declarar também que não eram contra as reivindicações dos professores, mas sim contra a forma como estão sendo reivindicadas", e por fim declaravam "apoio ao governador e ao prefeito de Belém". Nesse encontro, Jáder disse, conforme a imprensa, para as lideranças comunitárias que "essa minoria quer o impasse, o que eles querem é a violência, que eu ponha a policia, querem arranjar um cadáver, para dizerem que meu governo é violento, as provocações tem esse objetivo". E completou: "as articulações do PT não está prejudicando a minha pessoa, mas sim as famílias pobres, cujos filhos estudam na escola pública. Que o povo não se ilude e está percebendo a radicalização que quer prejudicar a imagem do meu Governo e do PMDB devido às proximidades da eleição".[156] O Governo colocava a greve num patamar das disputas políticas e partidárias, que só visavam as próximas eleições, e que a população que precisa da educação pública é que estava sendo vítima dessas manobras, segundo Jáder.

Com as ameaças e pressões populares, do governo e de alguns diretores, além da visível volta de muitos professores das escolas de Belém as salas de aula, foi realizada assembleia, na Igreja de Aparecida, no dia 7 de agosto de 1985. Com a Igreja lotada, os professores e servidores presentes aprovaram a suspensão da greve que já durava 85 dias, iniciada em 15 de maio. O retorno as aulas foi aprovado com uma ressalva: de que as aulas, no resto da semana, fossem para esclarecer a comunidade sobre aquilo que os grevistas chamaram de "verdades da greve" e que no final de semana pudessem ir até os bairros agradecer o apoio.[157] Depois do retorno as salas de aulas, Jáder anunciou, como mais uma forma de brindar sua imagem, que não iria

---

156   Jornal *A Província do Pará*, 7 de agosto de 1985, p. 12.

157   Jornal *A Província do Pará*, 8 de agosto de 1985, p. 12.

punir os professores grevistas, de forma que não seriam descontados os dias parados por eles durante a greve.[158]

Essa foi uma greve que se tornou emblemática na história dos movimentos sociais no Pará, sendo lembrança constantemente nas memórias dos professores, que sempre fazem:

> Foi a greve mais longa, foi no governo do Jader, mais sofrida, porque o Jader tinha as diretoras de escolas muito coesas em torno dele, muito contra o movimento e a favor do governo. E essa foi a greve mais memorável, foi essa greve também que fizemos uma grande marcha da educação. Era mais ou menos umas 20.000, pouco menor que a outra, mais ou menos umas 20.000 pessoas.[159]

A greve de 1986: "mais uma vez fomos desrespeitados!"

A greve dos professores de 1º e 2º graus estaduais de 1986 esteve relacionada diretamente ao Estatuto do Magistério, antiga reivindicação e que o governo de Jáder Barbalho pretendia aprovar antes de deixar o governo estadual em março de 1987, como resposta as cobranças e desgastes que teve com os professores ao longo de seu mandato, inclusive atravessando duas greves. Após a conflitante e extensa greve de 1985, o ano de 1986 foi de mais dialogo entre professores e Governo, não tanto com o governador, mas com sua equipe de governo, discussões que eram no sentido de construir um novo Estatuto do Magistério, que pudesse incorporar as reivindicações há muito tempo pretendidas pela categoria docente do Estado. Agora, nessas discussões, eram patentes as discordâncias entre o Governo e os professores em relação a muitos pontos.

No fundo dessa questão, o ano de 1986 seria marcado por profundas mudanças na política econômica brasileira, com a instituição do "Plano Cruzado" do

---

158 Jornal *A Província do Pará*, 13 de agosto de 1985, p. 11.

159 Hamilton Ramos, entrevista em 07 de março de 2014.

presidente José Sarney, que dizia que o inimigo número 1 dos brasileiros era a inflação, e que todos os cidadãos deveriam tornar-se fiscais dos preços, "enfrentando, como delegados do presidente, os comerciantes que praticassem aumento violando o congelamento".[160] Evidentemente que esses aspectos também objetivamente perpassaram pela movimentação dos professores, que a partir dessas mudanças econômicas passaram a sonhar com dias melhores, e essa foi à esperança de grande parte da população do país, não à toa, no início do "Plano Cruzado", a popularidade do presidente subiu bastante.

A proposta de Estatuto do Magistério vinha sendo construída, a medida do possível, em conjunto com uma comissão de professores, tanto da direção da FEPPEP, como de professores também escolhidos nas assembleias da categoria. A questão toda é que no dia 14 de setembro de 1986, o governo publicou nos principais jornais da cidade, a proposta na íntegra do Estatuto do Magistério que estava encaminhando à Assembleia Legislativa do Estado do Pará,[161] fator que desagradou enormemente a FEPPEP e os professores, não só pelos pontos discordantes em relação ao projeto de lei, mas principalmente por que o Governo do PMDB de Jáder tinha rompido, unilateralmente, o acordo assumido com a categoria docente de que não enviaria a proposta de Estatuto sem antes ter negociado todos os pontos com os professores. A partir de então, os professores passaram a se articular para discutir a atitude do governador Jáder Barbalho, que para muitos era um atentado a democracia, pois se tratava de um projeto tão importante, que estabeleceria os rumos da educação e do magistério no Estado, mas que não tinha o aval da categoria. Naquele momento Edmilson Rodrigues afirmava que, em virtude dessa posição do governo, havia muita possibilidade da aprovação de um movimento grevista, sobretudo diante do fechamento brusco das negociações que estavam acontecendo desde abril de 1986. A FEPPEP considerava que o governador tinha dado um "golpe", em aprovar e ordenar a publicação de um estatuto refletindo ideias unilaterais, dentro de um processo de negociação, não só com a FEPPEP, mas também com a Associação dos Administradores do Estado do Pará, Associação dos Supervisores Educacionais do Estado do Pará, Associação dos Orientadores do

---

160 SKIDMORE, Thomas. *Op. Cit.* P. 539.

161 Jornal *A Província do Pará*, 14 e 15 de setembro de 1986, p. 11.

Estado do Pará e Confederação dos Professores do Brasil - Região Norte II, que tinha Edmilson Rodrigues como um dos diretores.

Jáder, que taxava o movimento de professores como mais político e partidário do que social e econômico, juntando com a insatisfação e constrangimento que teve num protesto dos professores diante do palanque de autoridades no último desfile escolar do dia 5 de setembro de 1986, resolveu publicar e anunciar o Estatuto antes da reunião final de negociação que teria com a comissão da categoria. Os professores, representados pelas lideranças e diretores da FEPPEP, ficaram indignados com a atitude do governador. Em reportagem do Jornal *A Província do Pará*, Edmilson Rodrigues afirmava que "mais uma vez fomos desrespeitados". Por sua vez, a diretoria do sindicato passou a criticar o próprio texto da lei, pois, segundo eles, não incentivava os pós-graduados, "no caso dos doutores, mestres e especialistas, eles não terão progressão funcional, mas apenas um percentual acima do salário do licenciado pleno", explicava Edmilson Rodrigues.

Outra questão que voltava a tona era em relação ao piso preiteado desde a greve passada de 1985 pelos professores, mas que Jáder dizia que só poderia pagar em 1988, sendo que o seu mandato, argumentavam os professores, terminaria em março de 1987, então como pagaria?[162] Os professores sabiam que aquela lei do Estatuto era um avanço, pois atendia uma série de anseios antigos, mas estava sendo aprovado de forma antidemocrática, sem discussão suficiente com aqueles mais interessados, e isso era incompreensivo aos professores diante dos novos tempos democráticos da Nova República. Argumento que era negado pelo Governo, que por se tratar de um Governo que buscava se denominar como democrático, dizia que o Estatuto era "produto das negociações entre professores e a Secretária de Estado de Educação, depois de instituir uma comissão".[163] Além da participação nas negociações, uma das questões de fundo na divergência era em relação aos pisos salariais para cada área de qualificação dos professores e o piso dos servidores. Na proposta do governo, para se chegar ao patamar proposto de dois salários mínimos para o professor leigo, isso só poderia se dá em dez parcelas, que se prolongaria até dezembro de 1988, o

162 Jornal *A Província do Pará*, 16 de setembro de 1986, p. 11.

163 Jornal *A Província do Pará*, 20 de setembro de 1986, p. 11.

que para os dirigentes da FEPPEP era uma proposta "ridícula" e inaceitável. Já para os professores, o piso deveria ser atingindo em no máximo em duas parcelas, sendo a primeira em outubro de 1986 e a segunda em fevereiro de 1987, antes do fim do governo de Jáder Barbalho, pois havia uma preocupação da categoria em não deixar compromissos assumidos por Jáder para outro governo. As principais propostas dos professores para o Estatuto, que eram divergentes com a proposta de Estatuto enviado pelo governo à Assembleia Legislativa, eram:

a) Manutenção da jornada de 20, 30 e 40 horas semanais;
b) Gratificação de 80% para os professores de nível superior, paga sobre as jornadas respectivas de 100, 150 e 200 horas mensais;
c) manutenção da hora-atividade em 20% da jornada de trabalho;
d) Manutenção da reivindicação do 13% salário;
e) Reivindicação de 10% de adicional por tempo de serviço (qüinqüênio);
f) Manutenção da reivindicação expressa na proposta anteriormente apresentada sobre a licença sindical;
g) Promoção horizontal, na carreira do magistério, com 10% referencias de dois e dois anos, com percentual de 7% automático por tempo de serviço;
h) e que a carreira do magistério seja imediatamente estabelecida;
i) Não aceitar o isolamento dos servidores em relação às reivindicações dos professores.164

Quanto à questão salarial, do ponto de vista prático, os professores queriam um piso de 1,5 salários-mínimos (1.206,00 cruzeiros) para os professores leigos e para os servidores, e no máximo em duas parcelas. Já o governo apresentava proposta diferente: 1.005,00 cruzeiros, em um piso que só seria atingido em dezembro de 1988.[165]

A greve dos professores estaduais de 1986 teve três momentos: o de uma paralisação de advertência, por dois dias, dias 25 e 26, a greve por tempo determinado, nos dias 29, 30, 1, 2 e 3 de outubro e a greve propriamente dita, até o dia 16 de outubro de 1986.

Para o professor Carlos Forte, dirigente da FEPPEP em 1986, se optou por uma greve por tempo determinado "porque ainda acreditamos no restabelecimento

---

164 Jornal *O Liberal*, 26 de setembro de 1986, p. 10.

165 *Idem.*

do diálogo e na reabertura das negociações com o governo".[166] Como o estatuto interferia na vida de todos os servidores, muitos diretores e supervisores educacionais, através de suas associações, aderiram a essa greve. Segundo os jornais da época, muitas escolas de Belém tinham aderido ao movimento grevista, daí se percebe que os professores percebiam a importância de tal momento.

Quadro 15: Número de escolas públicas paradas por bairro em Belém na greve de 1986

Bairro	Quantidade de escolas em greve
Marco	14
Marambaia	14
Benguí	04
Val-de-Cães	04
Rod. Augusto Montenegro	05
Pedreira	09
Telégrafo	07
Umarizal	08
Sacramenta	07
São Braz	03
Guamá	07
Terra Firme	08
Canudos	03
Cidade Velha	03
Centro	08
Jurunas	08
Batista Campos	04
Cremação	05
Condor	04
Icoaracy	11
Outeiro	02
Cidade Nova	08
Guajará	01
Coqueiro	04
Mosqueiro	11

Fonte: Jornal *O Liberal*, 1 de outubro de 1986, p. 16.

---

166   Jornal *O Liberal*, 27 de setembro de 1986, p. 02.

Com a negativa do governo em retomar as negociações, os professores deliberaram pela "Marcha da Negociação". Essa a Marcha da Negociação foi uma das maiores promovidas pela FEPPEP, segundo a imprensa de então, levando para as ruas milhares de professores, servidores e entidades apoiadoras, que marcharam do Instituto de Educação do Pará até o Palácio Lauro Sodré, com faixas, palavras de ordens, apitos, e a novidade nessa marcha, as parodias de músicas satirizando o governador Jáder Barbalho, como a alusão a música Aurora, em que os manifestantes cantavam: "Se você fosse sincero / oh, oh, oh, Barbalho / Não estaríamos em greve / Oh, oh, oh, Barbalho"[167]. Após não conseguir se reunir com o governador, os professores marcharam em direção da ALEPA, para buscar diálogo com os deputados a respeito do projeto do Estatuto do Magistério enviado pelo governo do Estado, sendo recebidos pelos Deputados Estaduais Hermínio Calvinho e Aldebaro Klautau, ambos do PMDB, que prometeram que o Estatuto, que estava na Comissão de Justiça da Assembleia, não iria ao plenário enquanto não houvesse uma discussão com a categoria dos professores e servidores.[168]

Até a última semana, a greve aconteceu em conjunto com os professores municipais, que no dia 13 de outubro, regressaram as salas de aula, aceitando as propostas do prefeito Coutinho Jorge, ex-secretário de educação do Estado durante boa parte da greve de 1985 e naquele momento da greve de 1986 já prefeito eleito de Belém. Essa foi uma marca significativa das greves dos anos oitenta na educação estadual paraense, a greve em conjunto dos professores da rede estadual e municipal, que tinham "patrões diferentes e em alguns casos bandeiras de lutas também diferentes, mas acabavam saindo em greve juntos, pois o prefeito e a prefeitura de Belém, até meados da década de oitenta, eram vistos como uma extensão da política do Governo Estadual, haja vista que até esse momento os prefeitos eram indicados pelo governador do Estado. Essas greves em conjunto dos professores Estaduais e Municipais foi um aspecto que a partir do fim dos anos oitenta e anos noventa em diante não se perceberia mais na história do movimento docente paraense, salve exceções.

---

167   Cf. Jornal *O Liberal*, 09 de outubro de 1986, p. 08.

168   *Idem*.

No dia 15 de outubro de 1986, professores e servidores chegaram a um acordo com o Governo do Estado, e no dia seguinte, em assembleia, dia 16 de outubro, terminaram a greve da educação estadual. Os principais pontos acordados eram: a inclusão das jornadas de 20, 30 e 40 horas semanais; manutenção das dispensas em favor do sindicato da categoria; abono das faltas durante a greve com a reposição das aulas; eleições diretas para diretores das escolas, com observância da legislação; a questão do enquadramento do piso salarial, onde havia um impasse o governo sinalizou para o cumprimento desse piso em cinco parcelas, e não mais e dez. Participaram dessa reunião Edmilson Rodrigues, representando a Associação Brasileira dos Professores; Haroldo Soares, presidente da FEPPEP, o vice-presidente da mesma instituição, Luiz Araújo; representante da Associação dos Administradores de Escolas Públicas, professora Elza Dantas; representante da Associação dos Orientadores de Escolas Públicas, Nice Veloso e Maria Terezinha Carvalho.[169]

Após a negociação e a volta as aulas, os professores ainda foram muitas vezes a Assembleia Legislativa para fazer pressão pela aprovação do Estatuto do Magistério, pois se percebia que o governo tentava protelar a sua aprovação para os últimos dias do governo Jáder, uma vez que o projeto ficou dias parado na Assembleia e não era votado por que a maioria dos deputados do PMDB não comparecia ao plenário, postura que passou a ser duramente criticado pela oposição, principalmente pelo deputado Eloy Santos em seus pronunciamentos. Após muita pressão, tanto de professores como de alguns deputados, foi atingido o quorum mínimo de vinte deputados sendo aprovado o projeto, em segundo turno de votação, por unanimidade, para a vibração dos professores que se encontravam nas galerias da ALEPA.[170]

---

169 O Jornal *O Liberal*, 15 de outubro de 1986, p. 2.

170 Jornal A Província do Pará, 5 de novembro de 1986, p. 08.

IV

REPRESSÃO E MEMÓRIA EM TEMPOS DE DEMOCRATIZAÇÃO NOS GOVERNOS DE ALACID NUNES E JÁDER BARBALHO

Combate ao "Exército de Miseráveis"[1]

> Estamos preparados. A polícia militar pode vir com cachorros, cassetetes e bombas de gás lacrimogêneo que nós estamos preparados para tudo.[2]

Com o golpe civil-militar no Brasil, em 1964, o Estado brasileiro passou a se organizar, se não em bases propriamente violentas em sua maior parte do tempo, mas autoritárias, em que prevaleceu uma concepção ideológica baseada principalmente no pensamento de uma Doutrina de Segurança Nacional,[3] gestava nos idos de 1949 com a fundação da Escola Superior de Guerra. Militares que participaram da Força Expedicionária Brasileira (FEB) na Itália, entre eles Castelo Branco e Golbery do Couto e Silva, passaram a ter contato, assessoramentos e formações com os norte-americanos a partir de então, e quando retornaram ao Brasil, esses oficiais "já estavam profundamente influenciados por uma nova concepção a respeito de como entender a

---

1   Assim os professores se denominaram em uma nota pública, em resposta ao ofício do Governo Estadual que os proibia de entrar nas escolas para mobilizar outros professores. Fonte: Jornal *O Liberal*, 22 de outubro de 1983, p. 08.

2   Inácio Abadia, da Comissão Central do Movimento de Professores, Cf. Jornal *O Liberal*, 3 de outubro de 1983, p. 10.

3   Sobre a Doutrina de Segurança Nacional, um dos mais importantes trabalhos é o de: MOREIRA ALVES, Maria Helena. *Estado e Oposição no Brasil* (1964-1984). Petrópolis (RJ): Editora Vozes, 1984.

defesa nacional".[4] Nos Estados Unidos aprenderam e passaram a utilizar no Brasil, após 1964, uma ideologia que "não fazia diferença entre inimigo externo e inimigo interno, por que o inimigo externo está dentro do país".[5] A partir de então, essa Doutrina de Estado, baseada na segurança e no desenvolvimento, passou, de certo modo a extinguir a diferença de violência e de não-violência, os atos autoritários em nome de uma democracia, pois o Estado passaria a aplicar sua força, independente de ser violenta ou não, sendo que em relação à política externa e interna, o "inimigo poderia está dentro ou fora. A esse respeito, se referia Golbery:

> O inimigo (...) usa mimetismo, se adapta a qualquer ambiente e usa todos os meios, lícitos e ilícitos, para lograr seus objetivos. Ele se disfarça de sacerdote ou professor, de aluno ou de camponês, de vigilante defensor da democracia ou de intelectual avançado, (...); vai ao campo e às escolas, às fábricas e às igrejas, à cátedra e à magistratura (...); enfim, desempenhará qualquer papel que considerar conveniente para enganar, mentir e conquistar a boa fé dos povos ocidentais. Daí porque a preocupação dos Exércitos em termos de segurança do continente deve consistir na manutenção da segurança interna frente ao inimigo principal; este inimigo, para o Brasil, continua sendo a subversão provocada e alimentada pelo movimento comunista internacional.[6]

Nesse sentido, essa cultura ideológica comparava a segurança ao bem-estar social, e que se essa segurança nacional estivesse ameaçada, justificaria o sacrifício do bem-estar social, através da limitação da liberdade, das garantias constitucionais,

---

4   *Brasil Nunca Mais*: um relato para a história. Prefácio de D. Paulo Evaristo Arns. Petrópolis (RJ): Editora Vozes, 5ª edição, 1985, p. 70.

5   BICUDO, Hélio. *Lei de Segurança Nacional*. Leitura Crítica. São Paulo: Edições Paulinas, 1986, p. 09.

6   *Jornal da Tarde*, 1973, p, 10. *Apud*: COIMBRA, Cecília Maria Bouças. Doutrina de Segurança Nacional: banalizando a violência. *Psicologia em Educação*. DPI/CCH/UEM. V. 5. n. 2, 2000, p. 10.

dos direitos da pessoa humana. Esses princípios nortearam o regime militar brasileiro, mas não só ele se esparramou aos órgãos de segurança, tanto das forças armadas, dos Federais, como também dos Estaduais, e mais, transbordou para a sociedade. Essa maneira de pensar foi materializada nas Leis de Segurança Nacionais que vigoraram durante os vinte e um anos dos governos militares, sendo que a primeira foi decretada em 1967 (Decreto-Lei 314). Então, a partir de 1964, foi montada uma estrutura ideológica do inimigo interno, e também aparelhos estatais que, a partir da integração entre as três armas (Exército, Aeronáutica e Marinha), a Polícia Federal e as Policias Estaduais, pudessem melhorar a eficiência dos mecanismos de controle e repressão, caso necessário.[7]

Esses aspectos passaram a ser vivenciados e experimentados no dia-a-dia das pessoas, mesmo que não tivessem a percepção concreta do fato. A estrutura burocrática, totalitária e policial que usava de meios repressivos, às vezes violentos, marcou significativamente o imaginário social nesse tempo, deixando marcas ao longo dos anos que resistiram as mudanças de abrandamento do autoritarismo ou mesmo diante de novos sistemas políticos, apesar do desmonte do aparelho repressivo com a democratização.

Mesmo tendo hoje toda uma discussão na historiografia a respeito da violência na história, através de estudos comparativos que tentam conceituar se o regime militar brasileiro foi violento ou não,[8] havia uma representação para as esquerdas, movimentos populares e sindicais que os atos praticados pelo Governo Federal e Governos Estaduais, através de seus órgãos, eram repressivos e violentos, e por outro lado, latente na sociedade, marcada por anos com uma legislação que não estava relacionada às causas dos direitos humanos, que era necessário uma punição dura para os infringentes das leis. Essa percepção perpassava sobremaneira nos órgãos policiais.

Com o abrandamento da censura, principalmente a partir de 1975, os casos de denúncias de violência policial tornaram-se recorrentes nos jornais, e em Belém

---

7   Sobre a montagem no Brasil de uma estrutura policial-burocrática-totalitária durante a ditadura civil-militar, ver: FICO, Carlos. *Come eles agiam*: os subterrâneos da Ditadura Militar – espionagem e polícia política. Rio de Janeiro: Editora Record, 2001.

8   Ver: FICO, Carlos. Violência, trauma e frustração no Brasil e na Argentina: o papel do historiador. *Topoi*. Rio de Janeiro, v. 14, n. 27, p. 239-261, jul./dez. 2013.

não foi diferente. Observa-se nesses jornais que o comportamento da policia, mesmo em tempos de democratização, mantinha uma continuidade em termos de atuação, tanto de repressão como no uso da violência. A Polícia Militar funcionava como uma linha de frente da repressão, fazendo o que os movimentos populares e sociais chamassem de "trabalho sujo", resguardando em parte a imagem do Exército e de outras forças armardas. Ela continuava a usar métodos abusivos, como o uso da força legitimada por si mesma, tanto contra a população pobre da cidade,[9] que tinha um grande índice de pobreza, em especial nas áreas de baixadas, como dito anteriormente nesse livro, e contra os movimentos sociais, identificados muitas vezes como os "inimigos", pregoados pela Doutrina de Segurança Nacional, que mesmo em tempos de desusos, a partir de 1979 até 1986, ainda mostrava sua faceta nas "estruturas" mentais de muitos agentes sociais. Em 1982, foram comuns as "batidas" e invasões da Polícia Federal, sem mandatos, em vários locais de referencia dos comunistas e movimentos estudantis e sociais em Belém. Como a Gráfica Suyá, que reproduzia o Jornal Resistência. Um ano depois, em 1983, a Polícia Federal invadiu a sede do Jornal Alicerce, na rua nove de Janeiro. A família da namorada de um dos participantes da organização descobriu sua participação no jornal e delatou a Polícia Federal. A tônica, nesses casos, era o interesse da Polícia Federal em perseguir, com ameaças de enquadramento na Lei de Segurança Nacional, as atividades praticadas por essas organizações. Dentro desse cenário ideológico da Doutrina de Segurança Nacional, nos espaços das oposições à ditadura, professores, estudantes, intelectuais, jornalistas e escritores[10] eram também constantemente vigiados e, em alguns casos, perseguidos pelos governos, identificados como sujeitos ligados direta ou indiretamente as influencias político-ideológicas das esquerdas e dos comunistas.

Tanto o Governo de Alacid Nunes, como o de Jáder Barbalho, vão olhar para os movimentos dos professores públicos de Belém eivados por esse imaginário social, mas de lugares ideológicos e políticos diferentes.

---

9   Jornal *O Estado do Pará*, 18 de outubro de 1980.

10   Sobre essa questão, ver: NAPOLITANO, Marcos. Letras em rebeldia: intelectuais, jornalistas e escritores de oposição. In: *1964: História do Regime Militar Brasileiro*. São Paulo: Contexto, 2014.

Alacid e Jáder ocupavam lados diferentes da moeda, não só do ponto de vista partidário, mas da própria maneira de conduzir a política do Estado e em relação à perspectiva quanto à democratização, mas que não se desviaram quando foi necessária a junção dos dois para derrotar o jarbismo. Não há dúvidas que no governo Jáder Barbalho, mesmo com uma cultura política ainda muito forte e herdeira dos anos anteriores, houve mais espaços democráticos para as lutas da categoria dos professores, não a toa que nesse governo ocorreram três greves, e apenas uma no governo de Alacid Nunes. No entanto, quando se passa a analisar a questão do uso da força, da violência e repressão policial ou dos órgãos de segurança como forma do Governo Estadual conter a sanha dos movimentos grevistas dos professores em Belém, e por conseqüência no Estado do Pará, através dos discursos tanto dos professores, Governo e imprensa, percebe-se que as práticas usadas pelos agentes públicos de ambos os Governos foram basicamente as mesmas, foram continuas no governo de Alacid Nunes, e passaram para o de Jáder Barbalho. Havia uma postura, digamos violenta, entranhada há algum tempo, fruto do Estado autoritário vigente, com uma polícia formada por homens com o objetivo de manter a ordem e combater a subversão e o comunismo. Mesmo com a democratização ao longo da década de 1980, essa forma de pensar não mudou na mesma velocidade das estruturas políticas e das formas de gerenciamento do Estado. Percebe-se, por exemplo, que na greve de 1983, que ocorreu já num governo eleito de forma direta nas urnas, representando claramente o processo de democratização que passava o Estado brasileiro naquele contexto, o governo de Jáder Barbalho, não abriu mão, quando foi necessário, de utilizar-se de um aparato muito utilizado pelo seu anterior, Alacid, e de governadores anteriores, que foi uma forte vigilância, repressão e criminalização do movimento grevista, com atuação inclusive dos órgãos da segurança pública do Estado, como o DOPS. Policiais nas portas das escolas, prisões, demissões, professores fotografados e fichados, invasão da polícia no espaço na escola, foram atividades que ocorreram nos dois governos.

É de se destacar que práticas típicas de Estados Autoritários, como do regime militar brasileiro, que vigoraram durante algum tempo, influenciaram significativamente numa cultura autoritária, que não se desfez de uma hora para outra, permanecendo entranhada em determinadas práticas, como nas policiais e nas posturas de muitos governos diante dos movimentos sociais. No Brasil, a doutrina de Segurança

Nacional não desmontou de imediato seu aparelho repressivo. Essas experiências autoritárias do período anterior falavam alto também no período de transição democrática, ocorrendo um jogo de forças sociais que levaram a essa prática da contradição entre democracia e autoritarismo. Por outro lado, essa repressão e violência que os Governos Estaduais de Alacid e Jáder teriam usados ao longo das greves e tensões que tiveram nas relações com os professores, foi um fator capitalizado como um discurso pelos professores, como um forma de expressarem que estavam sendo vítimas de um sistema repressivo em plena democratização. Esse tipo de pensamento que era sustentado pelos professores estaduais de Belém na década de 1980, tinha um objetivo de sensibilizar a opinião pública e, principalmente, os demais professores que por alguma razão ainda não estavam engajados em suas lutas, discurso que proporcional ao ato "violento" cometido pelo Governo do Estado, aumentaria a possibilidade de maior mobilização da categoria, pois o ato da violência não seria contra um professor ou um grupo de professores, mas contra a própria classe e a democracia. Nesse sentido, mesmo que sem intencionalidade, mas as vezes foram de forma objetivada, eram forjadas fórmulas que pudessem fazer frente há uma identidade dos professores "fluidas, liquefeitas e voláteis",[11] em que interesses e perspectivas das mais variadas estavam em disputas, além do que, a percepção dos agentes sociais sobre a repressão ou a ditadura naquele momento era diferente de um sujeito para outro.

Ao assumir pela segunda vez o Governo Estadual, em 1979, eleito de forma indireta pela Assembleia Legislativa do Estado do Pará, Alacid Nunes nomeou como o Secretário de Educação do Estado o ex-superintendente do MEC (Ministério da Educação) no Pará, o Professor Dionísio Hage. Hage era professor, e visto por muitos educadores como uma pessoa que tinha um perfil "autoritário".[12] Com a notícia de sua nomeação ao cargo de secretário, os jornais noticiaram que a SEDUC passaria a ter uma gestão "linha dura". Combinado a esse "perfil' de administrar, durante a gestão de Hage e do governador Alacid Nunes, a trajetória da luta dos professores foi marcada muito nesse momento pela discussão entre legitimidade e legalidade em

---

11   Sobre a questão relativa à Identidade, ver: BAUMAN, Z. *Identidade:* entrevista a Benedetto Vecchi. Rio de Janeiro: Zahar, 2005.

12   Ermelinda Garcia, entrevista em 12 de março de 2014.

suas organizações e em relação à greve. A legislação proibia o direito de sindicalização e por conseqüência o de greve aos professores públicos. Era para o direito uma
causa legítima, mas ilegal a luz da constituição. Tanto que ao assumir a presidência
da República, em seu discurso de posse, João Baptista Figueiredo já advertia para as
greves ditas ilegais, pois dizia ele: "não poderei transigir quanto ao cumprimento da
legislação em vigor".[13] E esse tipo de discurso passou a legitimar as práticas de repressão e criminalização ao movimento docente em Belém ao longo da administração
de Alacid e Hage. Atos, marchas e passeatas pelas ruas de Belém nesse momento
eram sempre acompanhadas por um ostensivo policiamento. E essa prática foi aprofundada na única greve no governo de Alacid, em que o uso da policia e as medidas
posteriores a greve mostraram um governo extremamente intolerante em relação à
legitimidade do ato de fazer greve por parte dos professores. A violência policial direta, ou simplesmente como intimidação e ameaça passou a ser uma violência estatal
e que em nome da democracia e do direito de escolha de quem queria dar aula fazia
uma operação de guerra nas portas das escolas de Belém, como é possível perceber
nessa reportagem:

> Na porta do colégio havia uma guarnição da Rádio Patrulha,
> composta por soldados do pelotão da guarda de choque da
> Polícia Militar. Assim que chegaram, os PMs foram saltando do
> veiculo e gritando para os estudantes: afasta, afasta. Quatro sol-
> dados, usando macacões especiais de combate, tomaram conta
> do portão.[14]

Juntamente com os policiais militares, estava constantemente atuando nesses
movimentos o DOPS, o braço civil da repressão e inteligência do governo do Estado.
A vigilância e as pressões mais diretas da polícia militar e civil do Estado, que tinha
a frente da Secretaria Estadual de Segurança Paulo Sette Câmara, foram constantes,
mas a principal marca do governo de Alacid foi o não reconhecimento da entidade
dos professores e do seu direito de realizar greve, tanto que após o fim da greve de

---

13   Cf. Jornal *O Estado do Pará*, 20 de março de 1979.

14   Jornal *O Estado do Pará*, 13 de novembro de 1980, p. 3.

1980, ficou marcado pelas medidas punitivas aos professores que participaram do movimento e que de alguma forma não tinham estabilidade em seus vínculos com o Governo Estadual. Setenta e cinco (75) professores foram demitidos do período do final dessa greve até o fim do governo Alacid Nunes,[15] fato que era argumentado pelo movimento docente como uma estratégia do Governo Estadual para desestimular a organização deles. Por sua vez, o secretário de Educação dizia que tinham sido demissões normais por destrato contratos de trabalho com o Estado. As medidas de punições, proibições dos diretores para que a Associação dos Professores entrassem nas escolas e as demissões provocaram um efeito real na estrutura da APEPA, que passou a se desfazer a partir de então. Na memória dos professores, o governo de Alacid é lembrado como um governo que representava na essência o regime militar implantado no Brasil, mais ainda diante da postura que teve diante dos movimentos reivindicatórios dos professores:

> O Alacid Nunes pra mim. Como é que a gente percebe o governo? A gente percebe o governo da ótica de quem está se organizando e lutando por interesses diversos. Eu lembro, por exemplo, da nossa caminhada pela educação, tinha assim: "Alacid é inimigo dos professores". Era esse o nosso mote, era isso que estava na nossa faixa. Então pra nós, ele representava ainda esse poder que era contra o direito dos trabalhadores, que era inimigo da educação. E que não tinha nada a ver com a democracia, com a sociedade que a gente almejava, com a sociedade que a gente lutava pra construir. Então ele aparecia mesmo como esse representante do poder imposto.[16]

A experiência das eleições diretas no Pará em 1982, que mexeu com os instintos democráticos que estavam adormecidos da população paraense, trouxe como governador o ex-líder estudantil Jáder Barbalho, que trazia como discurso ser um arauto da democracia, apostando como propaganda política de seu governo no espírito cabano e revolucionário do paraense. As esperanças eram enormes, principal-

---

15   Jornal *O Liberal,* 7 de setembro de 1983, p. 12.

16   Venize Rodrigues, entrevista em 21 de maio de 2014.

mente para muitos professores, que viam em seu governo a possibilidade de espaços democráticos para atuarem de forma mais livre e sem pressões. Mas não foi o que aconteceu, os homens que administravam o Governo Estadual a partir de então, eram homens que viviam aquele tempo, e, portanto, também estavam numa relação dialética entre a estrutura que viviam e suas agências, entre um contexto autoritário e um espírito democrático, é esse jogo entre agência e determinações estruturais que nos faz compreender a continuidade de certas práticas com o passar do tempo.

No Governo de Jáder, que tinha como Secretário de Educação o professor Wilton Moreira, muitas dificuldades encontradas antes, foram reproduzidas por seu governo. O fato de se criar embaraços para o contato dos dirigentes sindicais com a base dos professores mostrava uma incapacidade de lidar com um aspecto democrático de aceitar a organização de uma categoria através de sua entidade representativa, decisões que eram frutos das tensões do enfrentamento dos professores com o Governo Estadual, mas que expressavam um tipo de cultura política autoritária muito arraigada ainda nos aparelhos do Estado e em muita das próprias pessoas que experenciavam esse momento de transição. Antes da greve de 1983, mais já num momento de negociação, o secretario de Educação Wilton Moreira expediu um ofício revogando a decisão anterior de permitir o ingresso da Comissão Central de Professores para entrar nas escolas e realizar reuniões com a categoria. Muitos professores, entre eles um dos seus representantes, Inácio Abadia, consideravam essa portaria arbitrária, tanto que dizia ele: "a categoria permanece fiel ao seu espírito democrático e até se espanta com esse tipo de procedimento". O ofício, nº 009/83, que proibia a entrada da Comissão de Professores nas escolas, tinha o seguinte conteúdo:

> Face à necessidade de evitar explorações de terceiros e também preservar a boa imagem de escola perante a comunidade, informo a vossa senhoria que a partir da presente data, fica cessada a autorização de permitir que se façam reuniões sem que haja, por escrito, a minha previa anuência, nos prédio das unidades de 1º e 2º grau, a não ser as de interesse do próprio estabelecimento de ensino e sem interferência de elementos estranhos ao mesmo. Qualquer situação que fique provocada pela falta de atendimento a presente determinação será de inteira responsabilidade

pessoal de quem a ter, devendo ser apurada a culpabilidade da infringência a autorização.[17]

Observa-se no documento acima uma preocupação do Governo Estadual em ter um total controle do espaço da escola, em face da ameaça da presença e "explorações de terceiros", que eram as lideranças do movimento. Iniciativa de marginalizar e colocar, de certa forma, na clandestinidade a vanguarda que articulava a categoria, daí o tom da referência a "elementos estranhos". Diante desse fato, em nota, os professores responderam, se denominando de "miserável exército de abnegados trabalhadores da educação", e acusavam o governo de ter se elegido com a promessa de que seria 'o povo no poder', o que passava a ser uma falácia, segundo eles, pois as medidas adotadas acima, naquele momento, nada mais eram do que "práticas antidemocráticas e ditatoriais".[18] Mas no processo das greves é onde se dava o momento de maiores tensões e embates entre governo e movimento de professores. Com o início da greve de 1983, com apenas alguns meses de governo de Jáder, o Comando de Greve resolveu ficar com uma base fixa para coordenar a greve, e foi escolhido o Colégio Deodoro de Mendonça, devido sua posição estratégica em uma das principais vias da cidade de Belém, o que facilitaria o contato com outras escolas da capital. No dia seguinte, o comando de greve foi retirado de lá. Segundo o professor Inácio Abadia: "O capitão Martins ameaçou a gente, dizendo que ia buscar o batalhão, para nos retirar à força do Colégio. Agentes do DOPS começaram a jogar nossas coisas para fora da sala. Nós gritamos e o Capitão voltou atrás, foi então que resolvemos sair. Nós sentimos que eles (policiais) iriam partir pra violência".[19] O Governo do Estado transformou o início da greve num caso de polícia, com um policiamento ostensivo ao redor do Colégio, com o objetivo de retirar os professores, esquema policial com direito inclusive ao caminhão conhecido naquele momento pelo nome de "Tomara-que-chova", e toda essa operação de expulsão dos grevistas do Colégio Estadual foi acompanhada de perto por Wilton Moreira, segundo a

---

17   Jornal *O Liberal*, 22 de outubro de 1983, p. 08.

18   *Idem*.

19   Cf. Jornal *O Liberal*, 4 de outubro de 1983, p. 15 e 16.

imprensa. Com um tom desafiador e falando em nome do Governo Estadual, Wilton dizia, a respeito da questão do desconto das faltas para os grevistas: "É normal que quem trabalhe seja remunerado e quem não trabalhe não seja".[20]

Em função desse episódio, o comando de greve passou a ser, a partir de então, itinerante. Mas mesmo assim os professores denunciavam que o carro que ajudava na mobilização estava sendo seguido por policiais. A esse respeito, o professor Abadia dizia através dos jornais: "O próprio secretário de educação está comandando pessoalmente a repressão. Ele perdeu a postura de educar e assumiu a postura de delegado de polícia".[21] Esse fato deve grande repercussão na cidade, virando motivo de debate acalorados na Assembleia Legislativa do Pará, provocando inclusive um desconforto no interior da base governista do PMDB, uma vez que o Deputado Estadual Paulo Fonteles e o vice-líder do governo, Romero Ximenes, repudiaram no plenário e através de nota, a atitude repressora do governo do Estado, ao permitir que a Polícia Militar desalojasse do interior do Colégio Deodoro de Mendonça a Comissão Central da greve dos professores públicos, algo que causava estranheza aos parlamentares, que diziam antes que se a greve tivesse acontecido no governo do PDS, de Alacid Nunes, esse governo teria agido de forma violenta contra os grevistas. A nota dos dois deputados do PMDB dizia: "Diante da repressão policial ao movimento grevista, determinada pelo governo do Estado do Pará, vimos diante da categoria dos professores, e perante o povo paraense, publicamente pronunciarmos: a greve é justa, os professores são miseravelmente mal pagos (...).[22] Indignação parecida foi a de Humberto Cunha, do PMDB, que disse "não podemos continuar numa situação como esta, em que estamos em um governo do PMDB, mas que acaba sendo como se estivéssemos num governo do PDS".[23]

A estrutura repressiva montada após o golpe de 1964, que teve como marco, logo após o golpe, a criação do Serviço Nacional de Informação (SNI), construiu com o passar dos anos uma teia de instrumentos de espionagem e de polícia polí-

---

20   *Idem.*

21   Cf. Jornal *O Liberal*, 5 de outubro de 1983, p. 16.

22   *Idem*, p. 4.

23   Jornal *A Província do Pará*, 6 de outubro de 1983, p. 13.

tica que constituiu no Brasil uma sociedade vigiada. Esses órgãos de informações assumiram durante o regime militar brasileiro um papel importante da política repressiva, ultrapassando suas funções estratégicas para os aspectos privados e subjetivos da vida das pessoas, "julgando subjetivamente cidadãos sem direito de defesa, participando de operações que culminaram em prisões arbitrárias, torturas e assassinato político".[24] Esses aparados tiveram vida em Belém, como o CODI/DOI, criado em 1971, na 8ª Região Militar (Belém), possibilitava, junto com o DOPS, para onde eram levados os presos, o levantamento de "elementos subversivos". O DOPS, em Belém, teve uma participação bem ativa nas greves, principalmente atuando no papel de agente de informações e espionagem, como por exemplo, fotografando professores que realizavam piquetes, observando comportamentos e grampeando telefones das lideranças de frente do movimento. A memória em relação à vigilância e espionagem, entre os professores, é muito valorizada, sendo recorrentes as referências a elas, como na fala do professor Carlos Forte:

> Eu digo assim, todos os caras que tinham militância eram fichados pelo aparato repressivo. Faculdade um bocado de professor lá eram militares. Teve um professor de OSPB que o pessoal falava que ele era agente do DOPS. Ele só dava aula de óculos escuros, era o professor Benedito Aguiar, que tinha sido da Aeronáutica. Um dia entrei na faculdade e ele pegou e disse assim pra mim: "ei, rapaz, eu te conheço. "Eu acho que já vi tua foto nos nossos arquivos". Eu disse: "Arquivo de que professor?". O Professor disse: "Lá na aeronáutica. Tu és subversivo?". Eu fiquei olhando pra ele e disse: "Rapaz, o que é ser subversivo?". Aí ele olhou assim pra mim, eu dei as costas e fui embora. Aí, quer dizer, antes de eu ser um militante, de eu ser um dirigente, os caras já me tinham nos registros deles, porque eu era um cara que naquela época não fazia discurso no microfone, mas eu saía na porrada com os caras, está entendendo? Cansei de sair na porrada com o pessoal do exército. Então tinha uns caras que ficavam

---

24   FICO, Carlos. *Op. cit.*, p 105

só fotografando todo mundo que estava ali, eles filmavam, e tu ias lá para os registros.[25]

Então, para os professores, a escola e a sala de aula eram lugares suspeitos e passivos de vigilância, e quando isso era complementado pela militância nos movimentos sociais, populares e reivindicatórios essa suspeita passava a ser concreta. E dentro da escola, por ser um espaço de circulação de muitas pessoas, a desconfiança aumentava. Portanto, havia uma representação do passado como um momento que tinham os que vigiavam, representados pelos agentes do governo, e os que eram vigiados, marcados por serem as principais lideranças dos professores. Como pode ser visto adiante:

> Dentro das escolas tinham professores espiões da ditadura. Então, tinha professor que se fazia de teu amigo pra conversar, pra saber o que tu estavas pensando, tal. Depois nós viemos descobrir que dentro do IEP (Instituto de Educação do Pará) tinha quatro espiões, eram quatro professores novos que tinham entrado e que a gente nunca tinha visto e que eram amicíssimos nossos. Fazia-se de amigos, mas sempre estavam pertos ou de mim, do Farias, do Jesse, ou do Gilberto, pessoas que falavam eles estavam sempre perto, aí mais tarde que nós fomos descobrir que eles eram espiões. Quando nós descobrimos que eles eram espiões, depois de 1979, eles sumiram misteriosamente do IEP.[26]

Por outro lado, os governos explicavam que a vigilância e a presença constante do policiamento do Estado na cidade e nas redondezas das escolas justificavam-se única e exclusivamente "para garantir o direito dos professores que quiserem dar aula e dos alunos que quiserem assistir essas aulas".[27] Essa postura policialesca adotada por Jáder Barbalho, além das medidas ditas repressivas tomadas por seu governo, principalmente ao longo da primeira greve que atravessava sua administração,

---

25   Carlos Forte, entrevista em 14 de abril de 2014.

26   Ermelinda Garcia, entrevista em 12 de março de 2014.

27   Jornal *O Liberal*, 6 de outubro de 1983, p. 18.

a greve de 1983, provocou indignação e debates na sociedade paraense e a ira dos adversários políticos.

No fim da greve de 1983, eram comuns as queixas dos professores sobre a forma repressiva que sofreram e que estavam sofrendo do Governo do Estado, pois argumentavam a imprensa que como forma de retaliação devido o movimento grevista, o Governo de Jáder Barbalho não estava permitido o acesso das principais lideranças do movimento de professores às escolas para conversar com a classe, da mesma forma que os cartazes que traziam alguma alusão ao movimento eram sempre retirados. Segundo o professor Luiz Felipe, que foi uma das principais lideranças da Comissão e do Comando de greve nesse ano, ao contrário do que o governador propalava nas entrevistas, tinha havido demissões como represálias a greve e apoio dado ao movimento, como os casos da professora Raimunda dos Anjos Ferreira e do vice-diretor da escola Pedro Amazonas Pedroso, João Bosco, reduções de cargas-horárias e a abertura de processos administrativos pedindo demissões de servidores. Essas medidas, para ele, eram frutos da greve e de uma política direcionada de perseguição a organização do movimento docente.[28] O governo do Estado ia a imprensa rebater esse tipo de acusação, mas acabava usando expressões, como forma de demonstrar que tinham o total controle do Estado e do processo de embate social, que remetiam a uma cultura política centralizadora e autoritária daquele tempo. O secretário de Educação falava bastante em nome do Governo Estadual, e nas suas palavras, divulgadas pela imprensa, expressava o sentimento do que ele entendia sobre o ato de fazer greve, pois declarações de que se quisesse acabar com a greve acabaria, bastaria colocar o policiamento na frente das escolas e garantir que os professores que quisessem dar aula entrassem nas escolas, mas que não faria isso por enquanto por que pareceria uma medida antipática,[29] foram recorrentes, ao longo de pouco mais de dois anos a frente da SEDUC. Ou ameaças do tipo "vou descontar na folha as faltas dos grevistas".[30] Jáder não ficava atrás, mesmo levantando a bandeira da importância da transição democrática que o Brasil estava passando, fazia declarações que deixavam

28   Jornal *A Província do Pará*, 20 de outubro de 1983, p. 12.

29   Jornal *O Liberal*, 17 de maio de 1985, p. 02.

30   Jornal *A Província do Pará*, 14 de outubro de 1983, p. 14.

a ala mais a esquerda do PMDB de cabelos em pés, pois destoavam daquele contexto em que o partido era uns dos engajados mais combatentes. Jáder dizia nos jornais locais que "quem queimar escola, eu mando baixar o pau".[31] Ou ainda, ao ser cobrado sobre audiência com os professores, Jáder era taxativo: "meu governo é democrático, mas quem marca as audiências sou eu. Acho que ainda tenho esse direito".[32] Nesse sentido, o primeiro ano de Jáder a frente do governo Estadual, foi marcado por um turbilhão de sentimentos, esperanças e desilusões que se conflitavam assim com os interesses e os jogos de disputas por espaços de poderes que se apresentavam na cena da Belém da década de 1980.

O sentimento de ruptura e logo em seguida o de continuidade entre os governos de Alacid Nunes e o de Jáder Barbalho ficaram fortemente marcados nas memórias dos agentes que vivenciaram aquele momento, memórias que não deixam de ser modeladas pelo tempo, mais que expressaram um lugar do passado nelas. Para a professora Venize, essa mudança do governo de Alacid para o de Jáder representou:

> No dia-a-dia da construção nada. As dificuldades eram exatamente as mesmas, a diferença que eu acho era que o Jader recebia uma comissão, entendeste? Ele recebia uma comissão ele reconhecia uma direção do movimento, o que para nós era interessante, isso pra nós era bom. Porque uma direção que o governo nunca reconhece, nunca recebe, ele causa contradições muito maiores no movimento e é muito mais difícil você encaminhar.[33]

Para a professora Venize, a questão que mudou em relação aos dois governos foi o fato do reconhecimento e legitimidade da entidade da categoria como legitima representante dos professores, aspecto, como dito antes, teve bastante resistência para ser aceito no governo de Alacid e Dionísio Hage, mas sem fazer referência quanto ao uso da violência entre um e outro governo. Por sua vez, para o professor Carlos Forte, Alacid representou na essência a ditadura, como o uso excessivo da

---

31   Jornal *O Liberal*, 11 de novembro de 1983.

32   Jornal *O Liberal*, 13 de novembro de 1983, p. 04.

33   Venize Rodrigues, entrevista em 21 de maio de 2014.

força e da violência, e Jáder dialogava mais, mas também não deixou de fazer uso de instrumentos que pudessem de alguma forma desmobilizar a organização da categoria e de sua entidade, pois pra ele:

> Na realidade, dentro de um contexto geral houve uma mudança do Alacid para o Jáder. Porque o Alacid era um expoente da ditadura militar e na realidade, no governo dele as repressões eram brutais ao movimento social, os professores pegaram porrada pra cassete. Roberto Alves, companheiro falecido, foi um dos caras que foi exonerado, está entendendo? Passou anos sem conseguir um emprego na rede pública e nem em escola particular, por conta da repressão tamanha e isso no Governo do Alacid Nunes. Quer dizer, a representação brutal desse movimento inicial da APEPA, foi no governo do Alacid Nunes. Agora, como o Jáder, inclusive muitos dos companheiros do movimento eram apoiadores do Jader. Quer dizer, na verdade, a gente sofreu no processo inicial, às vezes, era aqueles professores que eram também afinados ali com o Jader, que queriam frear o movimento, mas quando a coisa não deu os caras tiveram que entrar no movimento, às vezes, pra tentar frear o movimento por dentro. Mas depois a coisa deslanchou.[34]

Já para a professora Ermelinda, houve não só uma continuidade em relação à repressão e o uso da violência para com o movimento de professores, como aumentou em intensidade com o Governo de Jáder, pois esse tinha vindo dos movimentos estudantis e conhecia por dentro as formas de organizações dos movimentos sociais como um todo. Segundo ela: "Alacid foi mais displicente, mas assim mesmo a repressão estava lá. Agora o Jader deu maior atenção à repressão, foi muito mais repressor, porque ele tinha sido estudante, ele conhecia de greve, entendeu? Então ele foi mais atencioso contra a gente na greve".[35] O professor Hamilton Ramos Corrêa ao comparar o governo de Alacid Nunes e o de Jáder Barbalho, fazia a seguinte afirmação:

---

34   Carlos Forte, entrevista em 14 de abril de 2014.

35   Ermelinda Garcia, entrevista em 12 de março de 2014.

Não houve muita mudança não. Olha, até a metade do primeiro governo do Jader, ele chegou a representar um governo democrático. Depois ele começou a mudar completamente, tendo comportamentos claramente dos regimes militares. O aparato repressivo nos dois governos era o mesmo, não tinha diferença.[36]

Essa representação de que o governo estadual de Jáder Barbalho foi herdeiro de uma cultura política autoritária, que estava entranhada nos aparatos do Estado e na forma de pensar e agir de muitos, mesmo levantando a bandeiro da democracia, foi aprofundada ao passar dos anos ao longo de sua gestão a frente do Estado Paraense. Um discurso construído, sobretudo, pelos movimentos sociais, entre eles um dos mais importantes foi o de professores públicos estaduais, que mesmo dialogando com maiores espaços democráticos de atuação, não conseguiram ter muitas de suas demandas alcançadas.

Em 1985, na greve mais extensa da história do movimento docente no Pará, como visto no capítulo anterior, esse imaginário social, criado a partir de discursos, principalmente dos movimentos sociais paraenses e das oposições ao Governo de Jáder Barbalho, se aprofundaram com determinadas medidas tomadas em seu governo em função do prolongamento da greve.

O diálogo entre Jáder e professores públicos estaduais ficou mais conflitante à medida que havia uma influência e relação cada vez maior entre as lideranças do movimento, através de sua entidade, a FEPPEP, e o Partido dos Trabalhadores, que mantinha uma forte oposição ao seu governo. Jáder inclusive fechou as portas para negociações, pois dizia que era um movimento que manipulava a categoria docente em prol de interesses político-partidários, e que a greve contra seu governo era mais ideológica do que reivindicatória, e isso gerava uma reação por parte dos professores, que argumentavam que o Governador não sabia lidar com as diferenças, que era uma marca da democracia, e diziam que se tratava de uma postura antidemocrática de Jáder.[37] O fato é que na greve de 1985 teve momentos de altos e baixos, e por volta de meados do mês de junho daquele ano houve uma grande pressão do governo

36   Hamilton Ramos Corrêa, entrevista em 7 de março de 2014.

37   Jornal *O Liberal*, 17 de maio de 1985, p. 02.

estadual para colocar fim na greve, matérias como "Jáder determina o fim da greve"[38] tornaram-se constante na imprensa, e em momentos como estes, normalmente as direções de movimentos grevistas optam por um ato dito "radical", o que foi feito pela direção da FEPPEP, com o objetivo de sensibilizar a opinião pública da cidade e principalmente os próprios professores que começavam apresentar dúvidas em relação ao futuro da greve naquele momento. O contexto era favorável à tomada de uma decisão mais radical, pois se passava pouco mais de um mês do inicio da propalada "Nova República", que tinha um presidente civil depois de vinte e um anos.

Esses ares democráticos, mesmo diante de acusações constantes que o Governo do Estado usava da velha política autoritária de antes, encorajou sobremaneira a decisão dos professores de ocuparem, a principio, por tempo indeterminado, a Assembleia Legislativa do Estado do Pará (ALEPA), no dia 12 de junho de 1985, fato que sempre aparece nas memórias dos professores como um dos marcos mais importantes da história do movimento no Pará. Nesse dia, os professores fizeram uma passeata do Largo do Redondo, na Avenida Nazaré, até o Palácio Lauro Sodré, onde foram atendidos pelo chefe da Casa Civil do Estado, o deputado Domingos Juvenil, que comunicou a comissão que representava o movimento que nem Jáder, licenciado por motivos médicos, nem o Governador em exercício, Laércio Franco, estavam no Palácio para atendê-los, mostrando que a estratégia aquela altura era fazer com que não se apresentasse nenhuma esperança aos professores e que esses voltassem aos poucos as salas de aulas, uma forma de enfraquecer e desmobilizar a greve. Como resposta, foi decidida, no final da tarde desse dia, ocupar a ALEPA. Foram cerca de quinhentos professores e alguns servidores que participaram da operação. Mesmo com a ideia inicial de "ocupação com controle geral", os grevistas fizeram concessões nas negociações principalmente com o presidente da Casa, o Deputado Hermínio Calvinho, do PMDB, que dizia através da imprensa que "desde que fiquem ordeiramente, não haverá reação",[39] posição tomada a luz da informação de que os professores não permaneceriam por muito tempo, apenas aquele momento. As coisas mudaram depois que Edmilson Rodrigues, presidente da FEPPEP, in-

38   Jornal *O Liberal*, 12 de junho de 1985, p. 07.

39   Jornal *A Província do Pará*, 13 de junho de 1985, p 11.

formou que pretendiam "pernoitar" na Assembleia, informação que foi de imediato retrucado pelas autoridades da Casa e policiais envolvidos.

Imagem 13. Nas escadarias da Assembleia Legislativa do Estado do Pará, professores e servidores que ocuparam o prédio como estratégia para reabrir as negociações com o governador Jáder Barbalho

Fonte: *A Província do Pará*, 13 de junho de 1985, p. 10.

Mesmo diante de pressões, ameaças e vigilância que era reforçada por parte da Polícia Militar, através do Tenente PM Itacy, que comandava a guarda do prédio, os professores ocupantes passavam a pensar numa logística para a ocupação, e constituíram comissões encarregadas de tarefas: comissões de segurança, alimentação, assistência médica, de revezamento cultural, de apoio logístico e jurídico, que tinha como integrantes os advogados José Carlos Castro, Antônio Pereira, José Maria Costa e Ermelinda Garcia, ex-presidente da APEPA e agora advogada. Portanto, iniciou-se uma organização que sugeria uma ocupação bem prolongada, pois os discursos nos corredores da Assembleia diziam que só se sairia de lá mediante o retorno das negociações com o Governador Jáder Barbalho.

Com o passar das horas da ocupação, muitos ocupantes foram deixando a Assembleia, ficando aproximadamente de setenta a cem pessoas para passar a noite, definindo que realizariam uma assembleia da categoria pela aquela madrugada. Uma dezena de policiais militares permaneceu no prédio, inclusive acompanhando a assembleia, que aprovou uma maior radicalização na ocupação, que a partir de então não poderiam mais entrar no prédio nem servidores e nem os deputados, a posse seria geral da APEPA. Essa informação foi imediatamente repassada ao Presidente da Assembleia Legislativa, que consultou o Governo sobre que medida tomar. A decisão foi pela imediata desocupação pelas tropas de choque da Polícia Militar do Estado. Percebendo a movimentação dos policiais, os professores receberam o Pelotão de Choque cantando o hino nacional, estratégia que não sensibilizou a ofensiva da polícia, que evacuou com o uso da força, segundo o Estado, e da violência, para os professores. O professor Ubiratan Barbosa desabafava logo após a desocupação à imprensa:

> Nada mudou nesse país nestes vinte e um anos. A ditadura continua contra os trabalhadores, a polícia continua a usar sua violência, suas armas e as patas de cavalos contra o trabalhador como se fossemos criminosos. Em vez de garantir a segurança do povo, ela nos provoca insegurança. Em vez de prender bandidos que a toda hora mete a mão no nosso bolso, ataca os professores e servidores que lutam apenas por melhores condições de ensino.[40]

Nas memórias de muitos professores, como do professor Haroldo Soares, que estava na madrugada da desocupação, essa foi uma experiência marcante para o movimento docente no Pará:

> No dia 12, 13 de junho, acho que foi de 1985, invadimos a Assembleia Legislativa, dormimos lá. Nós ficamos lá em torno de 50 a 70 pessoas dormindo. Nós ficamos lá e dissemos: e aí? Nós sabíamos que a polícia ia nos dar porrada e tirar de lá, fazer o que? Dissemos não, nós vamos ficar aqui. Na época o Paulo Fonteles ainda era vivo, deputado estadual do PCdoB. Quando madrugou, a gente viu a polícia de choque chegando (risos). Aí falamos, seguinte pessoal, vamos cantar o hino nacional, porque a gente cantando o hino nacional, a polícia não pode bater na

---

40   Cf. Jornal *A Província do Pará*, 14 de junho de 1985, p. 11.

gente, porque é um símbolo da pátria e tudo mais. Aí cantamos o hino nacional, era a gente cantando o hino nacional e levando porrada da polícia lá. E aí a gente até brincava: "nós aprendemos a cantar o hino nacional, cantamos e não adiantou, que todo mundo apanhou". De manhã a gente estava expulso da assembleia, ainda foram procurar o Paulo Fonteles pra intermediar. Pegamos muita porrada da polícia naquela época, o Haroldinho, Haroldo Freitas, inclusive, eu tinha uma foto dele ainda num jornal todo rasgado. Foi muita paulada mesmo.[41]

Dialogando com o relato do professor Haroldo Soares, segundo a imprensa, o Tenente da PM Itacy, disse que os policiais ouviram o hino nacional ser cantado por três vezes, na quarta vez passaram a carregar um a um dos grevistas para fora da Assembleia, com algumas resistências montaram uma linha de soldados com escudos para empurrá-los, e por fim o Policial Itacy garantia que não tinha havido violência, informação bastante contestada pelos professores e pelas entidades de direitos humanos, movimentos sociais e populares e pela Igreja Católica. Com a retirada dos professores da ALEPA, eles imediatamente foram para a Praça D. Pedro II, em frente à Assembleia e ao Palácio Lauro Sodré, denunciar o fato para a sociedade paraense. Com faixas, cartazes, garrafas térmicas, panelas e cobertores na praça, instalaram lá mesmo uma assembleia, com pronunciamentos emocionados se referindo ao acontecido. A informação se alastrou rapidamente pela cidade, o que fez chegarem logo à praça inúmeras entidades se solidarizando com os professores e repudiando o ato, segundo elas, "covarde" do Governo.

Uma das entidades presentes foi a Igreja Católica, que através de seu arcebispo coadjutor a época, D. Vicente Zico, "lamentou profundamente que a polícia tenha usado de violência para conseguir a evacuação do prédio da Assembleia Legislativa" e que considerava a greve dos professores e dos servidores justa, "porque eles estão apelando por seus direitos".[42] Essa posição de D. Vicente Zico foi ratificada pela CNBB, que lançou uma nota em solidariedade aos professores e repudio ao ato vio-

---

41 Haroldo Soares, entrevista em 29 de maio de 2014.

42 Cf. Jornal *A Província do Pará*, 14 de junho de 1985, p. 11.

lento do governo. A Ordem dos Advogados do Brasil, OAB, através do presidente do Conselho Nacional, Hermann Baetas, prestou solidariedade aos professores em greve, e antecipou que qualquer medida tomada pelo governo, como demissões, seriam consideradas ilegais.[43] Por sua vez, a Assembleia Legislativa, argumentava que respeitava as demandas dos professores, mas só efetivou a desocupação do prédio por que os professores tinham quebrado um acordo, mas que "a Assembleia Legislativa manifesta sua inarredável disposição de, diante de idênticas circunstâncias, agir com igual rigor, em respeito ao patrimônio moral, pessoal e material que se encontra sob sua guarda".[44] Na nota da Assembleia, é possível perceber que, mesmo diante da argumentação de quebra de acordo, havia já uma intenção de não tolerar o ato de "invasão" ao poder legislativo, e que se isso se repetisse agiriam com "igual rigor". Com armas diferentes, professores e o poder do Governo do Estado, apoiado pelo legislativo, agiam no sentido de hegemonizar uma determinada representação social, através de discursos de convencimento da opinião dos habitantes da cidade. Governo defendia que era necessário manter a ordem e respeitar os limites do Estado, e professores argumentavam que Jáder colocava um verdadeiro "terror na cidade", um Estado de sítio, mas que mesmo assim, parte dos professores respondia com coragem e determinação a essas intimidações.[45]

Durante os governos de Alacid e Jáder, as Leis de Segurança Nacional passavam por um processo de questionamentos da sociedade sobre elas, mas mantinham-se em vigor. Foram inúmeros projetos apresentados nos primeiros anos da década de oitenta que tentavam reformulá-la, fato que veio arremedo pela Lei nº 7.170, de 14 de dezembro de 1983, que trazia ainda uma forte carga ideológica, como passíveis de punições atividades "subversivas", ou crimes contra o "regime político e social", deixando uma margem subjetiva de interpretação muito grande aos magistrados. No entanto, não há notícia de que os governos paraenses, o de Alacid Nunes e o de Jáder Barbalho, tentaram alguma vez, pelo menos publicamente, usar a Lei de

---

43   Jornal *O Liberal*, 15 de junho de 1985, p. 05.

44   Parte da Nota Oficial da Assembleia Legislativa do Estado do Pará, publicada em: Jornal *A Província do Pará*, 14 de junho de 1985, p. 11.

45   Jornal *O Liberal*, 6 de outubro de 1983, p. 18.

Segurança Nacional para enquadrar qualquer movimento docente. Em 1986, muitos grevistas, em muitos lugares do Brasil, foram presos sob a justificativa de incitação a greve, como na greve dos bancários e previdenciários, detidos sob a orientação do diretor geral da Polícia Federal de então, o delegado Romeu Tuma.[46] Em Belém, três membros da diretoria do sindicato dos rodoviários foram detidos pelo DOPS, acusados de estarem promovendo ato público.[47] Nesse sentido, a associação entre greve e manifestações públicas a casos de polícia era forte, mesmo diante do processo de democratização que andava a passos largos no país.

Disputas pela memória:
efeméride da fundação do Sindicato

> O Testemunho constitui a estrutura fundamental de transição entre a memória e a história.[48]

A relação dos professores com o passado se dá a partir da construção de discursos na forma que se dêem um sentido a ele, fatos que eram lembrados em função da relevância ou não deles, ordenando um passado de tensões e disputas cujo interesse estava também no presente, contribuindo "na construção da identidade e das relações pessoais".[49] Nesse mesmo sentido dizia Pollak: "a memória também sofre flutuações que são em função do momento em que ela é articulada, em que ela está sendo expressa. As preocupações do momento constituem um elemento de estruturação da memória".[50] A memória, neste sentido, não é fixa, ela flutua em razão das

---

46 Jornal *O Liberal*, 12 de setembro de 1986, p. 12.

47 Jornal *A Província do Pará*, 29 de novembro de 1986, p. 13.

48 RICOEUR, Paul. *A memória, a história, o esquecimento*. Campinas, SP: Editora da Unicamp, 2007, p. 41.

49 RIBEIRO, Ana Paula Goulart. *História e Imprensa no Rio de Janeiro dos anos 50*. Tese de Doutorado, UFRJ, 2000, mimeo, p. 16.

50 POLLAK, Michael. "Memória e identidade social". In: *Estudos Históricos*, número 10. Rio de Janeiro, 1992, p. 203.

questões que estão postas em jogo no momento em que ela se estrutura e se manifesta em forma de discursos. Estes podem ser tomados como campos de confrontos
ideológicos de diversas visões de mundo. O caráter polifônico e dialógico dos discursos nos permite identificar as múltiplas estratégias discursivas que compõem às
relações de força existente numa determinada conjuntura histórica. Os discursos se
tornam um palco no qual os atores sociais disputam a hegemonia das representações
simbólicas que dão sentido àquilo que chamamos de mundo social. Pode-se concluir que a memória é um campo de luta:

> Se é possível o confronto entre memória individual e a memó-
> ria dos outros, isso mostra que a memória e a identidade são
> valores disputados em conflitos que opõe grupos políticos di-
> versos. (...) O caráter conflitivo se torna evidente na memó-
> ria de organizações constituídas, tais como famílias políticas e
> ideológicas.[51]

Esse campo de luta em torno da representação de uma memória a respeito
da história do movimento dos professores públicos estaduais sempre esteve presente, e torna-se mais elástica e visível, diante das efemérides, como nas celebra-
ções dos aniversários do Sindicato dos Trabalhadores em Educação Pública do
Estado do Pará (SINTEPP).

Até hoje, no processo de luta e organização, quatro foram as denominações
dadas a entidade representativa dos professores públicos estaduais no Pará ao longo
de sua história: Associação dos Professores do Estado do Pará (APEPA), de 1979
a 1982; Comissão Central do Movimento dos Professores Públicos do Estado do
Pará, em 1983; Federação dos Professores Públicos do Estado do Pará (FEPPEP, de
1983 a 1988, sendo que a partir de 1985 essa federação passou não só mais ser dos
professores e sim dos Profissionais de Ensino do Estado do Pará, mas com a mesma
sigla; e o SINTEPP, a partir de 1988, quando da nova constituição e da possibilidade
dos servidores públicos se sindicalizarem.

---

51   POLLAK, Michael. *Op. Cit.*, p. 204.

O predomínio da memória sobre a cronologia política da fundação da entidade representativa dos professores sob as vestes de uma atuação sindical, não é nem 1979, quando se constituiu uma primeira associação unificada de professores tanto de Belém como de alguns outros municípios paraenses, e nem 1988, quando pela primeira vez se passou a utilizar o nome "sindicato" na sigla. Mas sim o ano de 1983, quando depois de duas greves promovidas contra o Governo Estadual, uma no governo de Alacid Nunes e outra no de Jáder Barbalho, foi realizado o I Congresso Estadual dos Professores Públicos do Estado do Pará, do dia 16 a 18 de dezembro de 1983,[52] marco histórico que passou a representar a fundação da instituição organizativa e sindical dos professores no Pará. Então, os congressos passariam a ter peso significativo a partir daí na organização da entidade e da luta da categoria de forma mais concisa e participativa, com a participação de delegados eleitos em muitos municípios do Estado, que decidiriam de forma democrática os rumos da entidade e das lutas. Nesse sentido, Palhano, em seu texto, reforça esse caráter decisivo e divisor de águas dos congressos na década de 1980:

> O congresso possibilita a produção de sínteses de lutas e a compreensão de como são construídas. Os temas mais trabalhados nos congressos, nesse período, evidenciam uma articulação interna e externa. No que tange ao âmbito interno, ressalta-se que é a própria militância que avalia o seu nível de compreensão da problemática que atinge a população brasileira; no plano externo se articula através de algumas lutas que a categoria promove, junto com os trabalhadores do mundo (...) Os congressos foram importantes na medida em que possibilitaram uma discussão ampla sobre as questões políticas do país no interior da categoria. Os congressos possibilitaram aos participantes, atores

---

52   Ata do I Congresso Estadual dos Professores Públicos do Estado do Pará e de Fundação da Federação dos Professores Públicos do Estado do Pará (FEPPEP), em 19 de dezembro de 1983.

do processo, a construção de relações políticas mais sólidas com os problemas da Amazônia.[53]

Esses congressos, como os da FEPPEP a partir de então, teriam um caráter bem político, e a participação de grupos organizados político-partidários passariam a desempenhar um papel importante na condução das lutas da categoria. Esse de 1983, o primeiro da FEPPEP, teria esse caráter e passaria a ser contabilizado a partir de então como o primeiro, chegando em 2014 ao XXI Congresso dos Trabalhadores da Educação Pública do Estado do Pará e em 2013 a efeméride de trinta anos do Sindicato dos Trabalhadores da Educação Pública do Estado do Pará, data festiva comemorada neste ano com bastante significância pelo conjunto das lideranças atuais e por parte da categoria.

Ao longo dos anos, houve um trabalho de "enquadramento da memória", como nas palavras de Henri Rousso, para que o marco fundador do sindicato atual fosse o ano de 1983, um jogo da memória muito ligada à criação de uma ideia de identidade, construir uma referência e um elo com um determinado passado e não com outro, legitimado pela prática de determinados grupos políticos em detrimento dos demais. Como falado no segundo capítulo desse livro, mesmo com a mudança nos nomes dos agentes e das denominações dos grupos políticos, que de certa forma hegemonizam o atual sindicato, há uma linha condutora com o passar dos anos que liga o atual grupo político com o que hegemonizava em 1983: no inicio foi a OCDP (Organização Comunista Democracia Proletária), depois o MCR (Movimento Comunista Revolucionário), passando pela Força Socialista, até a atual APS (Ação Popular Socialista). Então, o ano de 1983 teria uma importância histórica maior para um grupo político, que veiculou o passado a sua imagem, forjando para si mesmo a construção de uma memória da fundação, do marco inicial do sindicato da categoria, sendo uma data, 1983, fortemente estruturada do ponto de vista político.

Mas o "enquadramento" dessa memória oficial não se dá de forma simples no movimento de professores públicos paraense, é resultado de tensões e cisões, prin-

---

53 PALHANO, Eleanor Gomes da Silva. Os congressos têm um papel decisivo no movimento sindical brasileiro. *VIII Congresso Luso-Afro-Brasileiro de Ciências Sociais*. Coimbra 16, 17 e 18 de setembro de 2004, p. 07.

cipalmente de grupos que não se reconhecem diante dessa imagem oficial, ocasionando uma luta política ou reivindicatória de outra memória, que se antagoniza a memória oficial, o que Pollak chamava de uma "memória subterrânea". Essa disputa acontece, portanto, porque podemos dizer que "memória é um elemento constituinte do sentimento de identidade, tanto individual como coletiva, na medida em que ela é também um fator extremamente importante do sentimento de continuidade e de coerência de uma pessoa ou de um grupo em sua reconstrução de si".[54]

A questão de uma memória oficial versus uma memória subterrânea a respeito do marco fundador do sindicato dos professores aparece, sobretudo, nos momentos de efemérides, como nas comemorações dos trinta anos de fundação do SINTEPP, comemorado em 2013, data que é reforçada pela atual direção, e que encontra resistência por parte de outros agentes sociais importantes que participaram dos movimentos de organização e das greves da categoria nas décadas de 1970 e 1980, se constituindo uma memória conflitante. Nas entrevistas feitas com os professores para esse livro, foi feita uma pergunta comum a todos, sobre o que eles pensavam a respeito da comemoração dos trinta anos de fundação do sindicato, justamente para estimulá-los a refletirem sobre essa questão da construção de uma memória. A maioria dos entrevistados apontou no sentido de que entendiam que o marco histórico de fundação do sindicato da categoria dos docentes paraenses não seria 1983, mas sim 1979, com a fundação da Associação dos Professores do Pará, a APEPA, em 13 de maio desse ano. Ao defenderem essa ideia, justificavam das mais diferentes formas o porquê essa não era a memória oficial do sindicato.

Para o professor Haroldo Soares, que militava na década de 1980 na Convergência Socialista, grupo político de oposição a direção majoritária do Sindicato, ao fato de não se ter a fundação da APEPA como o marco fundador do Sindicato está relacionado principalmente a duas questões: a primeira dizia respeito ao esquecimento da APEPA como uma importante etapa para a organização da categoria docente naquele momento, e a segunda há uma "política própria de exclusão" dos dirigentes que ficaram a frente do sindicato. Dizia Haroldo:

---

54   POLLAK, Michael. *Op. Cit.*, p. 204.

> Eu acho que houve, erradamente, uma política de esquecimento, de negação da questão da APEPA, não só na comemoração, mas na própria eleição da primeira diretoria. Acho que não se considerou isso daí. Por mais que se tinha todas as diferenças, que inclusive eu tinha e tenho, mas eu acho que não dá pra negar que a APEPA, ela teve o seu papel importante, talvez se não tivesse tido a APEPA, talvez, não se tivesse, na época, a FEPEP. Acho que o contexto naquele momento determinaria, mas independente de teria ou não teria, existiu uma organização que antecedeu a FEPEP e que tinha o mesmo sentido, o mesmo propósito, que era a organização dos trabalhadores (...) Companheiros digamos a esse setor do movimento, lá do Edmilson (se referindo a atual APS), eles desenvolvem muito uma política, digamos, de quem está comigo tudo bem, quem não está ta fora, então é própria de exclusão.[55]

Nesse mesmo caminho são as ponderações e argumentações do professor Carlos Fonte, que militou no mesmo grupo político de Haroldo Soares:

> eu digo assim, o seguinte, no momento que, tipo assim, você vai contar a história e você suprime as pessoas, porque você só bota lá as pessoas que você acha que interessa colocar, você está falseando a história (...) Discordar não te dá o direito de eliminar ninguém, mas é isso que os caras infelizmente tentam fazer.[56]

Dos fundadores e dirigentes da APEPA, três foram entrevistamos no trabalho de produção das fontes orais. Foram os professores Hamilton Ramos Corrêa, Ermelinda Garcia, a primeira presidente da APEPA, e a professora Venize Rodrigues. Que colocam suas posições de estranheza no sentido do não reconhecimento de que o marco do sindicato não foi a APEPA. Hamilton Corrêa, que atualmente é professor aposentado e milita no PT e na CUT (Central Única dos Trabalhadores) e

55   Haroldo Soares, entrevista em 29 de maio de 2014.
56   Carlos Forte, entrevista em 14 de abril de 2014.

historicamente um dos que mais reivindica o passado da história do sindicato dos professores a partir da APEPA, pois:

> Acho isso uma irresponsabilidade, sob o ponto de vista histórico, porque tu não contas a história do início dela, tu conta a história a partir do momento que te interessa, que é onde tu estavas. Mas quando tu não estavas, as coisas começavam a ser construídas, então, a APEPA, ela é o início do SINTEPP, o 13 de maio de 1979, é o início (...) É o início da organização do movimento de professores, e não o outubro (quis dizer dezembro) de 1983. Eu sempre discuti isso com o pessoal da Força (Força Socialista), eles sempre me diziam: "não, a gente vai ajeitar". Quando nós estávamos na mesa, eu, a Ermelinda e o Edmilson, na mesa que comemorou os 30 anos, eu disse isso, essa contagem, ela é errada e mais do que errada, ela é desonesta, sob ponto de vista histórico (...) Pois é eu sempre contestei não contar deste o início, sempre disse que isso é uma negação da história, nós podemos ter divergências políticas, mas não podemos negar a história que aconteceu a partir dali, isso eu sempre levantei em congressos, também já foi aprovado em congressos passados a correção, só que eles nunca fazem (...) Contam a partir do momento onde a APS (atual denominação política do grupo que era a OCDP, em 1983) já estava, que é a fundação do SINTEPP.[57]

Hamilton trás uma questão: a veiculação desse passado a certa organização política que não estava antes na APEPA e passou a hegemonizar a organização e a luta a partir de 1983. Comparando as atas de fundação da APEPA, em 1979, e de fundação da FEPPEP, em 1983, dos treze cargos disponíveis na diretoria da Federação, apenas dois foram ocupados pelos dirigentes eleitos e atuantes na APEPA: Bira Barbosa, na Secretaria para o Interior, e Venize Rodrigues, como Secretária para as Escolas Estaduais.[58] Mesmo com a presença desses dois nomes, havia uma cla-

57 Hamilton Corrêa, entrevista em 7 de março de 2014.

58 Ata do I Congresso Estadual dos Professores Públicos do Estado do Pará e de Fundação da Federação dos Professores Públicos do Estado do Pará (FEPPEP), em 19 de dezembro de 1983, p. 05.

ra descontinuidade da FEPPEP com o período anterior. Para a professora Venize Rodrigues, que atualmente e professora da Universidade do Estado do Pará, ela faz sua leitura sobre essa questão na mesma lógica do professor Hamilton, pois:

> Infelizmente a memória mais uma vez é ameaçada. Ela é aniquilada, quer dizer, a memória de construção do movimento desde a APEPA, desde as primeiras reuniões. Dos primeiros professores que construíram. A ideia do sindicato, ela foi desconhecida, ela é conhecida a partir do momento que a hegemonia é desse setor que ainda continua até hoje no sindicato. É a memória, se construiu a memória dessa maneira, a memória hegemônica, digamos assim, do vencedor. Isso é bom para o grupo que está dirigindo, mas é ruim historicamente. Até porque se você reconhece o movimento que se construiu anteriormente, cronologicamente o movimento não têm 30, mas 34 anos. E segundo você reconhece que ele se construiu na luta, que ele se construiu no próprio momento de uma ditadura ainda muito feroz, e como uma resistência e tal. Mas, talvez, não seja interessante fazer esse reconhecimento, porque não era esse setor que estava na liderança, que estava conduzindo o movimento. Eu lamento muito isso (…) e entendo que o marco é 1979, quando começam a surgir os primeiros movimentos. Penso que a liderança, por exemplo, do Edmilson, ela representava, digamos, uma liderança de um grupo, também. Agora, o que eu acho assim, que quando você constrói uma memória de um movimento, quando você constrói uma memória que tem 1983 como marco, então você não reconhece o processo anterior que forjou essa própria liderança também, porque permitiu que essa liderança naquele momento aflorasse. Que nem uma liderança ela surge do nada, ela surge das condições objetivas da sociedade, do movimento que permitiu que emergisse essa liderança. Surgiu de um movimento que se forjou, que se construiu um movimento de resistência muito grande. E que na época mais dura permitiu que

> essa associação, que esse conjunto de professores se organizasse.
> Então, eu acho assim que essa memória a partir de 1983 é uma
> memória assim muito tendenciosa, eu digo que é uma memória
> fraturada, que apresenta suas fraturas.[59]

A professora fala de uma memória tendenciosa e forjada ao interesse de certas pessoas e grupos políticos presentes a partir de 1983, que buscaram legitimar seu
poder político na categoria dos professores e na sociedade paraense se colocando
como fundadores do sindicato, aspecto que potencializaria para a construção de novas lideranças políticas. Por sua vez, a professora Ermelinda Garcia tenta explicar a
construção dessa memória mais como um fator pessoal em relação às lideranças que
despontaram na APEPA, e que essas novas lideranças a partir de 1983 os tinham
como uma oposição, que esse sentimento de oposição se prolonga até hoje: "Acho
que deve ter algum tipo de oposição a APEPA lá dentro, porque o que custava, foi
um movimento muito importante, teve sua participação, deu sua colaboração, eu
acho que deveria ser colocado, agora a lá dentro um grupo muito forte de oposição a
APEPA que não coloca, com certeza".[60]

Para os professores que justificam, mas não defende o marco histórico de fundação do sindicato em 1983, eles argumentam principalmente a luz da diferença do
que seria luta e mobilização, daquilo que seria sindicato propriamente dito. A APEPA
seria uma experiência válida, importante para a organização posterior dos professores, mas não contava com os cânones necessários para ser denominada como um
sindicato, pois nunca chegou a realizar um congresso com delegados eleitos a partir
da base da categoria, e que pudesse ter uma dimensão espacial mais estadual e não
somente restrita a Belém, aspectos que só passaram a acontecer a partir de 1983, e
que vai se dá de forma continua a partir de então. A esse respeito, diz a professora
Rosa Olívia, militante atualmente da APS e professora aposentada:

> Eu considero que a luta não tem 30 anos, que a luta dessa cate-
> goria, ela vem de 1979, mesmo que tenha sido uma luta mais

---

59   Venize Rodrigues, entrevista em 21 de maio de 2014.

60   Ermelinda Garcia, entrevista em 12 de março de 2014.

de vanguarda. Mas ela vem de 1979, 1980. Ela já começa a se agigantar em 1983 e se torna mais de massa mesmo a partir de 1985. Mas em 1983, nós conseguimos fazer um congresso significativo, foi lá no ginásio do Colégio Nazaré, ali dos irmãos maristas, e tinha um número significativo de trabalhadores e a participação de vários municípios, inclusive mais do que os que tinham na APEPA, e que, portanto, considera-se oficialmente que o SINTEPP foi formado ali, quando se formou a FEPPEP. E tem os que, por exemplo, eu e o Hamilton, que achamos que a luta não tem 30 anos, ela tem muito mais. Eu disse assim, se a gente for ver mesmo por luta, a gente vai ter que ver mesmo desde a década de 1950, por que como foi que a categoria conquistou o estatuto do magistério em 1958? Com luta. Em relação à disputa política, eu acho que não é bem assim. Aqueles que viveram e participaram sabem da importância que aquilo teve, os que não viveram não dão muita importância, acham que oficialmente o SINTEPP só começou em 83, ou seja, é... Não quero dizer que eles desprezam essa luta, não quero dizer isso, mas eles não dão a devida importância que ela teve, ela foi um enfrentamento muito forte com a ditadura militar. Muitos companheiros foram presos, outros foram demitidos do emprego, perderam seu emprego, isso não tem importância?[61]

Portanto, essa memória a cerca da fundação do sindicato, é motivo de grande discussão, mas principalmente entre grupos políticos que se consideram alijados desse processo de construção de uma memória oficial do Sindicato. No entanto, para a maioria dos professores que formam o sindicato na base, ou até mesmo em alguns casos que foram à direção do sindicato, esse é um fator que passa despercebido e que entendem e legitimam a memória oficial do ano de 1983. Os mais interessados no debate, que ainda reivindicam e criticam que essa é uma memória forjada por um determinado grupo político, são os interessados em revê-la. O enquadramento dessa memória de fundação em 1983 estava muito relacionado, do ponto de vista da

---

61   Rosa Olivia, entrevista em 04 de abril de 2014.

história, aos interesses políticos dos agentes sociais envolvidos então, dos grupos, mas também do sindicato. Como diz LE GOFF: "o que sobrevive não é o conjunto daquilo que existiu no passado, mas uma escolha efetuada quer pelas forças que operam no desenvolvimento temporal do mundo e da humanidade, quer pelos que se dedicam à ciência do passado e do tempo que passa os historiadores",[62] então essas "forças" que estavam na criação da FEPPEP em 1983, escolheu que aquele seria o marco histórico da fundação do sindicato, pois entendiam que um sindicato que preiteava ser um importante interlocutor das lutas de uma das principais categorias e dos movimentos sociais como um todo no Estado do Pará, tinha que ter a partir de então uma origem de experiências vitoriosas, que tivessem uma representação para a categoria como um todo positiva, e que as lideranças políticas e sindicais envolvidas aparecessem como representantes legítimos desse movimento vitorioso. Mas a APEPA não representava, em 1983, esse anseio. Era vista como uma experiência válida e importante, mas que em função do contexto que atuou, foi vítima de uma forte repressão e não reconhecimento por parte do governo de então, o que fez com que terminasse sua atuação, no ano posterior a primeira greve dos professores, em 1980, de forma esfacelada e fracassada. Não era essa a imagem que queria se construir com a fundação da FEPEP, mas sim de um instrumento de luta organizado e fortemente enraizado nas lutas sociais e políticas de então. Uma escolha bem política, pois a partir de 1983, uma nova vanguarda assume a liderança e hegemonia dos movimentos dos professores no Pará, homens e mulheres que passam não só construir um sindicato que pudesse representar do ponto de vista econômico uma categoria profissional, mas fazer a disputa político-partidária pelo poder da organização do Estado, e precisavam construir imagens públicas positivas para a sociedade. E mais: com o passar dos anos, o fato de pertencer a um grupo fundador ou ser o primeiro presidente da entidade, tinha um grande significado, que legitimava e positivava ainda mais certos agrupamentos políticos e personalidades. Portanto, passava a ser muito mais interessante está a partir de 1983, do que na experiência tida como "fracassada" que se iniciou em 1979.

---

62   LE GOFF, Jacques. *História e Memória*. Campinas, São Paulo: Editora da Unicamp, 2003, p. 525.

CONSIDERAÇÕES FINAIS

Ao iniciar os anos de 2014 e 2015, tanto o Governo do Estado do Pará, através do governador Simão Jatene, como o Governo Federal, de Dilma Roussef, avaliaram que a educação pública no Estado, como no Brasil, não vai bem. Então decidiram lançar programas e metas que pudessem melhorar a qualidade do ensino público. No Pará, o Governo do Estado passou a propagandear o "Pacto pela Educação", e a presidente Dilma colocou como lema do seu governo, nos próximos quatro anos: "Brasil: pátria educadora. Para o Governo Estadual paraense:

> O Pacto pela Educação do Pará é um esforço liderado pelo Governo do Estado e conta com a integração de diferentes setores e níveis de governo, da comunidade escolar, da sociedade civil organizada, da iniciativa privada e de organismos internacionais, com o objetivo de promover a melhoria da qualidade da educação no Pará e, assim, tornar o Estado uma referência nacional na transformação da qualidade do ensino público.[1]

Por sua vez, no discurso de posse do segundo mandato da presidente da República, Dilma Roussef, ela dizia que o lema "Brasil: pátria educadora" sintetizava a educação como prioridade em seu governo.[2] Então, qual a relação dos dois projetos para a educação com este livro?

O exposto acima é um pequeno recorte do que já se vem construindo como discursos e representações do mundo social ao longo dessas últimas décadas em re-

---

1   Disponível em: http://pactopelaeducacao.pa.gov.br/

2   Disponível em: http://www.brasil.gov.br/governo/2015/01/
     dilma-toma-posse-e-anuncia-lema-do-novo-governo-201cbrasil-patria-educadora201d

lação à educação, sua qualidade e a necessidade de valorização de seus profissionais, principalmente dos professores. Mas mesmo sendo históricos os propalados discursos que a "educação é a base", "educação é prioridade", "todos pela educação", a primeira impressão é que não se avançou muito nessa questão, tanto a partir dos olhares dos governos que se sucedem a frente dos governos Estaduais, como Federal, como também dos próprios movimentos sociais que cobram essas melhorias, sobretudo, os sindicatos e movimentos ligados aos trabalhadores da educação publica, que intensificam campanhas salariais por melhores condições de trabalho e vida a cada ano. Percebe-se, então, uma insatisfação dos governos, dos trabalhadores da educação, entre eles professores, e da própria sociedade em geral pelos serviços prestados. Diante deste cenário, em que todos são a favor de que a educação pública deva ser de qualidade, mas que a políticas públicas efetivadas não conseguem superar os anseios dos discursos, os professores, através de suas entidades de classe, vêm desempenhando papel significativo ao longo das últimas décadas nas lutas sociais por essa educação de qualidade, por melhores salários e por uma educação, segundo muitos, que possa libertar e se contrapor a lógica do capital, por meio de processos amplos e que se possa instaurar uma sociedade para além do capital.[3] Ou seja, as lutas corporativas de uma categoria profissional, como por melhores salários, estão e estiveram sempre ligadas a questões da sociedade como um todo.

Assim foi no Estado do Pará, que teve Belém como um palco de lutas intensas por essas reivindicações, desde fins da década de 1970, onde a partir de então se estabeleceu uma verdadeira trincheira e tradição de luta entre os professores da educação pública estadual, aspecto que vem ultrapassando a barreira do tempo e criando um reconhecimento social a esse respeito, um imaginário social que associa os professores públicos as formas de lutas, sejam através das ocupações das ruas, como também pelas inúmeras greves nessas últimas quatro décadas no Estado paraense.

Quando os professores da década de 1970, em Belém, perceberam que era necessário estabelecer uma organização coletiva para contra-hegemonizar um discurso oficial e mudar o estado de suas vidas, agirem através de um ato de rebeldia e essencialmente político, que passou a ser percebido, por eles, que para mudar a

---

3   MÉSZAROS, István. *A educação para além do capital*. São Paulo: Boi Tempo Editorial, 2006.

realidade das escolas, da educação, e das suas próprias condições salariais, era necessário também mexer nos pilares das estruturas do Estado, que era quem preservava
e mantinha a ordem das coisas como estavam postas. E ao longo desse processo de
lutas, diante de um Estado brasileiro em transição, as experiências vivenciadas pelos
professores representaram um passo adiante em suas organizações e concepções do
mundo social. Mas o enfrentamento não se dava somente de dentro para fora, ou dos
professores com o Governo do Estado, mas também no dia-a-dia internamente entre
os professores, uma vez que os sujeitos não possuem pensamentos monolíticos, suas
experiências são múltiplas, os que os levam a "consciências" diferentes, a interesses
divergentes. É natural, portanto, as divergências no processo de organização e condução de suas ações.

São essas disputas pelas "consciências", que fazem parte do embate diário
dentro de uma sociedade, que vai ser essencial para a construção ao longo dos anos
de certa consciência de classe entre os professores paraenses, que mesmo diante de
divergências, algumas vezes patrocinadas principalmente por grupos politicamente
e ideologicamente opositores, ou pela própria organização da luta, vai se enraizando
como um instrumento centralizador e balizador para esses professores, que passam a
ser enxergar e se reconhecer. A passeata, a ocupação de um prédio público, a violência como repressão, atos autoritários, a greve, são processos que mesmo para aqueles
que não estão diretamente envolvidos, criam uma expectativa de solidariedade entre
os que estão do mesmo lado, daí Thompson se referir que: "… a classe acontece
quando alguns homens, como resultado de experiências comuns (herdadas ou par-
tilhadas), sentem a articulam a identidade de seus interesses entre si, contra outros
homens cujos interesses diferem (e geralmente se opõem) dos seus".[4] Nesse sentido,
parto do princípio que essas experiências, compartilhadas pelos professores desde
finais dos anos setenta e na década de oitenta, do século XX, foram essências para o
fazer-se classe, ou melhor, se "comportarem de modo classista".[5]

---

4   THOMPSON, E. P. *A formação da classe operária inglesa:* a árvore da liberdade. Rio de
     Janeiro: Paz e Terra, 1987, p. 10.

5   THOMPSON. E. P. *As peculiaridades dos ingleses e outros artigos.* Campinas, São Paulo:
     Editora da Unicamp, 2012, p. 270.

Enfim, a construção desse livro, a partir das fontes documentais, como as inúmeras matérias jornalísticas sobre as greves e movimentações dos professores públicos do Estado do Pará, as notas dos governos distribuídas à imprensa, os documentos produzidos pelos professores, em cruzamento com as fontes orais, abriram um campo de possibilidades muito interessantes sobre o acontecimento do passado, mas principalmente também dos discursos produzido sobre esse passado. E mais, a respeito do próprio tempo histórico em relação às mudanças e permanecias em relação à agência dos professores, que mediada pelas estruturas dadas de então, conseguiram avanços para algumas questões, mas que permanências e mudanças ainda hoje se chocam em relação aos professores do presente.

FONTES ORAIS

Alacid Nunes: Coronel do Exército da reserva; ex-prefeito de Belém; governador por duas vezes do Estado do Pará (1966-1971/1979-1983);

Carlos Forte: professor aposentado do Estado do Pará participou da direção da FEPEP, ex-militante do Partido dos Trabalhadores, atuando na Convergência Socialista, e atualmente é filiado ao PSTU.

Cosmo dos Santos Cabral: professor aposentado de geografia, militante do Partido dos Trabalhadores e foi dirigente do Sindicato dos Trabalhadores da Educação.

Ermelinda Garcia: professora a partir da década de 1960 foi a primeira presidente da APEPA, em 1979, militou no Partido dos Trabalhadores, e após sua aposentadoria na década de 1980, passou a dar apoio jurídico à FEPPEP;

Hamilton Ramos Corrêa: professor aposentado do Estado do Pará participou da primeira direção da APEPA e a partir da década de 1980 até o presente milita no Partido dos Trabalhadores;

Haroldo Soares: professor aposentado do Estado do Pará, militante da Convergência Socialista, tendência interna do PT, e atualmente é filiado ao PSTU;

Humberto Cunha (Entrevista disponível no repositório multimídia da Universidade Federal do Pará): agrônomo, ex-militante dos movimentos sociais no Pará, principalmente relacionados a Reforma Agrária, participou da SDDH e CPT, ex-vereador de Belém;

Rosa Olívia: professora aposentada do Estado do Pará passou a atuar de forma mais direta no movimento de professores a partir de 1983. Ex-militante do Partido dos Trabalhadores, atualmente é filiada ao PSOL;

Venize Nazaré Rodrigues: professora aposentada da SEDUC, e atualmente é professora da Universidade Estadual do Pará. Participou da direção da APEPA e do Partido dos Trabalhadores, partido que até hoje é filiada.

FONTES HEMEROGRÁFICAS

"Quem decide por Alacid?". Analisa o desempenho do tenente-coronel Alacid Nunes, gover-
    nador paraense nomeado pela segunda vez. Jornal Resistência (nº 2), maio de 1978.

Alacid e os feudos. Jornal O Estado do Pará, Belém, 03 de Janeiro de 1979.

Cassados: as aspirações de cada um. Jornal O Estado do Pará, 3 de janeiro de 1979.

Entrevista de Raimundo Jinkings. Jornal O Estado do Pará, 16 de janeiro de 1979.

Jinkings, um militante do CGT preso em 64. Jornal O Estado do Pará, 16 de janeiro de
    1979.

Figueiredo adverte para greves ilegais. Jornal O Estado do Pará, 20 de março de 1979.

Não há vagas. Jornal O Estado do Pará, 25 de março de 1979.

Professor denuncia irregularidades. Jornal O Estado do Pará, 29 de março de 1979.

Tensão de greves e ameaças no país. Jornal O Estado do Pará, 28 de abril de 1979.

Construir escolas é preciso, num Estado sem vez. Jornal O Estado do Pará, 29 de abril de
    1979.

Aluguel e educação lideram o aumento do custo de vida. Jornal O Liberal, 5 de maio de
    1979.

Almino Afonso: os movimentos grevistas já eram esperados. Jornal O Liberal, 5 de maio de
    1979.

Professor paraense não vê na greve uma solução ideal. Jornal O Estado do Pará: 5 de maio
    de 1979.

Professores vão pedir maior salário. Jornal O Liberal, 6 de maio de 1979.

Quase 600 pessoas vão as ruas pedir pela libertação de "Cajá". Jornal O Liberal, 6 de maio
    de 1979.

Farhat: governo não pode aceitar greve de servidor. Jornal O Liberal, 8 de maio de 1979.

Formada a Associação dos Professores do Pará. Jornal O Liberal, 13 de maio de 1979.

Demissão em massa para os professores grevistas em Brasília. Jornal o Estado do Pará: 04 de maio de 1979.

LSN pára greve em São Paulo. Jornal O Estado do Pará, 04 de maio de 1979.

Intervenção no sindicato dos professores. Jornal O Estado do Pará, 03 de maio de 1979.

Advertência a servidores: greve é ilegal e não será tolerada, diz planalto. Estado do Pará, 08 de maio de 1979.

Greve e inflação não prejudicam "abertura". Jornal O Estado do Pará, 09 de maio de 1979.

Reunião de professores. Jornal O Liberal, 12 de maio de 1979.

Entrevista de Jarbas Passarinho. Jornal O Estado do Pará, 07 de junho de 1979.

Documento: A História da UAP II. Jornal O Estado do Pará, 10 e 11 de junho de 1979.

A luta dos professores. Jornal O Estado do Pará, 10 e 11 de junho de 1979.

A manifestação dos bancários. Jornal o Estado do Pará, 13 de setembro de 1979.

Delfin culpa salários de inflação. Jornal O Liberal, 04 de outubro de 1979.

Sindicatos rebatem a fala de Delfin. Jornal O Liberal, 05 de outubro de 1979.

Manifestação pela meia-passagem. Jornal O Estado do Pará, 7 e 8 de outubro de 1979.

Professores marcham por salários melhores. Jornal O Liberal, 16 de outubro de 1979.

Marcha dos professores acaba em prisão. Jornal O Estado do Pará: 16 de outubro de 1979.

Vereadores debatem o protesto dos professores. Jornal O Liberal, 17 de outubro de 1979.

Solidariedade à luta dos professores. Jornal O Estado do Pará, 21 e 22 de outubro de 1979.

Nasce um partido sem patrão. Jornal O Estado do Pará, 06 e 07 de janeiro de 1980.

Professores com aumento de até 82%. Jornal O Estado do Pará: 01 de março de 1980.

Educação em debate: "a crise é da ditadura e não do ensino". Jornal Resistência, 07 de março de 1980.

Professores dizem que estão vivendo situação calamitosa. Jornal O Estado do Pará, 02 de abril de 1980.

Você pode confiar nos comunistas? Jornal o Estado do Pará, 18 e 19 de maio de 1980.

Passarinho: governador esqueceu o compromisso. Jornal O Estado do Pará, 18 de outubro de 1980.

O dossiê da violência policial. Jornal O Estado do Pará, 18 de outubro de 1980.

Protestos e prisões na vinda de Figueiredo. Jornal O Estado do Pará, 25 de Outubro de 1980.

Hoje é a vês dos professores de 2º grau. Jornal O Estado do Pará, 07 de novembro de 1980.

Professores do 2º grau resolvem parar três dias. Jornal o Estado do Pará, 08 de novembro de 1980.

Estudantes param Souza Franco. Jornal O Estado do Pará, 11 de novembro de 1980.

Custo de vida dispara com feijão na cabeça. Jornal O Estado do Pará, 12 de novembro de 1980.

Professores partem para ultimato. Jornal O Estado do Pará, 11 de novembro de 1980.

Greve: ilegalidade contestada. Jornal O Estado do Pará, 12 de novembro de 1980.

Jarbista pede que projeto do 2º grau volte ao executivo. Jornal O Estado do Pará, 12 de novembro de 1980.

Governo do Estado do Pará, nota de esclarecimento público. Jornal O Estado do Pará, 12 de novembro de 1980.

PM e agentes do DOPS na porta dos colégios. Jornal O Estado do Pará, 13 de Novembro de 1980.

Dionísio Hage diz que há muita gente vendo visagem & Professores alegam que é abertura para ensino pago. Jornal O Estado do Pará, 13 de novembro de 1980.

FEP: nascida para ter um triste fim. Jornal O Estado do Pará, 16 e 17 de novembro de 1980.

Professores mantêm a greve no 2º grau. Jornal O Estado do Pará, 20 de novembro de 1980.

Alacid chama professor para diálogo. Jornal O Estado do Pará, 22 de novembro de 1980.

Vitória dos professores encerra greve no 2º grau. Jornal O Estado do Pará, 26 de novembro de 1980.

Professores podem ser punidos. Jornal O Estado do Pará, 27 de novembro de 1980.

No 2º grau, desconto visto como "castigo". Jornal O Estado do Pará, 28 de novembro de 1980.

A greve foi furada, mas as salas estavam incompletas. Jornal O Estado do Pará, 13 de novembro de 1980.

Professores: por que fracassou a marcha da educação. Jornal Resistência, novembro de 1980.

A greve dos professores secundaristas. Jornal Resistência, dezembro de 1980.

80: o ano do protesto. Jornal Resistência, janeiro de 1981.

PT escolheu comissão municipal. Jornal Resistência, fevereiro de 1981.

Documento 3 – Tortura: o depoimento de Humberto Cunha. Jornal Resistência, maio de 1981.

A PM rasga a fantasia. Jornal Resistência, fevereiro de 1982.

Cinco depoimentos sobre os dias iniciais do regime militar no Pará. Jornal Resistência, maio de 1982.

Cinco depoimentos sobre os dias iniciais do regime militar no Pará. Jornal Resistência, maio de 1982.

Custo de vida subiu 98,22% em Belém. Jornal O Liberal, 11 de janeiro de 1983.

Até o Piauí paga mais do que o Pará às professoras. Jornal O Liberal, 09 de agosto de 1983.

Pais, professores e feirantes criticam prefeito e deputado. Jornal O Liberal, 13 de agosto de 1983.

Professores se reúnem para discutir aumento de 90%. Jornal O Liberal, 13 de agosto de 1983.

Melhores salários e condições levam professores a protesto. Jornal O Liberal, 19 de agosto de 1983.

48 milhões de sobra para gerir o Estado. Jornal o Liberal, 26 de agosto de 1983.

Jáder promete aumentar quinze mil professores para o "mínimo". Jornal O Liberal, 26 de agosto de 1983.

CONCLAT reúne cinco mil delegados em Santo André. Jornal O Liberal, 27 de agosto de 1983.

Bom dia, leitor. Jornal O Liberal, 28 de agosto de 1983.

Professores vão a greve. Jornal O Liberal, 28 de agosto de 1983.

Lúcio Flávio Pinto: os caminhos da greve. Jornal O Liberal, 31 de agosto de 1983.

Jáder diz que a situação do Pará é ainda razoável. Jornal O Liberal, 01 de setembro de 1983.

Thompson mostra os 200 dias de Jáder. Jornal O Liberal, 01 de setembro de 1983.

Jáder recebe, mas não têm novidades. Jornal A Província do Pará, 02 de setembro de 1983.

Governo do Estado do Pará: nota oficial. Jornal O Liberal, 02 de setembro de 1983.

Professores conseguem espaço para debater publicamente os problemas. Jornal A Província do Pará, 03 de setembro de 1983.

Estado tem mais professores na SEDUC do que nas escolas. Jornal A Província do Pará, 07 de setembro de 1983.

Números da SEDUC: muitas nomeações, pouca exatidão. Jornal O Liberal, 10 de setembro de 1983.

PDS convoca Wilton para explicar SEDUC. Jornal: O Liberal: 14 de setembro de 1983.

Futura professora pede para ser gari: ganha mais e ainda tem gorjeta. Jornal O Liberal, 23 de setembro de 1983.

Professores do Estado decretam greve por tempo indeterminado. Jornal A Província do Pará, 02 de outubro de 1983.

PT divulga nota contra Jáder dizendo que está com os professores. Jornal O Liberal, 02 de outubro de 1983.

Professores e PM lado a lado nas portas das escolas & Para Jáder, apenas minoria vai aderir à greve. Jornal A Província do Pará, 03 de outubro de 1983.

Professores em greve prometem piquetes, mas sem uso da força. Jornal O Liberal, 03 de outubro de 1983.

Comando de greve retirado do Deodoro sem violência. Jornal O Liberal, 04 de outubro de 1983.

Estudantes discutem validade da greve. Jornal O Liberal, 04 de outubro de 1983.

Falta dos professores podem ser descontadas, diz Wilton. Jornal O Liberal, 04 de outubro de 1983.

PM ocupou Deodoro e expulsou os grevistas. Jornal A Província do Pará, 4 de outubro de 1983.

Muitos professores não aceitam a greve. Jornal *O Liberal*, 4 de outubro de 1983.

Deputados do PMDB condenam intervenção da PM na greve. Jornal *O Liberal*, 5 de outubro de 1983.

Greve atinge quase todas as escolas. Jornal *O Liberal*, 5 de outubro de 1983.

Governo promete não punir os professores. Jornal *A Província do Pará*, 6 de outubro de 1983.

Ato público, hoje dos professores. Jornal *O Liberal*, 6 de outubro de 1983.

Comando acusa deputado e diz que governo não mudou. Jornal *O Liberal*, 6 de outubro de 1983.

Como foi o movimento nas escolas de Belém. Jornal *O Liberal*, 6 de outubro de 1983.

Governo só garante novas negociações. Jornal *A Província do Pará*, 7 de outubro de 1983.

Pedidos do magistério sem solução. Jornal *O Liberal*, 7 de setembro de 1983.

Concurso se greve demorar. Jornal *O Liberal*, 11 de outubro de 1983.

Wilton diz que vai descontar na folha falta dos grevistas. Jornal *A Província do Pará*, 14 de outubro de 1983.

Professores reúnem hoje para decidir os rumos da greve. Jornal *O Liberal*, 15 de outubro de 1983, 04

Professores suspendem greve. Jornal *A Província do Pará*, 16 de outubro de 1983.

Manifestação terminou em festa. Jornal *O Liberal*, 26 de outubro de 1983, p. 06.

MEC pretende reformular ensino de 1º grau. Jornal *O Liberal*, 26 de outubro de 1983.

Governo do Estado pode conceder reajustes a partir de dezembro. Jornal *A Província do Pará*, 1º de novembro de 1983.

Greve pode provocar concurso. Jornal *O Liberal*, 11 de novembro de 1983.

Dionísio defende professor e critica salário de fome. Jornal *O Liberal*, 13 de novembro de 1983.

Figueiredo nunca teve força para punir os terroristas. Jornal *Resistência*, junho de 1984.

Colégio Eleitoral escolheu o 1º presidente civil: Tancredo. Jornal *A Província do Pará*, 16 de janeiro de 1985.

Belém pára nas esquinas e festeja a vitória de Tancredo no Colégio. Jornal *A Província do Pará*, 16 de janeiro de 1985.

Funcionários repudiam atitude do governador. Jornal *O Liberal*, 04 de abril de 1985.

Professores querem mais salário e fim do decreto. Jornal *A Província do Pará*, 12 de abril de 1985.

Jáder diz que não pode atender os professores. Jornal *A Província do Pará*, 13 de abril de 1985.

Déficit impede atender professores. Jornal *O Liberal*, 13 de abril de 1985.

Belém pára, se lamenta e chora a morte de Tancredo. Jornal *A Província do Pará*, 23 de abril de 1985.

Greve dos professores surpreende Wilton. Jornal *A Província do Pará*, 16 de maio de 1985.

Funcionários apóiam greve de professores. Jornal *O Liberal*, 17 de maio de 1985.

A Bronca é Livre: contra os piquetes. Jornal *O Liberal*, 17 de maio de 1985.

SEDUC sobre completa revisão. Jornal *O liberal*, 21 de maio de 1985.

Coutinho Jorge quer diálogo para solução. Jornal *O Liberal*, 25 de maio de 1985.

Professores decidirão hoje se continuaram ou não a greve. Jornal *O Liberal*, 29 de maio de 1985.

Assembleia conjunta decide continuação da greve em Belém. Jornal *O Liberal*, 30 de maio de 1985.

Jáder faz proposta para professores em greve. Jornal *A Província do Pará*, 5 de junho de 1985.

Professores do Estado fazem hoje mais dois atos públicos. Jornal *A Província do Pará*, 9 e 10 de junho de 1985.

Governo do Estado do Pará: nota de esclarecimento à população. Jornal *A Província do Pará*, 11 de junho de 1985.

Jáder determina o fim da greve. Jornal *O Liberal*, 12 de junho de 1985.

Grevistas ocupam Assembleia Legislativa. Jornal *A Província do Pará*, 13 de junho de 1985.

Polícia retira grevistas do prédio da AL. Jornal *O Liberal*, 14 de junho de 1985.

Polícia desaloja os professores. Jornal *A Província do Pará*, 14 e 15 de junho de 1985.

Grevistas recebem adesões. Jornal *O Liberal*, 15 de junho de 1985.

Reforma do ensino já tem relatório parcial. Jornal *A Província do Pará*, 15 de junho de 1985.

Presidente da OAB diz que demissões são ilegais. Jornal *O Liberal,* 15 de junho de 1985.

Governo garante reposição salarial. Jornal *O Liberal,* 20 de junho de 1985.

Professores recusam proposta e exigem 2,6 salários-mínimos. Jornal *O Liberal,* 22 de junho de 1985.

Diretores propõe o fim da greve mas não obtêm maioria. Jornal *A Província do Pará,* 27 de junho de 1985.

Jáder concede aumento de 92% aos professores e funcionários públicos. Jornal A Província do Pará, 1 de agosto de 1985.

Greve: Jáder admite confronto. Jornal *A Província do Pará,* 4 e 5 de agosto de 1985.

Esquema policial garante aulas. Jornal *A Província do Pará,* 7 de agosto de 1985.

Situação política no Pará. Jornal *A Província do Pará,* 5 de agosto de 1985.

Professores decidem acabar greve que já se esvaziava. Jornal *A Província do Pará,* 8 de agosto de 1985.

Greve leva estudantes para outras escolas. Jornal *A Província do Pará,* 11 e 12 de agosto de 1985.

Alacid vê na lealdade vantagem para Dionísio. Jornal *A Província do Pará,* 30 de agosto de 1985.

Genival Carvalho e a luta popular em Belém. Jornal *Resistência,* março de 1986.

PF *fez 53 presos e autuou 10 grevistas.* Jornal *O Liberal,* 12 de setembro de 1986.

Do radicalismo a uma definição sindical. Jornal *O Liberal,* 14 de setembro de 1986.

Saí o estatuto dos professores paraenses. Jornal *A Província do Pará,* 14 e 15 de setembro de 1986.

Professores contra o estatuto do magistério. Jornal *A Província do Pará,* 16 de setembro de 1986.

Passeata, dia 25 na mobilização dos professores. Jornal *O Liberal,* 19 de setembro de 1986.

Estatuto do magistério encaminhado à AL. Jornal *A Província do Pará,* 20 de setembro de 1986.

Professores da rede oficial começam greve na segunda-feira. Jornal *O Liberal,* 27 de setembro de 1986.

Diretores entram na greve dos professores. Jornal *O Liberal,* 1 de outubro de 1986.

A greve dos professores e a crise da sociedade. Jornal *O Liberal*, 6 de outubro de 1986.

Professores fazem passeata e marcam audiência para sexta-feira. Jornal *O Liberal*, 9 de outubro de 1986.

Professores chegam a acordo com o Governo do Estado. Jornal *O Liberal*, 15 de outubro de 1986.

Sindicalistas presos pelo DOPS no ato público. Jornal *A Província do Pará*, 5 de novembro de 1986.

Jáder confiante numa vitoria esmagadora. Jornal *A Província do Pará*, 17 de novembro de 1986.

Boletins e informativos

Informativo *Quadro Verde*. Associação dos Professores do Estado do Pará (APEPA), junho de 1979.

Jornal *Quadro Verde*, da Associação dos Professores do Estado do Pará (APEPA). Agosto de 1979.

Boletim Informativo dos Professores do Pará, ano 1, nº 3, agosto de 1983.

Atas

Ata de Fundação da Associação dos Professores do Estado do Pará (APEPA). Belém, 13 de maio de 1979.

Ata do I Congresso dos Professores Públicos do Estado do Pará (FEPPEP). Ginásio de Esporte do Colégio Nazaré, Belém. Lavrada em 19 de dezembro de 1983.

Ata do II Congresso dos Professores Públicos do Estado do Pará (FEPPEP). Centro Arquitetônico de Nazaré, Belém. 17 de dezembro de 1984.

Ata do III Congresso Estadual da Federação dos Professores Públicos do Estado do Pará (FEPPEP).

Ata do IV Congresso Estadual da Federação Paraense dos Profissionais da Educação Pública (FEPPEP).

Ata do VI Congresso Estadual da Federação Paraense dos Profissionais da Educação Pública (FEPPEP), no Ginásio de Esportes da Universidade Federal do Pará, Belém. 27 de outubro de 1988.

Mensagens

Mensagem do Governo de Alacid Nunes à Assembleia Legislativa do Estado do Pará, março de 1980.

Mensagem do Governo de Alacid Nunes à Assembleia Legislativa do Estado do Pará, março de 1981.

Mensagem do Governo de Alacid Nunes à Assembleia Legislativa do Estado do Pará, março de 1982.

Mensagem do Governo de Jáder Barbalho à Assembleia Legislativa do Estado do Pará, março de 1984.

Mensagem do Governo de Jáder Barbalho à Assembleia Legislativa do Estado do Pará, março de 1985.

Mensagem do Governo de Jáder Barbalho à Assembleia Legislativa do Estado do Pará, março de 1986.

Leis

Decreto-Lei nº 477, de 26 de fevereiro de 1969.

Lei nº 5692, de 1971.

Leinº 7.170, De 14 De dezembro de1983.

5

55

IBGE (Instituto Brasileiro de Geografia e Estatística)

Ministério da Educação e Cultura, Secretaria de Informática, Serviço de Estatística da Educação e Cultura. Tabela extraída de: Anuário estatístico do Brasil 1983. Rio de Janeiro: IBGE, v. 44, 1984.

Ministério da Educação e Cultura, Secretaria de Informática, ServiçodeEstatística da Educação e Cultura. Tabela extraída de: Anuário estatístico do Brasil 1984. Rio de Janeiro: IBGE, v. 45, 1985.

Ministério da Educação, Secretaria Geral, Serviço de Estatística da Educação e Cultura; Tabela extraída de: Anuário estatístico do Brasil 1990. Rio de Janeiro: IBGE, v. 50, 1990.

Ministério da Educação, Secretária Geral, Serviço de Estatística da Educação e Cultura, Divisão de Analise e Disseminação. Tabela Extraída de: Anuário Estatístico do Brasil 1987/1988. Rio de Janeiro: IBGE, v. 48, 1988.

Ministério da Educação e Cultura, Secretaria de Informática, Serviço de Estatística da Educação e Cultura. Tabela extraída de: Anuário estatístico do Brasil 1984. Rio de Janeiro: IBGE, v. 45, 1985.

Ministério da Educação e Cultura, Secretaria de Informática, Serviço de Estatística da Educação e Cultura. Tabela extraída de: Anuário estatístico do Brasil 1984. Rio de Janeiro: IBGE, v. 45, 1985.

Ministério da Educação e Cultura. Secretaria de Informática. Serviço de Estatística da Educação e Cultura. Tabela extraída de: Anuário estatístico do Brasil 1984. Rio de Janeiro: IBGE, v. 45, 1985.

IBGE, Diretoria técnica, Departamento de Estatísticas da população e Sociais. Tabela extraída de: Anuário estatístico do Brasil 1980. Rio de Janeiro: IBGE, v. 41, 1981.

Serviço de Estatística da Educação e Cultura. Tabela extraída de: Anuário estatístico do Brasil 1979. Rio de Janeiro: IBGE, v. 40, 1979.

Ministério da Educação e Cultura, Secretaria de Informática, Serviço de Estatística da Educação e Cultura. Anuário Estatístico do Brasil 1983. Rio de Janeiro: IBGE, v. 44, 1984.

Ministério da Educação e Cultura, Secretaria de Informática, Serviço de Estatística da Educação e Cultura. Anuário Estatístico do Brasil 1984. Rio de Janeiro: IBGE, v. 45, 1985.

Diário Oficial

Diário Oficial do Estado do Pará, 01 de abril de 1985.

Revista

Revista Espaço Educacional. SINTEPP 10 Anos. 1983-1993. Construindo o sindicalismo classista em defesa da escola Pública. Vol. 03.

REFERÊNCIAS BIBLIOGRÁFICAS

ABRAMO, Perseu. O professor, a organização corporativa e a ação política. In: *Universidade, Escola e Formação de Professores*. São Paulo: Brasiliense, 1986.

ALMEIDA, Maria Hermínia Tavares de. *Crise econômica & interesses organizados*: o sindicalismo no Brasil nos anos 80. São Paulo: Editora da Universidade de São Paulo, 1996.

ALVES, Edivania Santos. *Marchas e contramarchas na luta pela moradia na Terra Firme (1979-1996)*. Universidade Federal do Pará. Programa de Pós-Graduação em História Social da Amazônia. Belém, 2010.

AMADO, Janaína & FERREIRA, Marieta de Morais. *Usos & abusos da História Oral*. Rio de Janeiro: Fundação Getúlio Vargas, 2006.

ANSART, Pierre. *Ideologia, conflitos e poder*. Rio de Janeiro: Zahar, 1978.

ANTONACCI, Maria Antonieta; MALUF, Marina. Apresentação. In: *Artes da história e outras linguagens*. Projeto História. São Paulo: EDUC, n.24, jun, 2002.

ANTUNES, Ricardo. *O novo sindicalismo*. São Paulo: Editora Brasil Urgente, 1991.

ARROYO, Miguel G. Operários e educadores se identificam: que rumos tomará a educação brasileira? *Revista Educação e Sociedade*. Rio de Janeiro: Cortez, 1980.

AZEVEDO, Dermi. *Travessias torturadas*: direitos humanos e ditadura no Brasil. Natal (RN): CDHMP, 2012.

BARROS, Edgard Luiz de. *Os governos militares*. São Paulo: Contexto, 1992.

BARROS, José D'Assunção. *Teoria da História*. Petrópolis, RJ: Vozes, 2011.

BAUMAN, Z. *Identidade*: entrevista a Benedetto Vecchi. Rio de Janeiro: Zahar, 2005.

BENJAMIN, Walter. Sobre o conceito de História. In: *Magia e técnica, arte e política*: ensaios sobre literatura e história da cultura. 7. Ed. – São Paulo: Brasiliense, 1994.

BICUDO, Hélio. *Lei de Segurança Nacional*. São Paulo: Edições Paulinas, 1986.

BLOCH, Marc. *Apologia da história ou o ofício de historiador*. Rio de Janeiro: Jorge Zahar Ed., 2001.

BOBBIO, Norberto. *Direita e esquerda*: razões e significados de uma distinção política. São Paulo: Editora da Universidade Estadual Paulista, 1995.

BOITO JR. Armando. Classe média e sindicalismo. *Politeia: História e sociologia*. Vitória da Conquista. V. 4, nº 1, 2004.

BOITO JR., Armando (Org.). *O Sindicalismo Brasileiro nos Anos 80*. Rio de Janeiro, Editora Paz e Terra. 1991.

BOURDIEU, Pierre. Condição de classe e posição de classe. In: AGUIAR, Neuma. *Hierarquias em classes*. Rio de Janeiro: Zahar Editores, 1974.

Brasil Nunca Mais: um relato para a história. Prefácio de D. Paulo Evaristo Arns. Petrópolis (RJ): Editora Vozes, 5ª edição, 1985.

BULHÕES, Maria da Graça & ABREU, Mariza Vasquez de. *A luta dos professores gaúchos de 1979 a 1991*: o difícil aprendizado da democracia. Porto Alegre: L&PM, 1992.

BURKE, Peter. *A escrita da história*: novas perspectivas. São Paulo: Editora UNESP, 1992.

BURKE, Peter. *História e teoria social*. São Paulo: Editora UNESP, 2002.

CARDOSO & MAUAD. História e imagem: os exemplos da fotografia e do cinema. In: CARDOSO, Ciro Flamarion; VAINFAS, Ronaldo (Org.). *Domínios da história*: ensaio de teoria e metodologia. Rio de Janeiro: Elsevier, 1997.

CARONE, Edgard. *Classes sociais e movimento operário*. São Paulo: Editora Ática, 1989.

CASTORIADIS, Cornelius. *A experiência do movimento operário*. São Paulo: Editora Brasiliense, 1985.

CASTRO, Hebe. História Social. In: *Domínios da História*. CARDOSO, Ciro Flamarion& VAIFAS, Ronaldo. (Org). Rio de Janeiro: Elsevier, 1997.

CASTRO, Pedro. *Greves: fatos e significados*. São Paulo: Editora Ática, 1986.

CATANI, Denise Bárbara et al. *Universidade, Escola e Formação de Professores*. São Paulo: Editora Brasiliense, 1986.

CERTEAU, Michel. *A escrita da história*. Rio de Janeiro: Forense Universitária, 1982.

CHARTIER, Roger. *A História Cultural entre práticas e representações*. Col. Memória e sociedade. Trad. Maria Manuela Galhardo. Rio de Janeiro: Bertrand Brasil, 1990.

CHAUVEAU, Agnés& TÉTART, Philippe. *Questões para a história do presente*. São Paulo: Edusc, 1999.

CHAVES, Vera Lúcia Jacob. *Poder do Estado e poder dos Docentes*: um olhar sobre o movimento docente da UFPA. Belém: SPER/GRAPHITTE, 1997.

COIMBRA, Cecília Maria Bouças. Doutrina de Segurança Nacional: banalizando a violência. *Psicologia em Educação*. DPI/CCH/UEM. V. 5. n. 2, 2000.

COIMBRA, Osvaldo. *Dom Alberto Ramos mandou prender seus padres*: a denúncia de Frei Betto contra o arcebispo do Pará, em 1964. Belém: Paka-Tatu, 2003.

Comitê Estadual pela Verdade, Memória e Justiça: *subversão no Rio Grande do Norte*. *Natal*: Comitê pela verdade RN, 2012.

COSTA, Áurea. NETO, Edgard & Souza, Gilberto. *A proletarização do professor*. São Paulo: Editora Instituto José Luiz e Rosa Sundermann, 2009.

COSTA, Luzia Pereira. *Sintepp*: sua história e sua ação. Souré/PA: Universidade Federal do Pará, 1993. (Monografia)

COUTINHO, Carlos Nelson (ORG). *O leitor de Gramsci*: escritos escolhidos (1916-1935). Rio de Janeiro: Civilização Brasileira, 2011.

CRUZ, Heloisa de Faria; PEIXOTO, Maria do Rosário da Cunha. Na oficina do historiador: conversas sobre história e imprensa. In: *História e Imprensa. Projeto História*: revista do Programa de Estudos Pós-Graduados do Departamento de História da Pontifícia Universidade Católica de São Paulo. São Paulo: EDUC, n. 35, dez. 2007.

CUNHA, Luiz Antônio. *O golpe na educação*. Rio de Janeiro: Jorge Zahar Ed., 2002.

DAL ROSSO, Sadiet al. *Associativismo e sindicalismo em educação* – organização e luta. Brasília: Paralelo 15, 2011.

DOSSE, François. *A História em migalhas*: dos Annales à Nova História. Bauru, SP: EDUSC, 2003.

DOSSE, François. *A História*. São Paulo: Editora UNESP, 2012.

FERREIRA JUNIOR, Amarílio& BITTAR, Marisa. *Proletarização e sindicalismo de professores na ditadura militar* (1964-1985). São Paulo: Edições Pulsar, 2006.

FERREIRA JUNIOR, Amarilio. *Professores e sindicalismo em Mato Grosso (1979-1986)*. Campo Grande: Ed. UFMS, 2003.

FERREIRA, Jorge & DELGADO, Lucília de Almeida Neves (Orgs.) *O Tempo da ditadura:* regime militar e movimentos sociais em fins do século XX. Rio de Janeiro: Civilização Brasileira, 2013.

FERREIRA, Marieta de Moraes (Org.). *História oral:* desafios para o século XXI. Organizado por Marieta de Moraes Ferreira, Tania Maria Fernandes e Verena Alberti. Rio de Janeiro: Editora Fiocruz/Casa de Oswaldo Cruz / CPDOC - Fundação Getulio Vargas, 2000.

FERREIRA, Marieta de Moraes, ROCHA, Dora & FREIRE, Américo (ORG). *Vozes da oposição*. Rio de Janeiro: Grafline Artes Gráficas e Editora, 2001.

FERREIRA, Marieta de Morais. História do tempo presente: desafios. *Cultura Vozes.* Petrópolis, v. 94, nº 03, mai/jun., 2000.

FICO, Carlos. A ditadura documentada: acervos desclassificados do regime militar brasileiro. *Revista Acervo*. Rio de Janeiro, v. 21, nº 2, p. 67-78, jul/dez de 2008.

FICO, Carlos. *Além do golpe*: versões e controvérsias sobre 1964 e a ditadura militar. Rio de Janeiro: Editora Record, 2004.

FICO, Carlos. *Come eles agiam*: os subterrâneos da Ditadura Militar – espionagem e polícia política. Rio de Janeiro: Editora Record, 2001.

FICO, Carlos. Versões e controvérsias sobre 1964 e a ditadura militar. *Revista Brasileira de História*. São Paulo, v. 24, nº 47, 2004.

FICO, Carlos. Violência, trauma e frustração no Brasil e na Argentina: o papel do historiador. *Topoi*. Rio de Janeiro, v. 14, n. 27, p. 239-261, jul./dez. 2013.

FONTES, Edilza & ROCHA ALVES, Davison Hugo. A UFPA e os Anos de Chumbo: A administração do reitor Silveira Neto em tempo de ditadura (1960 - 1969). *Revista Tempo e Argumento*, Florianópolis, v. 5, n. 10, a. 2013.

FONTES, Edilza Joana de Oliveira, MALHEIROS, Rogério Guimarães & MESQUITA, Thiago Broni. *Na estrada da memória*: a história do município de Abel Figueiredo/ Pará (1960-2011). Belém: Paka-Tatu, 2012.

FONTES, Edilza Joana de Oliveira. *O pão nosso de cada dia*: trabalhadores e indústria da panificação e a legislação trabalhista (Belém 1940 – 1954). Belém: Paka-Tatu, 2002.

FOUCAULT, Michael. *A ordem do discurso*: aula inaugural no Collège de France, pronunciada em 2 de dezembro de 1970. São Paulo. Edições Loyola, 1996.

FOUCAULT, Michel. "O Corpo dos Condenados". In: *Vigiar e Punir*. Petrópolis: Vozes, 1989.

GASPARI, Elio. *A Ditadura Derrotada*: o sacerdote e o feiticeiro. São Paulo: Companhia das Letras, 2003.

GERMANO, José Wellington. *Estado Militar e Educação no Brasil* (1964-1985). São Paulo: Cortez, 1993.

GINDIN, Julián. Os estudos sobre sindicalismo docente na América Latina e no Brasil. Associativismo e sindicalismo docente no Brasil. *Seminário para a discussão de pesquisas e constituição de rede de pesquisadores*. Rio de Janeiro, 17 e 18 de abril de 2009.

GINZBURG, Carlo. *O fio e os rastros*: verdadeiro, falso e fictício. São Paulo: Companhia das Letras, 2007.

GINZBURG, Carlo. *Olhos de madeira*: nove reflexões sobre a distância. São Paulo: Companhia das Letras, 2001.

GORENDER, Jacob. *Combate nas Trevas*: a esquerda brasileira das ilusões perdidas a luta armada. São Paulo: Editora Ática, 1987.

GRAMSCI, Antonio. *Maquiavel, a política e o Estado moderno*. Rio de Janeiro: Civilização Brasileira, 1978.

GRAMSCI, Antonio. *Os intelectuais e a organização da cultura*. 6ª Ed. Rio de Janeiro: Civilização Brasileira, 1988.

HABERMAS, J. *A crise de legitimação do capitalismo tardio*. Rio de Janeiro: Tempo Brasileiro, 1980.

HALBWACHS, Maurice. *A memória coletiva*. São Paulo: Vértice/Revista dos tribunais, 1990.

HALL, Stuart. *Dá diáspora*: identidades e mediações culturais. Belo Horizonte: Editora da UFMG, 2009.

HELLER, Agnes. *Uma teoria da história*. Rio de Janeiro: Civilização Brasileira, 1993.

HOBSBAWM, Eric& RANGER, Terence (Orgs.).A *Invenção das Tradições*. Rio de Janeiro: Paz e Terra, 1984.

HOBSBAWM, Eric J. *Como mudar o Mundo*: Marx e o Marxismo. São Paulo: Companhia das Letras, 2011.

HOBSBAWM, Eric. J. (Org.) *História do Marxismo I*: o marxismo no tempo de Marx. Rio de Janeiro: Paz e Terra, 1980.

HOBSBAWM, Eric. *Pessoas Extraordinárias*: resistência, rebeldia e jazz. São Paulo: Paz e Terra, 1998.

HOBSBAWM, Eric. *Sobre História*. São Paulo: Companhia das Letras, 1998.

HOBSBAWM, Eric. *Tempos interessantes*: uma vida no século XX. São Paulo: Companhia das Letras, 2002.

JÚNIOR, Durval Muniz de Albuquerque. História. *História*: A arte de inventar o passado – ensaios de teoria da história. Bauru, SP: Edusc, 2007.

KHOURY, Yara Aun. Narrativas orais na investigação da história social. Projeto História. Revista *do Programa de Estudos Pós-Graduados em História e do Departamento de História da PUC/SP*. São Paulo: EDUC, n. 22, jun. 2001.

KOSSOY, Boris. *Morte e vida na fotografia*. Entrevista por Maria Fernanda S. Farinha Beirão. São Paulo: Ática, 1989.

KRISCHKE, Paulo J. *Brasil: do "milagre" a "abertura"*. São Paulo: Cortez. 1983.

LE GOFF, Jacques (org.) *A História Nova*. São Paulo: Martins Fontes, 1990.

LE GOFF, Jacques. *História e memória*. 5ª Ed. Campinas, SP: Editora da UNICAMP, 2003.

LEITE, Márcia de Paula. *O que é greve*. São Paulo: Brasiliense, 1992.

LEITE, Miriam Moreira. Apresentação. In: *Retratos de famílias*: leitura da fotografia histórica. São Paulo: EDUSP, 1993.

LIRA, Alexandre Tavares do Nascimento. *A legislação da educação no Brasil durante a ditadura militar (1964-1985)*: um espaço de disputas. Rio de Janeiro: Universidade Federal Fluminense, 2010.

LOPEZ, Adriana & MOTA, Carlos Guilherme. *História do Brasil*: uma interpretação. São Paulo: Editora SENAC, 2008.

MACIEL, Laura Antunes. Produzindo notícias e histórias: algumas questões em torno da relação telégrafo e imprensa – 1880/1920. In: FENELON, Déa Ribeiro et al. (Org.) *Muitas memórias, outras histórias*. São Paulo: Editora Olho d'Água, 2005.

MAGALHÃES. Luiz Augusto Diniz. *A caminho da legalidade*: O PCdoB paraense no processo de redemocratização (1980-1985). Belém: Laboratório de História da Universidade Federal do Pará, 2003.

MANFREDI, Silvia Maria. *Educação sindical entre o conformismo e a crítica*. São Paulo: Edições Loyola, 1986.

MANFREDI, Silvia Maria. *Formação Sindical*: história de uma prática cultural no Brasil. São Paulo: Escrituras, 2002.

MARX, Karl; ENGELS, Friedrich. *Manifesto do partido comunista*. São Paulo, Editora Anita Garibaldi, 2006.

MATOS, Maria Izilda Santos de. Comemorar, celebrar e refletir? *Projeto História*. São Paulo (20), abril, 2000.

MATOS, Maria Izilda Santos de. *Cotidiano e cultura*: história, cidade e trabalho. Bauru, SP: EDUSC, 2002.

MATTOS, Marcelo Badaró. *O sindicalismo brasileiro após 1930*. Rio de Janeiro: Jorge Zahar Ed., 2003.

MATTOS, Marcelo Badaró. *Trabalhadores e sindicatos no Brasil*. São Paulo: Expressão Popular, 2009.

MAUAD, Ana Maria. *Através da Imagem*: fotografia e história interfaces. Rio de Janeiro: Tempo, v. 1, n. 10, 1996.

MELUCCI, Alberto. Ainda movimentos sociais: uma entrevista com Alberto Melucci. *Novos estudos CEBRAP*, n. 40, 1994.

MENEGOZZO, Carlos Henrique Metidieri. Organização Comunista Democracia Proletária. In: *Coleção Tendências e Partidos Internos ao PT*: Inventário. São Paulo: Centro Sérgio Buarque de Holanda/Fundação Perseu Abramo, 2007.

MIGLIOLI, Jorge. *Como são feitas as greves no Brasil?* Rio de Janeiro: Editora Civilização Brasileira, 1963.

MOTA, Carlos Guilherme (Org.). *Viagem Incompleta*: a experiência brasileira (1500-2000) – a grande transição. São Paulo: Editora SENAC, 2000.

NAPOLITANO, Marcos. *1964: História do regime militar brasileiro*. São Paulo: Contexto, 2014.

NUNES, André Costa et al. *1964 – Relatos Subversivos*: os estudantes e o golpe no Pará. Belém: Edição dos Autores, 2004.

O'DONNEL, Guilhermo& REIS, Fábio Wanderley (Orgs.)*A democracia no Brasil*: dilemas e perspectivas. São Paulo: Vértice. 1988.

O'DONNEL, Guilhermo& SCHMITER, Philipe. *Transições do regime autoritário*: primeiras conclusões. São Paulo: Vértice, 1988.

OLIVEIRA, Mariana Esteves de. Movimentos sociais e os Professores Paulistas: proposta de uma abordagem histórica. *Anais do XXVI Simpósio Nacional de História* – ANPUH. São Paulo, julho de 2011.

ORWELL, George. *A revolução dos bichos*. São Paulo. Circulo do livro. 1945.

OZAÍ DA SILVA, Antônio. Esboço para a história da esquerda no Brasil. *Espaço Plural* nº 20, 2009.

OZAÍ DA SILVA, Antônio. *História das Tendências no Brasil:* Origens, cisões e propostas. 2ª Ed. São Paulo: Dag Gráfica e Editorial, s/d.

PALHANO, Eleanor Gomes da Silva. *O Movimento Sindical dos Professores do Ensino Público no Estado do Pará:* suas Lutas e Conquistas. Tese de Doutorado em Ciências Sociais. São Paulo: Pontifícia Universidade Católica de São Paulo, 2000.

PALHANO, Eleanor Gomes da Silva. Os congressos têm um papel decisivo no movimento sindical brasileiro. *VIII Congresso Luso-Afro-Brasileiro de Ciências Sociais*. Coimbra 16, 17 e 18 de setembro de 2004.

PANTOJA DE ARAUJO, Flávia L. G. Marçal (Org.). *Direito Humano à Educação na Amazônia:* uma questão de justiça. Belém: Sociedade Paraense de Defesa dos Direitos Humanos, 2013.

PASSARINHO, Jarbas. *Na Planície*. 2ª edição. Belém: CEJUP, 1991.

PASSARINHO, Jarbas. *Um Híbrido Fértil*. Rio de Janeiro: Expressão e Cultura, 1996.

PAULA, Ricardo Pires de. Sindicalismo docente e a nova história política. *Anais do XXVI Simpósio Nacional de História – ANPUH / São Paulo, julho 2011.*

PERALVA, Angelina Teixeira. E os movimentos de professores da rede pública? *In* *Cadernos de Pesquisa*. São Paulo, n. 64, p. 64-66, fev. 1988.

PETIT, Pere& CUÉLLAR, Jaime. O golpe de 1964 e a instauração da ditadura civil--militar no Pará: apoios e resistências. *Estudos Históricos*. Rio de Janeiro: vol. 25, nº 49, jan/jul de 2012.

PETIT, Pere. *A Esperança equilibrista*: a trajetória do PT no Pará. São Paulo: Boitempo, 1996.

PETIT, Pere. *Chão de promessas*: elites políticas e transformações econômicas no Estado do Pará pós 1964. Belém: Paka-Tatu, 2003.

PICOLOTTO, Everton Lazzaretti. Movimentos sociais: abordagens clássicas e contemporâneas. *Revista eletrônica de Ciências Sociais*. Ano I, Edição 2, nov. 2007.

PINHEIRO, Ivone Nonata Carvalho. *Trajetória de Luta:* construção e atuação do movimento sindical dos trabalhadores em educação Pública de Belém do Pará (Sintepp). Belém: Universidade Federal do Pará, 2007.

PINTO, Louis. *Pierre Bourdieu e a teoria do mundo social*. Rio de Janeiro: *Editora FGV*, 2000.

POLLAK, Michael. "Memória e identidade social". In: *Estudos Históricos*, número 10. Rio de Janeiro, 1992.

PORTELLI, Alessandro. *Ensaios de história oral*. São Paulo: Letra e Voz, 2010.

PORTELLI, Alessandro. *Sonhos ucrônicos*: memórias e possíveis mundos dos trabalhadores. *Projeto História. Revista do Programa de Estudos Pós-Graduados em História e do Departamento de História da PUC/SP*. São Paulo: EDUC, n.10, dez. 1993.

POULANTZAS, N. As Classes Sociais. *Estudos CEBRAP*. São Paulo, Ano 3. 1973.

REIS FILHO, Daniel Aarão. *Ditadura e democracia no Brasil*: do golpe de 1964 à constituição de 1988. Rio de Janeiro: Zahar, 2014.

REIS FILHO, Daniel Aarão. Entre passado e futuro: os 40 anos de 1968. *Acervo*, Rio de Janeiro, v. 21, nº 2, jul/dez 2008.

REIS FILHO, Daniel Aarão. *Imagens da Revolução*: documentos políticos das organizações clandestinas de esquerda dos anos 1961-1971. São Paulo: Marco Zero, 1985.

RIBEIRO, Ana Paula Goulart. *História e mprensa no Rio de Janeiro dos anos 50*. Tese de Doutorado, UFRJ, 2000.

RIBEIRO, Maria Luiza Santos. *A formação política do professor de 1º e 2º graus*. São Paulo: Cortez, 1984.

RICOEUR, Paul. *A memória, a história, o esquecimento*. Campinas, SP: Editora da Unicamp, 2007.

RIDENTI, Marcelo & REIS FILHO, Daniel Aarão. (ORG). *História do Marxismo no Brasil*: partidos e movimentos após os anos 1960. Campinas, SP: Editora da Unicamp, 2007

RIDENTI, Marcelo. *O Fantasma da Revolução Brasileira*. 2ª Ed. São Paulo: Editora UNESP, 2010.

ROCHA, Sônia & VILLELA, Renato. Caracterização da Subpopulação pobre metropolitana nos anos 80. *Revista Brasileira de Economia*. Rio de Janeiro, nº 44, jan. – mar. 1990.

ROUSSO, Henry. A memória não é mais o que era. In: AMADO, Janaina & FERREIRA, Marieta de Moraes. *Usos & Abusos da história oral*. Rio de Janeiro: Editora FGV, 2006.

ROUSSO, Henry. Entrevista com o historiador Henry Rousso. Sobre a História do Tempo Presente. *Revista Tempo e Argumento*. Florianópolis, v. 1, n. 1. 2009.

SADER, Eder. *Quando novos personagens entraram em cena*: experiências e lutas dos trabalhadores da grande São Paulo (1970-1980). Rio de Janeiro: Paz e Terra, 1988.

SADER, Emir. O poder, cadê o poder? São Paulo: Boitempo Editorial, 1997.

SANDOVAL, Salvador. *Os trabalhadores param*: greves e mudança social no Brasil (1945 – 1990). São Paulo: Editora Ática, 1994.

SCHAFF, Adam. *História e Verdade*. São Paulo: Martins Fontes, 1987.

SECCO, Lincoln. *Gramsci e a Revolução*. São Paulo: Alameda, 2006.

SILVER, Beverly J. *Forças do trabalho*: movimentos trabalhistas e globalização desde 1870. São Paulo: Boitempo, 2005.

SKIDMORE, Thomas. *Brasil: de Castelo a Tancredo*. Rio de Janeiro: Paz e Terra, 1988.

SOBREIRA, Henrique Garcia. Alguns aspectos reorganização do movimento dos professores públicos do Estado do Rio de Janeiro (1977-1980). *Educação e Sociedade*, ano XXII, nº 77, dezembro de 2001.

TAVARES SANTOS, Jean Mac Cole. Atualidade da história do tempo presente. *Revista Historiar*, ano I, nº 1, 2009.

THOMPSON, Alistair. Os debates sobre memória e história: alguns aspectos internacionais. In: AMADO, Janaina & FERREIRA, Marieta de Moraes. *Usos & Abusos da história oral*. Rio de Janeiro: Editora FGV, 2006.

THOMPSON, E. P. *A Formação da Classe Operária Inglesa*: A árvore da liberdade. Rio de Janeiro: Paz e Terra, 1987.

THOMPSON, E. P. *A Miséria da Teoria ou um Planetário de Erros*: uma crítica ao pensamento de Althusser. Rio de Janeiro: Zahar, 1981.

THOMPSON, E. P. *As peculiaridades dos ingleses e outros artigos*. Campinas, SP: Editora da Unicamp, 2012.

THOMPSON, E. P. *Costumes em comum*: estudos sobre cultura popular. São Paulo: Companhia das Letras, 1998.

THOMPSON. E. P. *A Formação da Classe Operária Inglesa* – A força dos trabalhadores III. Rio de Janeiro: Paz e Terra, 1987.

TOURAINE, Alain. Os movimentos sociais. *In*: FORACCHI, M. M.; MARTINS, J. de S. *Sociologia e sociedade*. Rio de Janeiro: Livros Técnicos e Científicos Editora, 1977.

VALE, Maria do Vale. *Diálogo e conflito*: a presença do pensamento de Paulo Freire na formação do sindicalismo docente. São Paulo: Cortez, 2002.

VEYNE, Paul Marie. *Como se escreve a história*; Foucault revolucionou a história. Brasília: Editora Universidade de Brasília, 1982.

VIANNA, Cláudia. *Os nós do "nós"*: crise e perspectivas da ação coletiva docente em São Paulo. São Paulo: Xamã, 1999.

VICENTINI, Paula Perin. A profissão docente no Brasil do século XX: sindicalização e movimentos. In: BASTOS, Maria Helena Câmara & STHEFANOU, Maria (Org.). *Histórias e memórias da educação no Brasil – século XX*. Petrópolis/RJ: Vozes, 2005.

VILLA, Marco Antonio. *Ditadura à brasileira* (1964-1985). A democracia golpeada à direita e à esquerda. São Paulo: Ed. LeYa, 2014.

AGRADECIMENTOS

Como diz o provérbio de tradição chinesa: "o agradecimento é a memória do coração", e de fato o é. Aprendi com a experiência da vida que sempre precisamos de outras pessoas, não dá para caminhar sozinho. De vários modos, uns de forma mais direta e outros indiretamente, cada um a seu jeito, foram contribuindo certamente para o resultado final desse livro, um velho sonho realizado agora. Pois como dizia o poeta Raul: "Sonho que se sonha só. É só um sonho que se sonha só. Mas sonho que se sonha junto é realidade".

Não tinha chegado até aqui se não fosse a perseverança e esperança de minha mãe, Joana Pinheiro, que mesmo diante de todas as adversidades que a vida nos impõe, nunca deixou de acreditar e dar condições afetivas e materiais para eu conseguir entrar em uma universidade pública, e a partir daí mudar um destino que as vezes está marcado para os mais pobres, o da exclusão social. Agradeço as minhas cinco irmãs, sim, são cinco! Sou o Bendito é o fruto entre as mulheres! Sônia, Sandra, Sheila, Sueli e Simone. Obrigado mãe, obrigado manas!

No último ano do ensino médio, no final da década de 1990 chamados naquele momento de 2º grau, na Escola Pedro Amazonas Pedroso, ano anterior a minha entrada na Universidade Federal do Pará, conheci uma pessoa que marcou para sempre minha vida: Renata, agora Pinheiro como eu, companheira (prefiro companheira à esposa ou mulher), de todas as horas, relação juvenil que se tornou madura e sólida com o tempo, amor inseparável, sou dependente dela em todos os sentidos. Renata teve papel decisivo em minha vida acadêmica, pois em determinada circunstância da vida, ela me fez encontrar comigo mesmo, e voltar aos estudos: obrigado, meu amor! Como disse Vinicius, "a vida é a arte do encontro, embora haja tanto desencontro pela vida", no caso do nosso encontro, nasceram dois meninos: Cláudio e Heitor. Um adolescente e outro um bebê, filhos que dão cores a minha vida, que mesmo diante da dureza que é escrever uma livro, fiz de tudo para não sentirem minha ausência, até por que sou eu que não consigo está longe deles: obrigado pelos sorrisos, abraços apertados e amor, filhos!

Na estrada da vida, encontrei amigos que serão para sempre. Mesmo com as mudanças na vida de cada um, mais próximos ou distantes, compartilhamos recordações e experiências na vida juntos, que nos fortalece e faz nossa amizade superar a barreira do tempo: Nonato Castro, Paulo Cezar Simão, Leonardo Novo e Fabrício Queiroz. Obrigado, queridos!

Não tem jeito, "a vida é um oceano, onde o acaso navega", e nesse mar de possibilidades e incertezas encontrei um irmão de alma, um irmão que a mesma vida não tinha me dado: Fabrício Herberth. Quis isso que a gente chama de destino, me presentear com a amizade e amor fraternal de uma pessoa muito especial, sensível, inteligente, sagaz (adoro suas tiradas) e amigo para todas as horas. O maior incentivador para eu fazer o mestrado que culminou com a escrita desse livro: obrigado por tudo, meu irmão!

Na jornada como professor, encontrei pessoas e tive experiências de vida que foram essenciais para a minha visão de mundo, um mundo que acredito que no futuro, mas que se reinvente a partir de agora, possa ser mais solidário, humano, justo, fraternal e com menos injustiças sociais. Alberto Andrade (Beto), Edivaldo Andrade, Eliziário Nogueira, Edson Miranda, Sandra Azevedo, Maria Luciete (a nossa querida Lucinha), Ruy Guilherme, Jair Pena (amigo e vizinho), Marilene Feijão, Antonio Neto (Quinha), Andréa Salustiano, Gerson Rodrigues, Willians, Conceição, Eloy, Rosa Olívia e Matheus, pessoas que lutam diariamente por um mundo melhor e por uma educação pública de qualidade. Obrigado, camaradas!

Importante apoio veio dos meus colegas e amigos de trabalho. Na Secretaria Estadual de Cultura (SECULT), agradeço Nilson Damasceno, Luciana Akin, Leandro Cruz, Luciano Dias, Márcia Pontes e em especial Zenaide de Paiva, Coordenadora de Educação e Extensão do Sistema Integrado de Museus, que possibilitou minha liberação parcial, quando necessário, para realizar atividades para o mestrado e escrita desse livro. Obrigado a todos. Na Secretaria de Educação do Pará, agradeço aos colegas de labuta nos tempos da Escola Raymundo Martins Vianna, que mesmo diante das inúmeras adversidades, fazem o melhor que podem, em especial aos amigos do grupo que temos: Nairo Bentes, Rogério Ferreira, Fabrício Tavares, Aldenora Pena, Teresa Coqueiro, Cleiton e Simone Vieira. Obrigado pelos pensamentos positivos e compreensão por certas ausências.

Pessoas igualmente importantes foram Leonardo Reis (o Leozinho), que como estudante de história ajudou no processo de pesquisa e sempre se interessou em perguntar como estavam às coisas com o mestrado e comigo, obrigado Léo! Miguel Dantas, colega apresentado no decorrer do mestrado, que contribuiu enormemente com o árduo processo de transcrição de inúmeras horas de entrevistas, obrigado, Miguel. E Fernando Carneiro, camarada de luta, historiador e vereador de Belém, sempre me recebeu com uma palavra positiva sobre o mestrado e a vida.

Nesses últimos tempos na Universidade Federal do Pará, tenho certeza que fiz novas e duradoras amizades, mesmo num ambiente que dizem que as vaidades e disputas por espaços são afloradas, encontrei pessoas solidárias, desprendidas e amigas. Obrigado a todos os discentes da turma de mestrado e doutorado do PPHIST de 2013, em especial: Elielton Gomes, Tati Sales (sobretudo por ter nos ciceroneado em São Luiz/MA), Marcus Vinicius, Alex Raiol, Tunai Rehm, Marina Hungria, Marcelo Lobo, Ivanilson Rodrigues, Claudia Rocha, Edivando Costa, Luiza Amador, Marília Imbiriba, Sônia, Kelly Chaves, Sidiana Ferreira e Reinaldo Barroso. Obrigado, queridos!

Quero agradecer aos entrevistados, em especial in memórian a professora Ermelinda Garcia, que contribuíram de forma decisiva com a pesquisa e posterior escrita dessa dissertação, mas, sobretudo, pela recepção, gentileza e desprendimento em compartilhar histórias de vida, muitas agradáveis, e outras que nem lhes traziam boas lembranças, comigo. Obrigado pela confiança!

Um respeitoso e admirado agradecimento aos professores da Faculdade de História e do Programa de Pós-Graduação em História Social da Amazônia da Universidade Federal do Pará, professores que são os meus mestres, meus formadores, meus referenciais no ofício de historiador e professor, desde a graduação, passando pela especialização, mestrado e agora no doutorado. Devo agradecer especialmente ao Prof. Dr. Rafael Chambouleyron, Prof. Dr. José Maia Bezerra Neto, Prof. Dr. José Alves Jr, a Prof.ª Dr.ª Maria de Nazaré Sarges, a Prof.ª Dr.ª Cristina

Donza Cancela, ao Prof. Dr. Antonio Otaviano, a Prof.ª Dr.ª Edilza Fontes e o Prof. Dr. Rodrigo Peixoto (PPGSC), pelas considerações e apontamentos na banca de qualificação, Prof. Dr. Maurício Costa e a Professora Denise Simões Rodrigues. Obrigado por tudo!

Por fim, queria expressar minha admiração e profunda gratidão ao meu orientador Prof. Dr. Pere Petit, pelas orientações, dicas de leituras, empréstimos de livros, sugestões, revisões de textos, e direcionamento intelectual e acadêmico, mas particularmente pela sua amizade, humildade e ser humano fantástico que é: obrigado do fundo do coração, Pere!

Alameda nas redes sociais:

Site: www.alamedaeditorial.com.br
Facebook.com/alamedaeditorial/
Twitter.com/editoraalameda
Instagram.com/editora_alameda/

Esta obra foi impressa em São Paulo na primavera de 2017. No texto foi utilizada a fonte Arno Pro em corpo 11 e entrelinha de 16,5 pontos.